rororo

Zu diesem Buch

Die Familie – oft schon totgesagt – lebt.

Aber: Wie muss eine Familie aussehen, damit sie Kinder optimal in ihrer Entwicklung unterstützt und Erwachsenen soziale und emotionale Heimat ist? Verantwortliche aus der Politik, Interessenvertreter, die über den eigenen Tellerrand schauen, hochkarätige Publizisten und populäre Erziehungsberater, Juristen und Psychologen ziehen Bilanz und zeigen Trends auf: Multimedia und Familie, Familie als Armutsrisiko, Die neue Generationenfrage, Kinderwahlrecht, Familienfreundliche Betriebe, Eltern brauchen Chaos, Gewaltfreie Erziehung und weitere Themen werden provokant und kontrovers behandelt. Eine «7-Punkte-Erklärung» plädiert in griffigen Thesen für eine Stärkung von Kindern und Eltern.

Mit einem Vorwort von Bundesfamilienministerin Dr. Christine Bergmann.

JÖRG MAYWALD • BERNHARD SCHÖN • BERND GOTTWALD (HG.)

Familien haben Zukunft

Rowohlt Taschenbuch Verlag

rororo Mit Kindern leben
und
die **Deutsche Liga für das Kind**

Partnerschaft für Eltern, Kinder und Familie

Originalausgabe

Veröffentlicht im Rowohlt
Taschenbuch Verlag GmbH,
Reinbek bei Hamburg,
Oktober 2000

Umschlaggestaltung Büro Hamburg,
Susanne Reizlein (Foto: TCL/Bavaria)
Satz Minion und The Sans PostScript,
QuarkXPress 4.1
Gesamtherstellung Clausen & Bosse, Leck
Printed in Germany
ISBN 3 499 60958 4

Inhalt

Vorwort der Herausgeber

Traum und Wirklichkeit: Alle wollen sie, aber immer weniger Deutsche kriegen Kinder. Dabei ließe sich dieses Dilemma mit relativ wenig Aufwand und Kosten lösen: Skandinavien oder Frankreich beweisen, dass auch in hoch entwickelten Gesellschaften Frauen wieder mehr Kinder in die Welt setzen, wenn es Anreize und Unterstützung gibt. Und dass dann auch die Männer mitziehen. Abgesicherte Erziehungsphasen und reduzierte Arbeitszeiten für Eltern, bezahlbare und gut ausgestattete Betreuung für Kinder vom ersten bis zum 14. Lebensjahr heißen die Zauberformeln.

Verwunderlich ist eigentlich nur, dass in Deutschland immer noch so viele Menschen das Wagnis eingehen und Kinder in die Welt setzen. Der vorliegende Band zeigt: Wenn wir uns die Wirklichkeit von Familien in Deutschland anschauen, so ergibt sich ein buntes, abwechslungsreiches Bild mit vielen Facetten. Deshalb haben wir ganz unterschiedliche Sichtweisen und Darstellungsformen versammelt – schonungslose Bestandsaufnahmen, nachdenkenswerte Reportagen, provokante Erziehungsratschläge, aufschlussreiche Statistik-Analysen, politische Forderungen und zukunftsweisende Modelle.

Diese Vielfalt verschiedener Ansätze ist auch ein Stück unseres eigenen Familienalltags und unserer Arbeit im Interesse von Eltern und Kindern. Wir hoffen, dass das Buch dazu beiträgt, seinen Titel einzulösen: Familien haben (eine) Zukunft.

Jörg Maywald, Bernhard Schön, Bernd Gottwald

Christine Bergmann, Bundesministerin für Familie, Senioren, Frauen und Jugend

Familien haben Zukunft – Vorwort

Noch nie zuvor gab es in unserer Gesellschaft so viele unterschiedliche Familienformen wie heute: Familien auf der Basis der Ehe oder nicht verheiratete Eltern, allein erziehende Mütter und Väter, kinderreiche Familien, Pflegefamilien, Stiefelternfamilien oder Migrantenfamilien. Sie alle prägen den Familienalltag in unserem Land. Nicht alle Lebensformen sind neu. Viele werden nur häufiger und offener gelebt als früher.

Moderne Politik muss zur Kenntnis nehmen, dass es unterschiedliche Vorstellungen darüber gibt, wie Partnerschaften und Familienleben gestaltet werden. Wichtig ist, Rahmenbedingungen zu schaffen für die Vielfalt der Familienformen. Familienpolitik heute orientiert sich an der Lebenswirklichkeit der Menschen und respektiert die Vielfalt der Lebensformen.

Familie ist nicht «out». Jugendstudien belegen den hohen Stellenwert der Familie. Familie wird weniger als materieller, sondern vor allem als emotionaler Rückhalt erlebt. Die Studien zeigen, dass es im Vergleich zu früheren Generationen weniger Konflikte zwischen Jugendlichen und Eltern gibt. Eltern werden vor allem als Vertrauenspersonen angesehen. Bei aller Vielfalt der Familienformen vermitteln Familien der nachwachsenden Generation auch weiterhin Stabilität und Geborgenheit.

Familien können nicht losgelöst von den gesellschaftlichen Gegebenheiten und Entwicklungen betrachtet werden. In der Art und Weise, wie Familien leben, spiegelt sich auch der Zustand unserer Gesellschaft wider. Gesellschaftliche Problemfelder und Belastungen zeigen sich in ihren Auswirkungen besonders deutlich auch in Familien.

Familien brauchen ein verlässliches System, das ihre Grundbedürfnisse absichert. Wer sich für Kinder entscheidet, nimmt ein hohes Maß an Verantwortung und Verpflichtung auf sich. Eltern sollten in der Lage sein, ihren Kindern ein Leben und Aufwachsen in einem wirtschaftlich abgesicherten, sozial förderlichen und fürsorglichen Umfeld anbieten zu können. Kinder müssen die Chance haben, das notwendige Vertrauen in unsere Gesellschaft aufbauen und Perspektiven für ihr Leben und ihre Zukunft entwickeln zu können. Um den Familien die notwendige Sicherheit zu geben, müssen die Lebensverhältnisse angemessen gestaltet, Leistungen und Lasten gerecht verteilt und Benachteiligungen beseitigt werden.

Ein zentraler Aspekt unserer Politik ist daher die Chancengerechtigkeit.

Wir leben heute in einer Gesellschaft, in der den meisten Menschen wie in keiner Zeit zuvor individuelle Wahlmöglichkeiten für die Gestaltung ihres Lebens offen stehen.

Viele junge Menschen würden gerne Kinder haben, sie sehen aber oft keine Möglichkeit, diesen Wunsch umzusetzen. Insbesondere für Frauen bringt die Entscheidung für ein Kind häufig erhebliche Schwierigkeiten für die Verwirklichung ihrer Pläne in der Berufs- und Arbeitswelt mit sich. Wir müssen dafür sorgen, dass Übernahme von Elternverantwortung nicht gleichbedeutend ist mit Verzicht auf andere Gestaltungsmöglichkeiten.

Für Familienleben sollte eine «Partnerschaft in familiärer Verantwortung» bestimmend sein. Partnerschaft zwischen Mann und Frau verlangt nicht nur die Möglichkeit einer gleichberechtigten Beteiligung an der Erwerbsarbeit und am gesellschaftlichen Engagement, sondern auch eine gleichberechtigte Beteiligung an der Beziehungs-, Erziehungs- und Hausarbeit. Es müssen sowohl im familiären als auch im außerfamiliären Bereich die Voraussetzungen geschaffen werden, dass eine gleichberechtigte Aufgabenteilung ohne Benachteiligung möglich ist.

Kinder brauchen als die schwächsten Glieder in einer Gesellschaft besonderen Schutz. Wer als Kind Gewalt erfährt, ist auch seinerseits anfällig dafür, Gewalt als ein geeignetes Mittel zur Konfliktlösung zu betrachten und als Mittel der Erziehung einzusetzen. Kinder haben ein Recht auf gewaltfreie Erziehung. In vielen Fällen ist Gewalt ein Zeichen von Überforderung oder Hilflosigkeit. Deshalb müssen wir Eltern noch stärker darin unterstützen, ihrer Erziehungsverantwortung auch ohne Anwendung von Gewalt nachzukommen. Eine gewaltfreie Erziehung ist ein gesellschaftliches Anliegen, für dessen Realisierung alle Verantwortung tragen.

Die vorliegende Veröffentlichung «Familien haben Zukunft» beleuchtet verschiedene Facetten von Familien und Familienleben. So setzen sich die Autorinnen und Autoren mit ausgesuchten wirtschaftlichen und rechtlichen Fragen auseinander, sie erörtern Aspekte der Eltern-Kind-Beziehung und der Erziehung, beschäftigen sich mit familiären Lebensformen und den Generationenbeziehungen. Hierbei werden auch Positionen vertreten, die von Fachleuten und in der Öffentlichkeit kontrovers diskutiert werden.

Ich hoffe, dass das Buch dazu beiträgt, intensive Diskussionen über die Situation und Zukunft von Familien anzuregen und die familiären Anliegen verstärkt in die Öffentlichkeit zu tragen.

Dr. Christine Bergmann
Bundesministerin für Familie, Senioren, Frauen und Jugend

Aufbau einer Lebensperspektive beschäftigt (vgl. auch Goebel/Clermont 1999).

Das Kind macht seine Mutter, seinen Vater zu Eltern und damit automatisch zu Erwachsenen. Diese Rolle zu übernehmen, erfordert einen unablässigen Akt der Balance: Auf der einen Seite so weit wie möglich auf die Bedürfnisse des Kindes einzugehen, dabei eventuell eigene zurückzustecken, andererseits verantwortlich Grenzen zu setzen, Forderungen zu stellen, die das Kind herausfordern, aber nicht überfordern, und nicht zuletzt verlässliche Beziehung und vorausschauende Erziehung zu bieten (s. auch den Beitrag von Franz Resch in diesem Band, S. 21 ff).

Die Kunst des Eltern-Seins beinhaltet, nicht zu viel und nicht zu wenig Respekt vor dem Willen und der Person des Kindes zu haben, Entscheidungen zu treffen, auch wenn sie unbequem sind. Dazu gehört auch, die eigene Position als erwachsene Person gegenüber dem Kind zu finden und als Mann, als Frau dem Kind eine klare Vorstellung der Geschlechtsidentität zu vermitteln, denn ein Kind ist immer auch eine künftige Frau, ein späterer Mann!

Wenn Eltern über sich sagen können: «Ich bin eine erwachsene Frau, ein erwachsener Mann und ich kann Beziehung leben und Verantwortung übernehmen»: Wenn sie diesen Aspekt ihrer Identität für sich annehmen, dann haben sie eine gute Basis für ihr Zusammenleben mit Kindern.

Schwierigkeiten treten immer dann auf, wenn die verantwortungsvolle Erwachsenenposition nicht ausgefüllt wird und das Kind für sein jeweiliges Alter zu viele Entscheidungen selbst treffen muss – das wird in der Familientherapie auch als Verwirrung der Generationenrolle bezeichnet; oder wenn es zu wenig Spielraum für eigene Verantwortung hat, das heißt die Eltern ihre Macht starr auslegen.

Gute Eltern – gutes Kind?

Die Reibung zwischen Eltern und Kindern, die notwendigerweise entsteht, kann als ärgerlicher Konflikt definiert werden oder aber als eine Herausforderung zu intensivem Kontakt.

Ist die Person der Mutter/des Vaters noch nicht ausreichend gereift und in der Erwachsenenrolle emotional noch nicht sicher, kann es sein, dass die Eltern unbewusst die Bestätigung ihrer Identität als gute Eltern unablässig vom Kind fordern. Das sichtbar gute Gedeihen des Kindes, seine «Pflegeleichtigkeit», sein Charme, seine Gesundheit, später auch seine

Schulleistungen dienen als Gradmesser des eigenen Erfolgs. Ein schreiendes Baby, ein trotziges dreijähriges Kind, ein verunsichertes Schulkind oder ein rebellierender Jugendlicher können die Eltern in ihrer persönlichen Identität dann so stark kränken, dass es zu Vernachlässigung oder gar zu verletzenden Handlungen kommen kann.

Auch Eltern brauchen eine Lobby

Auf der Suche nach Faktoren, die die Ausbildung einer sicheren Identität in dem dauernden Balanceakt als Eltern fördern, begegnen wir neben den individuellen biografischen Momenten auch aktuell wirksamen sozialen Komponenten. Nicht nur Kinder brauchen eine Lobby, wie der Slogan der Deutschen Liga für das Kind fordert, sondern auch Eltern. Die gesellschaftliche Anerkennung ihres besonderen Standes und ihrer alltäglichen Leistungen und die öffentliche Thematisierung ihrer Fragen könnten solche Faktoren sein, wenn dies auf eine Weise geschieht, die ihre Fähigkeiten unterstützt und nicht ihre Schwächen verurteilt. Stattdessen werden Familien heute wenig wertgeschätzt. An vielen Orten in der Gesellschaft sind sie Störfaktoren und die Entscheidung Eltern zu sein bedeutet materielle Belastung bis hin zum Risiko, arm zu werden. Zudem werden sie schnell als Schuldige benannt für alle Probleme, die Kinder und Jugendliche haben und machen. Wenn sich die gesellschaftliche Stellung, die eine Frau, ein Mann erreicht hat, neben dem beruflichen Status, dem Einkommen und dem Besitz von Konsumartikeln gleichermaßen anerkannt auch durch das Eltern-Sein bestimmen würde, wäre das eine günstige Voraussetzung zur Entwicklung eines guten Selbstwertgefühls. Eltern, die anerkannt werden und die sich selbst wertschätzen, können auch ihren Kindern mit Respekt begegnen. Kinder, die Respekt und Grenzen jeweils ihrem Alter angemessen erfahren, bringen andererseits ihren Mitmenschen mehr Achtung entgegen. So könnte durch eine Stärkung der Identität von Eltern als erwachsene und mitwachsende Personen dem viel beklagten Verfall der Werte etwas entgegengesetzt werden.

Kenntnisse und Fähigkeiten: Was kann ich schon, was kann ich lernen?

Welche Kenntnisse und Fähigkeiten benötigen Eltern nun, um ihre Aufgabe zu erfüllen? Gut zu wissen, dass es ein intuitives Wissen gibt, das verlässlich das Verhalten von Eltern steuert. Die Untersuchungen von Daniel Stern (Stern 1979), die Veröffentlichungen und die Praxis von Mechthild Papoušek (1998) und von vielen anderen mehr haben bewusst gemacht, dass der Säugling schon bei seiner Geburt ein kompetentes Wesen ist. Er kann sich an die Welt anpassen und seine Umwelt dazu bringen, für sein Wohlergehen zu sorgen. Weitere Beobachtungen haben gezeigt, dass auch seine Eltern mit Wahrnehmungs- und Verhaltensmöglichkeiten ausgestattet sind, die sie in der Regel intuitiv richtig handeln lassen. So stellt sich also weniger die Frage, wie wir lernen können, gute Eltern zu sein, als vielmehr die Aufgabe, wie die vorhandene Intuition von Eltern gestärkt werden kann, damit sie zuverlässiger zur Wirkung kommt. Auf diese Weise ist möglicherweise effektiver als bisher der Tendenz zur Vernachlässigung von Kindern zu begegnen.

Die Festigung der inneren emotionalen Sicherheit, die Absicherung auf der Identitätsebene, die der Person Wert gibt und auf der spirituellen Ebene, die dem Sein einen tieferen Sinn verleiht, schafft Voraussetzungen dafür, dass Eltern ihre Wahrnehmung schärfen und selbstbewusster auf ihre Gefühle vertrauen können. Dazu müssen allerdings auch Kenntnisse über die grundlegenden Bedürfnisse von Kindern hinzukommen, über ihren Bedarf an passenden Sinnesreizen und ausgewogener Ernährung, an Ruhe und Bewegung. Jeder Beruf hat seine Techniken, mit denen die gewünschten Ziele erreicht werden. Eltern üben ihr Handwerk heute meistens völlig ungelernt aus, denn seit dem Verschwinden der Mehrgenerationenfamilie haben sie wenig Vorbilder und praktische Anleitung. Den formulierten Zielen von Eltern für ihr Verhalten ist meistens zuzustimmen, aber die notwendigen Kenntnisse und praktischen Fähigkeiten, um sie umzusetzen, sind häufig nicht vorhanden.

Eine Sprache finden: nonverbal und sinnlich

Für viele Eltern ist ihr Baby das erste Kind überhaupt, das sie in den Händen halten. Die Ratgeberliteratur kann zwar gute Anregungen und theoretisches Wissen vermitteln, sie bewegt sich allerdings notgedrungen auf der sprachlichen Ebene. Ein Baby aber ist ganz konkret und es kommuniziert ausschließlich in einer nonverbalen Körpersprache. Das ist vielleicht der größte Schock für neugeborene Eltern: Wenn sie ihr Kind nicht verstehen, wenn sie seine Signale nicht deuten können. Sich auf die Sprache seines Körpers einzulassen, den unmittelbaren Ausdruck intensiver kindlicher Gefühle auszuhalten und adäquat zu beantworten, beschert Eltern zum einen einen intensiven Kontakt mit dem eigenen Erleben, zum anderen bringt es sie in eine Grenzsituation zwischen der Welt des Kindes und der Welt der Erwachsenen «draußen». In der Sprache des Körpers sind Erwachsene nämlich häufig ungeübt, es fehlen ihnen die Vokabeln und die Grammatik. Deshalb gibt es oft Missverständnisse. Ärger und Enttäuschung über sich und über das Kind sind die Folge.

Es scheint also notwendig, über sachliche Kenntnisse hinaus Eltern zu lehren, sich mit dem Baby in seiner Sprache zu verständigen, ihre Wahrnehmung für seine Signale zu schärfen und ihre Ausdrucksmöglichkeiten zu erweitern. Ihrem Kind Halt zu geben, ist ein häufig formuliertes Ziel von Eltern. Das bedeutet eben auch, es konkret zu halten, es zu berühren mit Händen, die Liebe ausdrücken, die Nähe vermitteln. Die Hände von Eltern sollten deshalb ebenso geschult werden wie ihr intellektuelles Wissen (siehe auch Klein 1999).

Mit einem Kind zu sprechen kann also bedeuten, von Haut zu Haut zu kommunizieren. Darüber hinaus ist die Stimme der Eltern noch lange vor dem Verständnis der ersten Worte für ein Baby das Medium, mit dem es Stimmung erfährt. Die Ohren eines Kindes sind so fein, dass sie jede Nuance wahrnehmen. Während die Haut häufig zu wenig Stimulation erfährt, bekommen die Ohren eines Kindes heute meistens zu viel, und leider oft das Falsche, zu hören: Lärm tobt überall, die zarten Ohren werden vollgedröhnt mit schrecklichen Geräuschen. Lauschen Sie nur ein Mal ohne Bild einem Krimi im Fernsehen oder hören sie mit geschlossenen Augen auf die Geräusche einer viel befahrenen Straße: Es ist zum Fürchten. Ist es ein Wunder, dass Kinder nicht mehr hören wollen?

(Anregungen zu dem Thema finden Sie in Höfele/Klein, 1999)

Über die Ernährung von Kindern wird ausgiebig geforscht und geschrieben. Wie ist es aber mit einer Diät für die Sinne? Was tut einem Kind gut zu fühlen oder zu hören? Was macht es stark für das Leben? Wie wähle ich die Zutaten aus? Und wie bereite ich sie zu? Wie wird ein Kind fit fürs Leben?

Diese Fragen könnten sich Eltern stellen und die Fachwelt sollte bemüht sein, in Form fundierter Untersuchungen auf der einen Seite und in Form praktischer Anleitungen auf der anderen Seite Eltern zu unterstützen, damit sie im konkreten Verhalten sowohl ihr intuitives Wissen als auch erworbene Fähigkeiten umsetzen können.

Das Umfeld

Handeln von Eltern findet in einer konkreten Umwelt statt oder auch in sehr unterschiedlichen Umwelten. Antworten auf die Frage nach günstigen Faktoren in der Umgebung von Eltern möchte ich hier deshalb nur stichwortartig geben. Dazu gehören neben ökonomischen Bedingungen

- ausreichend Raum, denn Kinder brauchen Bewegung,
- Zeit sowohl als alltäglich verfügbare Stunden für das Kind (Klein/Weber, 1998) als auch Lebenszeit, sodass z. B. im Rahmen des Erziehungsurlaubs einige mit dem Kind verbrachte Jahre sich einfügen lassen in das gesamte Berufsleben, und
- soziale Kontakte, die solidarischen Austausch, fachliche und praktische Unterstützung und Anerkennung gewährleisten, denn einsame Eltern haben es schwerer als sozial gut eingebundene.

Ein Gemeinwesen, das daran interessiert ist, auch in Zukunft zu bestehen, sollte Voraussetzungen dafür schaffen, damit Menschen weiterhin Eltern werden wollen und es auch sein können.

Schlussfolgerung

Aus den oben skizzierten Gedanken ergeben sich einige Anregungen:

- Das Wissen über Grundbedürfnisse und Ernährung eines Säuglings, über die Verständigung mit ihm und seine Entwicklung, und über förderliche Kommunikationsstrukturen innerhalb einer Familie sollte für Jugendliche Unterrichtsthema sein. So kann auf das Eltern-Sein ebenso vorbereitet werden wie zum Beispiel mit einem Bewerbungstraining auf das Berufsleben.
- «Betriebspraktika» in Kinderkrippen oder in Familien können hinzukommen, die konkrete Erfahrung im Umgang mit Babys und Kindern ermöglichen.
- In der Schwangerschaft ist neben der Vorbereitung auf die Geburt eine Einführung in das Eltern-Sein sinnvoll. Dabei sollten Fragen geklärt werden wie: Was braucht ein Säugling wirklich – und was nicht? Antworten darauf werden heute im Wesentlichen von der Babyartikelindustrie gegeben. Werbehefte gibt es kostenlos und massenhaft, einen Kurs zum Thema «Babypflege – Eltern sein» bezahlen Eltern meistens selbst. Sich auf ein Kind vorzubereiten heißt heute oft vor allem, die entsprechenden – meistens kostspieligen – Anschaffungen zu machen. Kurse könnten das Sein an Stelle des Habens wieder in den Vordergrund rücken. Dabei ist bei der

Gestaltung des Unterrichts darauf zu achten, dass Sprache, Inhalte und Form zu den Teilnehmerinnen und Teilnehmern passen.

- Neben der Information sollten solche Kurse auch Handwerkliches vermitteln: Babymassage und Kinderlieder sind hier sinnvolle Techniken, sinnvoll im doppelten Sinne des Wortes: Sie sind mit den eigenen Sinnen für die Eltern erfahrbar und sie machen das Familienleben sinnvoll. Besonders für solche Eltern, deren eigene Biografie arm an liebevollen Körpererfahrungen ist, ist im Unterricht das Erleben z. B. einer Massage am eigenen Rücken eine wertvolle Erfahrung.
- Filme über die Ausdrucksweisen eines Babys zu sehen, macht es den Eltern später leichter, ihr Baby zu verstehen, z. B. das Reiben der Ohren als Müdigkeit zu interpretieren.
- Nach der Geburt brauchen Eltern Begleitung.

Die Hebamme, die für bis zu acht Wochen ins Haus kommt, kann den Übergang in das Elternleben erleichtern und dazu beitragen, dass in der ersten Zeit ein Grundstock an Sicherheit miteinander gelegt wird. Sie beantwortet alle großen und kleinen Fragen und sie unterstützt Eltern darin, die Sprache ihres Kindes zu verstehen, passend zu antworten und mit ihm gemeinsam einen Alltag zu gestalten. Dieses ist eine Leistung der gesetzlichen Krankenkassen, die es schon gibt, sie wird aber leider noch nicht von allen Müttern in Anspruch genommen.

Für besonders belastete Eltern-Kind-Situationen – in sozialen Brennpunkten, bei Krankheit des Kindes oder der Mutter etc. sind speziell ausgebildete Familienhebammen notwendig, die es bisher nur in einigen Kommunen gibt, z. B. in Hamburg als Modell im Jahr 1999/2000.

- Eine gründliche Vernetzung aller Berufsgruppen am Ort, die sich um junge Familien bemühen, bündelt Kräfte: Neben den Hebammen sind das vor allem die Frauen- und Kinderärzte, Kinder- und Geburtskliniken, Physiotherapeutinnen, die häusliche Kinderkrankenpflege, Elternschulen etc.
- Geburtsvorbereitungs- und Babypflegekurse, Rückbildungsgruppen, Elternschulen, Babymassagekurse, PEKiP-Gruppen etc. bieten fachliche Anleitung und stellen Kontakte der Eltern untereinander her.
- Niedrigschwellige Angebote für Rat und Hilfe bei Krisen in der Familie rund um die Geburt und in den ersten Jahren danach könnten sicherstellen, dass aus kleinen Belastungen keine größeren Schäden erwachsen. Dabei empfiehlt sich ein ressourcenorientiertes Vorgehen (Fries 1999).

Unterstützende Botschaften an Eltern

Eltern-Sein ist erlernbar.

Sie sind die wichtigste Person für Ihr Baby, für Ihr Kind.

Ihr Baby hat gute Voraussetzungen, um fit fürs Leben zu sein.

Dennoch kann es sein, dass Sie einander gelegentlich nicht verstehen.

Vielleicht brauchen Sie zusätzlich Rat und Hilfe. Im Berufs- und im Sportbereich würde man das Coaching nennen.

Es ist in Ordnung, nicht sofort alles zu wissen und zu können: Ihre eigenen Fähigkeiten entwickeln sich gemeinsam mit Ihrem Kind.

Literatur

Bundeszentrale für gesundheitliche Aufklärung: *Die erste Zeit zu dritt*, Bestelladresse: BzgA, 51101 Köln oder per E-Mail: order@bzga.de

Friebel, Volker / Friedrich, Sabine: *Einschlafen, Durchschlafen, Ausschlafen*, Reinbek (rororo 19397)

Fries, Mauri: *Babys, die sich nicht beruhigen lassen: Auswege für Eltern und Babys in der lösungsorientierten Kurzzeittherapie*, in: Kühl, Jürgen (Hg.): Autonomie und Dialog, Kleine Kinder in der Frühförderung, München 1999

Goebel, Johannes / Clermont, Christoph: *Die Tugend der Orientierungslosigkeit*, Reinbek 1999 (rororo 60599)

Hilsberg, Regina: *Mehr Zeit für die Familie*, Reinbek 1999 (rororo 60611)

Klein, Margarita / Weber, Maria: *Das tut mir gut nach der Geburt*, Reinbek 1998 (rororo 60421)

Klein, Margarita: *Schmetterling und Katzenpfoten, Sanfte Massagen für Babys und Kinder*, Münster 1999

Höfele, Hartmut / Klein, Margarita: *Sanfte Klänge* (Buch und CD), Münster 1999

Juul, Jesper: *Grenzen, Nähe, Respekt*, Reinbek 2000 (rororo 60751)

Papoušek, Mechthild: *Frühe Hilfen wirken viel*, in «Frühe Kindheit», 1/98

Salis, Bettina: *Warum schreit mein Baby so?*, Reinbek 2000 (rororo 60827)

Stern, Daniel: *Mutter und Kind, Die erste Beziehung*, Stuttgart 1979

Zimmer, Katharina: *Warum Babys und ihre Eltern alles richtig machen*, München 1997

Franz Resch

Kinder und Jugendliche heute – viel besser als ihr Ruf

Wo stehen unsere Kinder und Jugendlichen? Gehen wir nach der veröffentlichten Meinung und den Aussagen vieler Politiker, dann ist die Jugend heute durch Gewalt in der Schule, bewaffnete Kids, Respektlosigkeit, Vergnügungssucht, Werteverlust gekennzeichnet. Der Blick auf unsere Kinder und Jugendlichen sollte nicht zu sehr durch solche Vorurteile getrübt werden. Im postmodernen Informationszeitalter ist das gar nicht so einfach: Wir lesen, dass die Kriminalitätszahlen vor allem bei Minderjährigen eklatant steigen, wir sehen Unterkünfte von Asylbewerbern brennen, Gewalt scheint kulturelles Interesse zu verdrängen. Ehrfurcht wird zum Fremdwort und ein Werteverfall wird vielerorts beklagt. Ist das die Welt, in der wir leben und wirken? Gibt es denn nur diese eine Welt? Ist überhaupt unsere Kultur in den Facetten Lebensqualität, Erziehung, Beruf, Freizeit und Familie unter einen Hut zu bringen, mit einem Maßstab zu messen? Multikulturelle Gesellschaft, Globalisierung, Individualisierung sind drei Schlagworte der öffentlichen Diskussion.

In einer Abhandlung über postchristliche Moral schreibt Betlef Horster in der Zeitschrift für Individualpsychologie: Moral wurde in früherer Zeit anders definiert. «... Sie hatte in vorhergehenden Gesellschaftsformationen einen sicheren Bezugspunkt, wie Gott und die Offenbarung. Sie waren die Grundbedingung für die Einhaltung moralischer Regeln. Seit der Aufklärung aber werden die Menschen immer nur auf sich selbst verwiesen und müssen (...) ihre moralischen Regeln entweder selbst finden oder zumindest reflektieren. Es gibt in der Gegenwartsgesellschaft eine von allen Moralphilosophen gesehene Spannung: Jeder Mensch ist ein unverwechselbares Individuum, das dadurch vergesellschaftet ist, dass alle anderen es in seiner Einzigartigkeit anerkennen.» (Zeitschrift für Individualpsychologie 22, S. 96, 1997). Der Philosoph Foucault sagt, dass man sich als ein selbst schaffendes Subjekt erst im Spiegel der anderen sehen könne. So wie man gesehen wird, erfährt man sich gleichsam von außen. Die Zuwendung zu anderen ist nach Foucault die in unserer Gesellschaft notwendigerweise geforderte Arbeit am Selbst: Man wird Selbst durch die Auseinandersetzung mit den anderen (Horster 1997).

Selbstwerdung, Selbstbildung, Individualität, mit diesen Begriffen kreisen wir bereits das Thema ein: Identitätsentwicklung. Das Werden des Einzelnen in seiner Individualität kann als die Auskristallisation all der vielen Interaktionen mit früheren Bezugspersonen im primären Umfeld und mit allen Menschen im sekundären Umfeld gelten, denen das werdende Individuum tagtäglich und mit emotionaler Bezogenheit begegnet. Identitätsentwicklung ist ein Weg von außen nach innen, von der Interaktion zum inneren Bild derselben. Heute – wie vielleicht vor uns noch nie – ist auf Grund der Komplexität unserer Alltagswelt die Selbstentwicklung gefordert, «bezogene Individuation», sagt Stierlin (1979). Eigentlichsein, Handelnkönnen, Sichdurchsetzen, aber nicht den Kontakt zu anderen aufgeben oder verlieren. Im Zweigestirn der basalen Motivationskräfte, Selbstentfaltungsstreben und Bindungsbedürfnis eine Synthese finden, ident sein in der Vielfalt möglicher Gestalten und sozialer Rollen (Resch 1996).

Wie findet sich das Kind, der Jugendliche im Gestrüpp der vielen Beziehungen, Verpflichtungen und Anliegen. Das ist das Geheimnis, dem wir in der Forschung auf der Spur sind:

Denn der erste lebenswichtige Austausch mit geliebten Personen findet in der Familie statt. Auch hier dürfen wir nicht oberflächlich mit Zahlen spielen. Wir wissen, dass heute in Deutschland jede dritte Ehe geschieden wird, und wir haben jährlich etwa 90000 Kinder in den alten Bundesländern und 50000 in den neuen Bundesländern, die von Scheidung betroffen sind. An diesen Zahlen kann niemand zweifeln (s. Nave-Herz 1994). Im Zusammenhang mit der These vom Verfall der traditionellen Familie erhalten sie eine geradezu «suggestive Kraft» (Billmann-Mahecha 1997). Demgegenüber belegen Studien aus dem Deutschen Jugendinstitut, dass 87,5 Prozent aller Kinder und Jugendlichen in den alten Bundesländern und 82 Prozent in den neuen Bundesländern bis zur Volljährigkeit mit beiden leiblichen Eltern zusammenleben. Mit diesen Zahlen könnte man die These vom Festhalten an der traditionellen Familie trotz Pluralisierung von Lebensformen belegen (s. Billmann-Mahecha 1997).

Mit Zahlen lassen sich also These und Gegenthese beweisen. Es gibt aber keine einfachen Erklärungen wie zum Beispiel den simplen Mangel an Bezugspersonen. Wollen wir die Identitätsentwicklung von Kindern und Jugendlichen besser verstehen, bedarf es einer differenzierten Betrachtung der Qualität von Elternschaft: Mutter und Kind bilden eine interaktionelle Einheit. Aber auch Vater und Kind, auch andere wichtige Bezugspersonen: Das Kind lebt von Anfang an in einem sozialen Netzwerk, präziser in einem durch emotionalen Austausch geflochtenen Netzwerk.

Der Mensch bedarf als gesellschaftliches Wesen eines sozialen Rahmens für seine Entwicklung. Er ist in ein Gefüge zwischenmenschlicher Relationen eingebettet, wobei diese einen wesentlichen Einfluss auf das Weltverständnis und das Selbstbild nehmen. Betrachtet man die Familie im Entwicklungskontext, so ist der elterliche Einfluss auf das Kind durch die zwei Begriffe ‹Beziehung und Erziehung› beschreibbar (Resch 1996). Sowohl die Beziehungsqualität wie die Erziehungsqualität sind von individuellen Faktoren der elterlichen Personen, aber auch von deren wechselseitiger Beziehung abhängig. Die Eltern-Kind-Interaktion hat immer Beziehungsqualitäten und Erziehungsqualitäten zugleich.

Papoušek (1989) beschreibt eine so genannte intuitive elterliche Fürsorge, die es allen jungen Eltern ermöglicht, kindliche Signale aus Tonus und Haltung zu lesen, sich so kindgerecht verhalten zu können. Eltern können auch die kommunikativen Fähigkeiten des Kindes intuitiv einüben. Vor allem die Kontrolle des Blickverhaltens als banale kommunikative Fähigkeit und das Vertrautwerden des Kindes mit melodischen Mustern der elterlichen Sprache oder immer wiederkehrenden motorischen Reaktionsweisen hilft den wechselseitigen Austausch harmonisch zu gestalten. Weiter ist eine Nachahmungstendenz des Kindes zu benennen. Schon vom Babyalter an wird das Verhalten, beispielsweise der Spracherwerb, durch die Nachahmung von elterlichen Vorgaben gebahnt. Nicht zu trennen sind nach Stern (1985) von diesen primär instruktiven und das Erlernen und Einüben fördernden Funktionen der elterlichen Nachahmung die affektiven Funktionen. Die intuitive elterliche Fürsorge ist etwas spezifisch Menschliches, das dem Kind ermöglicht, die Beziehung zwischen seinem eigenen Verhalten und den Antworten auf Seiten der Eltern durch Regelhaftigkeit differenzieren und erkennen zu können.

Die Frage, ob die affektive Reagibilität angeboren ist, hat die moderne Säuglingsforschung vielfach beschäftigt. Zum Begriff des Temperaments wurden eine Fülle von Untersuchungen durchgeführt. Dabei zeigte sich, dass es schon beim Baby ein so genanntes Risikotemperament gibt, das mit einer erhöhten Wahrscheinlichkeit des Auftretens von Verhaltensproblemen in späteren Lebensaltern verbunden ist. Die Vorhersagekraft solcher Befunde ist aber nur gering, und die Ergebnisse sind bis dato widersprüchlich. Anscheinend stellen erhöhte affektive Reagibilität, mangelnde Flexibilität in der Umweltanpassung und erniedrigte Selbstberuhigungstendenz des Kindes nach Zuständen der Aufregung ein gewisses Entwicklungsrisiko dar. Wir müssen aber beachten, dass mehr als die Hälfte der Kinder ihre Temperamentskonstellation vom 1. Lebensjahr bis ins Kleinkindalter hinweg verändern.

Die moderne Säuglingsforschung hat uns auch gezeigt, dass frühe Interaktionen mit den Bezugspersonen die gefühlsmäßige Reagibilität beeinflussen können. Dafür wurde der Begriff des so genannten Affekt-Attunement, also eine Art affektive Einstimmungsprozedur, eingeführt. Die Mutter antwortet auf bestimmte Gefühlsäußerungen des Kindes sehr differenziert, wobei die Antwort stärker oder schwächer ausfällt als der kindliche Ausdruck (Dornes 1993). So kann die Mutter die Gefühlsäußerungen ihres Kindes variieren, abdämpfen oder stimulieren und schließlich durch diese Akzentuierung gestalten. Wenn nun Bezugspersonen unsensibel auf das Kind reagieren, Handlungswünsche des Kindes immer wieder unterbrechen oder in ihrem eigenen Verhalten für das Kind unberechenbar bleiben, dann kann dies sowohl seine Verhaltensregulation als auch Affektregulation negativ beeinflussen. Die interne Regelung von Erregungszuständen und Spannungen beim Kind wird also wesentlich durch die Bezugspersonen mit beeinflusst. Eine überschießende affektive Reagibilität eines Kindes muss also nicht immer angeboten sein, sie kann sich vielmehr in der Interaktion mit den Bezugspersonen entwickelt haben.

Ein weiterer Begriff ist die soziale Vergewisserung oder das «social referencing». Es besagt, dass ein Kind nach der Beantwortung seiner momentanen Gestimmtheit sucht, indem es sich mit fragendem Blick zur Bezugsperson wendet. Wenn das Kind sich bezüglich seiner momentanen Situation und der Bedeutung eines Ereignisses ungewiss fühlt, konsultiert es den Gesichtsausdruck der Mutter, um für diesen unbekannten Prozess eine Sinnzuschreibung zu ermöglichen. Lächelt die Mutter, wendet sich das Kind dem Reiz wieder zu, mütterliche Ängstlichkeit oder Ablehnung lässt das Kind zurückschrecken. Auch die soziale Vergewisserung dient einem frühen Austausch, der die Fähigkeit fördert, die eigenen Gefühle zu kontrollieren und Ereignisse der Umwelt zu interpretieren.

Schließlich wollen wir noch auf den Begriff der Bindung eingehen. Bindung, im englischen attachment, kennzeichnet eine besondere Art einer affektiv getragenen, hierarchischen sozialen Beziehung zwischen dem Kind und einer bevorzugten, von anderen unterschiedenen Person, die als stärker, wissender, schützend und Sicherheit gebend angesehen wird. Die Bindungstheorie wurde von Bowly und Ainsworth entwickelt. Man unterscheidet heute vier Bindungstypen: die sichere Bindung, die unsicher vermeidende Bindung, die ambivalent unsichere Bindung und einen vierten desorganisierten Bindungstyp. Wichtig erscheint, dass Bindung nicht eine Eigenschaft des Kindes oder der Mutter allein darstellt, sondern eine zwischenmenschliche Qualität ist, die von beiden Interaktionspartnern getragen wird. Wir gehen also davon aus, dass personale Verhaltensbereitschaften, dass letztlich die Identität des Individuums, sich aus interaktionellen Qualitäten entwickeln. Folgerichtig beeinflussen Störungen auf Seiten der Eltern, Unglücklichsein, Verzweiflung, Desinteresse und Überforderung der Bezugspersonen das Kind nachhaltig negativ. Wir sprechen dann von den Traumatisierungen des Kindes. Über dramatische Traumatisierungen wird in den Medien häufig berichtet. Gewaltanwendungen gegen Kinder, sexueller Missbrauch, folterartige Erziehungsmethoden kennzeichnen diese gravierenden Formen von elterlichem Fehlverhalten. Aber schon normales Alltagsverhalten, seien es Leichtfertigkeit, mangelnde Fürsorge oder eine überzogen egozentrische Haltung von Bezugspersonen, kann Kinder in ihrer Entwicklung ungünstig beeinflussen. So wissen wir beispielsweise, dass depressive Eltern gegenüber ihren Kindern eine negative und nicht unterstützende Haltung einnehmen. Sie üben vermehrt Kritik, wollen das Kind in seinem Verhalten beeinflussen, engagieren sich aber wenig, um entsprechende Forderungen auch durchzusetzen. Depressive und von ihrem eigenen Erwachsenenleben okkupierte Eltern können auch nur eingeschränkt Gefühle zeigen. Sie sind erhöht reizbar und irritabel und neigen daher zu emotionalen Eskalationen. Wenn ein Baby in Gefühlsaufruhr gerät, können depressive Elternteile nicht beruhigend einwirken, sondern reagieren überfordert und unsicher, wodurch sich die Aufregung des Kindes noch verstärkt. Negative soziale Kognitionen und Erwartungen, ein niedriger Selbstwert bei den Bezugspersonen und die Erwartung, sowieso eine schlechte Mutter, ein schlechter Vater zu sein, kennzeichnen depressive und überforderte Eltern. All das hat einen ungünstigen Effekt auf das Vertrauen des Kindes in die Beschützerfunktion der Eltern.

Kinder depressiver Eltern reagieren im Kindesalter nicht depressiv, sondern es zeigen sich gehäuft externalisierende, aufgeregte und aggressive

Zustände. In solchen Familien entsteht etwas, was wir chronischen Stress nennen, und dieser chronische Stress zeigt sich gerade auf den Gebieten des Gefühlsaustausches.

Wenn andererseits Kinder mit erhöhter Impulsivität und gestörter Aufmerksamkeit emotional und sozial vernachlässigt werden, regelmäßig elterliche Streitigkeiten erleben müssen, rigide erzogen werden, bei ihren Eltern soziale Regelübertretungen und Suchtmittelmissbrauch wahrnehmen, neigen sie unter solchen Rahmenbedingungen selbst zu sozialen Regelübertretungen. Außerhalb der Familie, beispielsweise in Kindergarten und Schule, fehlt ihnen das normalerweise in der Frühzeit erarbeitete prosoziale Verhalten. Die Kinder werden in der gleichaltrigen Gruppe nicht positiv aufgenommen, sie bauen keine konstante Beziehung zu den Autoritätspersonen im Kindergarten auf. Auf diese Weise entstehen Kristallisationskerne von Verhaltensproblemen, die über schulischen Misserfolg und mangelnde Akzeptanz bis hin zum schulischen Ausschluss schließlich das Risiko erhöhen, im Adoleszenzalter sich an gewaltbereite Gruppen oder Drogencliquen anzuschließen. Das sind aber alles äußere Anzeichen und Erklärungsmuster. Im Inneren dieser Kinder sieht es dunkel aus. Sie haben ein negatives Selbstbild, sie erwarten von der Zukunft oft negative oder sogar katastrophale Veränderungen. Sie fühlen sich bedroht, sie haben die Meinung, dass sie sich durch Gewaltanwendung in der Gruppe besser artikulieren können. Sie wollen sich nichts gefallen lassen, sie haben nicht gelernt, sich beliebt zu machen. Sie können positives Echo von Seiten ihrer sozialen Umwelt gar nicht wahrnehmen, und wenn sie erfahren, dass man sie mag, können sie es gar nicht glauben.

Gewalt kann sich nach außen und nach innen richten. Aggressivität und Gewaltanwendung nach außen werden rasch deutlich. Autoaggressive Verhaltensweisen, das Richten der Wut gegen sich selbst, findet gar nicht selten lange Zeit im Stillen statt, die Kinder und Jugendlichen wirken leidlich angepasst, ihr Schmerz wird anderen nicht sofort deutlich. Bei selbstverletzenden Jugendlichen werden traumatische Lebenserfahrungen in der Kindheit als sehr bedeutsam erachtet. Verluste wichtiger Bezugspersonen, chronische Krankheiten, sexueller Missbrauch, körperliche Misshandlungen, aber auch impulsive und übergriffige Verhaltensweisen auf Seiten der Familienmitglieder werden empirisch berichtet. Die Lebensgeschichte selbstverletzender Jugendlicher liest sich als eine Abfolge von Horrorszenarien, als eine Biografie kumulativer Traumen (Resch 1996). Glücklicherweise sind schwere Selbstverletzungssyndrome sehr selten. Wenn wir aber als Helfer mit solchen Jugendlichen befasst sind, wird uns die Problematik der vielfältig gestörten familiären Beziehungen vor Augen geführt. Kehren wir zur normalen Entwicklung zurück und fragen, wie Identitätsentwicklung im Jugendalter überhaupt gelingen kann. Ich möchte nach einem Exkurs über den soziokulturellen Hintergrund unseren eigenen Standpunkt als Väter und Mütter der Gegenwart überprüfen.

An Horrormeldungen für das Scheitern der adoleszentären Anpassung mangelt es nicht. Dieses Sprechen vom Verfall der Werte wird von manchen Sozialwissenschaftlern jedoch als eine beständige, seit Jahrhunderten bestehende Alltagstheorie entlarvt, die die Angst der Erwachsenen von der kreativen Potenz, von der rücksichtslosen Veränderungsbereitschaft der Jugendlichen kennzeichnet.

Hüten wir uns also vor einer Generalisierung der von uns beobachteten Missstände, hüten wir uns davor, einzelne Alltagserfahrungen als Anzeichen des kulturellen Wandels zu überhöhen. Damit werden wir den Missständen nicht gerecht. Gewalt, Kriminalität, Hoffnungslosigkeit und Angst sind entsetzlich, aber sie kennzeichnen individuelle Leidenszustände und soziale Problemstellungen, die verändert werden müssen. Wir können uns nicht zurücklehnen und mit dem Befund eines allgemeinen Werteverfalls unsere Jugend pauschal verunglimpfen. Wir dürfen nicht die sozialen Probleme, die da als Risiken wirksam sind, noch in der letzten tatenlosen Beschwörung eines Weltuntergangsszenarios geradezu legitimieren. Wenn wir zulassen, dass Gewalt und Heimtücke im Alltag als beklagenswerte Begleiter salonfähig werden, dann sind wir selbst die Protagonisten des Werteverfalls.

Wo bleibt unsere Zukunftsidee? Jene Lebensvision, die Kinder sicher ins Erwachsenenalter führt, jenes Ideal, jener Leitstern, der Lebenschancen und kreative Fähigkeiten zur Vollendung bringen lässt?

Es gehört heute zum Alltag, eher Befürchtungen als Hoffnungen zu hegen. Was hat eine Gegenwart den Jungen zu bieten, in der viele Verantwortungsträger sich öffentlich darüber freuen, dass die nahende Pension oder Rente endlich ihrem Arbeitsleben ein Ende setzt? In der Menschenverachtung und Selbstsucht als Voraussetzung für beruflichen Erfolg propagiert und Engstirnigkeit als prononcierter Standpunkt gefeiert wird. In der Jugendliche damit rechnen müssen, dass nach einem langen Ausbildungsweg kein Arbeitsplatz zur Verfügung steht oder der Beruf sie unterfordert. Jugendliche brauchen aber Herausforderungen und Verantwortung, um erwachsen werden zu können.

Für gefährdete Jugendliche ist die Situation besonders prekär. Streichungen von Förderprogrammen, Einsparungen bei Eingliederungsmaßnahmen oder fehlendes Personal in öffentlichen Betreuungseinrichtungen sind inzwischen Alltag und mobilisieren in der Ego-Gesellschaft kaum, zumindest aber zu wenig Gegenwehr. Dabei stimmt das Argument nach wie vor und kann nicht oft genug wiederholt werden: die größte Verschwendung. Die vergleichsweise geringen Beiträge, die jetzt den Förderungen, Schulungen, Rehabilitationseinrichtungen, Beratungsstellen, psychosozialen Helfersystemen vorenthalten werden, wandeln sich in explodierende Kosten für Verbrechensbekämpfung, Krankenhäuser und Gefängnisse.

Prophylaxe sollte unser Ziel sein, Entwicklungsförderung, und zwar rechtzeitig. Erst einmal Zeit. Zeit zum Hinschauen, zum Durchschauen der Phänomene, Zeit für Differenzierung. Was steckt hinter dem Verhalten von Jugendlichen? Was wollen Jugendliche, worum kämpfen sie? Wofür sind Jugendliche, nicht nur wogegen?

Wenn wir genau zuhören und hinsehen, können wir den so genannten Werteverfall unserer Jugendlichen als Wertewandel erkennen. Oft werden sie die gleichen Werte wie die Erwachsenen, nur auf unterschiedlichem Wege, erreichen. Jugendliche nehmen manche Werte wie Ehrlichkeit und Verlässlichkeit noch viel ernster als Erwachsene. Nur haben Jugendliche einen anderen Blickwinkel und legen andere Bewertungskriterien an.

Hinzu kommt, dass in einer Gesellschaft der «neuen Unübersichtlichkeit» mit zunehmend multikulturellen Bestandteilen verschiedene Werte nebeneinander bestehen. Unter dem Stichwort Wertepluralität können sie durchaus toleriert werden. Prallen aber unterschiedliche Wertsysteme z. B. von Kindern aus anderen Kulturkreisen, die sich in unseren Lebensräumen mehr und mehr zu Hause fühlen, auf Ausgrenzungstendenzen deutscher Jugendlicher, kann das nicht ohne Auswirkung bleiben. Eine entwicklungsbezogene Sicht macht jugendliche Verhaltensweisen als einen Kampf um das Selbst, um den eigenen Wert und die eigene Selbstbestimmung fassbar. Viele Risikoverhaltensweisen werden unter dem Gesichtspunkt der Icherhaltung und Schamabwehr umgesetzt.

Eine Gesellschaft wie die unsrige, die die individuelle Verantwortlichkeit für die eigene Biografie betont, verstärkt im heranwachsenden Individuum die Angst vor dem persönlichen Versagen. Es stimmt nicht, dass unsere Jugendlichen weniger Scham zeigen. Im Gegenteil, vieles, was uns an Jugendlichen auffällig erscheint, dient der Abwehr von intensiver sozialer Scham.

Wir selbst sind die familiären und außerfamiliären Wirklichkeiten, die die Identitätsentwicklung unserer Kinder und Jugendlichen mitbestimmen. Die Jugend auf ihrem Weg in die Erwachsenenwelt zu verstehen, heißt mit ihr in Kontakt bleiben, heißt uns selbst, unsere Werte und Ziele ernst zu nehmen und nicht zu verwischen. Heißt differenzieren, beobachten, zuhören und mit Interesse Anteil nehmen und heißt Hoffnung und Zuversicht auch in die zukünftigen Generationen setzen. Unser eigenes Weltbild, unser Zukunftsentwurf steht auf dem Prüfstand der Jugendlichen.

Wer den Einschaltquoten der Medien den Zeitgeist abgewinnt, wer in Katastrophenfantasien schwelgt, den multikulturellen Niedergang vorhersieht und im Entsetzen tatenlos verharrt, der hat den Kontakt zu unserer Jugend schon verloren. Der Jugendliche erkennt sich im Spiegel der anderen, der Familie, der Freunde, aber auch aller anderen Gleichaltrigen und Erwachsenen. Wir sollten nicht nur Zerrbilder zurückgeben. Gleichgültigkeit, Abweisung, Zynismus und Angst in unserem Spiegel hinterlassen tiefe Spuren im Selbst der kommenden Generation.

Es gibt viele individuelle Wirklichkeiten, aber Identität und Lebensfreude gewinnen und erhalten wir alle nur in der gemeinsamen Wirklichkeit, die durch Gegenseitigkeit, Austausch, Abstimmung von Erlebnissen und Gedanken zur teilbaren und mitteilbaren Wirklichkeit.

Literatur

Ainsworth, M./Blehar, M./Waters, E./Wall. S. (1978): *Patterns of Attachment: a Psychological Study of the Strage Situation.* Erlbaum, Hillsdale N.J.

Billmann-Mahecha, E. (1997): *Werteverfall der Jugend – Analyse eines Deutungsmusters.* Zeitschrift für Individualpsychologie 22, 79–90.

Bowlby, J. (1969): *Attachment*, Bd. 1 von Attachment and Loss. Basic Books, New York.

Dornes, M. (1993): *Der kompetente Säugling.* Fischer, Frankfurt a. M.

Horster, D. (1997): *Postchristliche Moral.* Zeitschrift für Individualpsychologie 22, 91–98.

Nave-Herz, R. (1994): *Familie heute. Wandel der Familienstrukturen und Folgen für die Erziehung.* Darmstadt, Wissenschaftliche Buchgesellschaft.

Papoušek, M. (1989): *Frühe Phasen der Eltern-Kind-Beziehung.* Praxis Psychotherapie und Psychosomatik 34, 109–122.
Resch, F. (1996): *Entwicklungspsychopathologie des Kindes- und Jugendalters.* Ein Lehrbuch. Psychologie Verlags Union Beltz, Weinheim.
Stern, D. (1985): *The Interpersonal World of the Infant.* Basic Books.
Stierlin, H. (1979): *Status der Gegenseitigkeit; die fünfte Perspektive des Heidelberger familiendynamischen Konzeptes.* Familiendynamik 4, 106–116.

Karin Jäckel

Wenn Familie Zukunft haben soll – Ein Einspruch

Familie – was ist das heute überhaupt?

«Ein Auslaufmodell», sagen die einen und spielen darauf an, dass die Zahl der Ehescheidungen sowie die Zahl der ohne Trauschein Zusammenlebenden alljährlich steigt.

«Ein Dauerbrenner», sagen die anderen und verweisen darauf, dass allen Unkenrufen zum Trotz rund 10 Millionen traditionelle Familien mit Kindern in Deutschland leben.

«Familie ist das Wichtigste», sagen Kinder und Jugendliche. Die Shell-Studie 2000 zum Beispiel brachte es wieder einmal an den Tag.

Aber interessiert in der auf Konsum und Spaß reduzierten Dekadenz der Ich-Zuerst-Gesellschaft unserer Tage wirklich, was Kinder und Jugendliche sich jenseits von Geld wünschen? Beziehungsweise, wer ist schon in der Lage, ihnen auf Biegen und Brechen eine intakte Familie und viel Zeit füreinander zu schenken? Zeit ist Geld. Und ist nicht ein Idiot, wer zusammenbleibt, obwohl man sich «abgeliebt» hat und – wie ein deutsches «Superweib» – erst nach vier Kindern merkt, dass der Kindesvater nicht die große Liebe, sondern die große Schlaftablette des Lebens war?

Spätestens seit den 68ern ist doch klar, dass «wer zwei Mal mit demselben pennt» zum «Etablishment» gehört und die heile Familie der schwarze Stachel im roten Fleisch der Gesellschaft ist. Lehren wie die der Simone de Beauvoir, dem Urgestein der Frauenbewegung, und diejenigen Friedrich Engels, der Lichtgestalt sozialistischer Familienbildung, haben seither das Familienleben und das Verständnis von weiblicher Selbstverwirklichung auch der Frauen UND Männer geprägt, die nie etwas von Büchern wie «*Das andere Geschlecht*» und «*Der Ursprung der Familie, des Privateigentums und des Staates*» gehört oder gelesen haben.

An aktuellen Postkartensprüchen wie «Eine Frau, die so gut sein will wie Männer, hat einfach keinen Ehrgeiz» hätte Simone de Beauvoir ihre helle Freude gehabt. Ihrer Meinung nach sollte jede Frau den Ehrgeiz entwickeln, mindestens so gut wie ein Mann zu sein. Denn einzig und allein Männer besäßen *Transzendenz*, diese Lebenssinn gebende Verankerung in der Unendlichkeit des Geistes. Und sie erwürben diese das Irdische besiegende Bewusstseinsebene allein mit Hilfe der Berufstätigkeit, welche den Verstand durch Leistung befähige, die biologische Endlichkeit zu überwinden. Frauen schienen der Beauvoir im Vergleich zu Männern erdverhaftete Sklavinnen der Mutterschaft und der Familienarbeit. Ihre Rettung lag folglich in der Zielsetzung, endlich wie Männer zu werden, Mutterschaft und Familienarbeit abzuschütteln und durch die Ausübung eines Berufes *Transzendenz* zu erlangen.

Inzwischen sind Frauen so *transzendent*, dass das Wort «Mutter» laut offiziellem UNO-Text der Pekinger Weltfrauenkonferenz als Diskriminierung gilt und durch die Umschreibung «*Frauen während der Zeit der Kindererziehung*» ersetzt werden muss.

Oder nehmen Sie Friedrich Engels. Wie viel haben Frauen wie Männer an Beauvoire'scher «*Transzendenz*» hinzugewonnen, seit wir seine Lehre immer vollständiger in die Tat umsetzen, «*dass die Befreiung der Frau zur ersten Vorbedingung hat die Wiedereinführung des ganzen weiblichen Geschlechts in die öffentliche Industrie. Und dass dies wieder erfordert die Beseitigung der Eigenschaften der Einzelfamilie als wirtschaftlicher Einheit der Gesellschaft …*»

Immerhin ist gegenwärtig laut Mitteilung des Instituts für Arbeitsmarkt und Berufsforschung fast jeder zweite Arbeitsplatz von Frauen besetzt. Zwei von drei neuen Arbeitsplätzen werden an Frauen vergeben. Ganz zu schweigen von der bundesweiten Fülle an Frauenfördereinrichtungen und Frauenförderprojekten des Staates, die alljährlich mit gigantischen Summen ausgestattet werden, um die Frauenerwerbsarbeit zu forcieren und Männern vermeintliche Privilegien zu entreißen. Eine Aufgabe, die laut Mitteilung der Bundesfamilienministerin Dr. Bergmann, die erste Pflicht ihres Ministeriums darstellt. Noch ist schließlich das Ziel, alle Frauen in die Erwerbsarbeit zu schicken, nicht erreicht. Noch begrüßen es nämlich laut Statistischem Bundesamt Wiesbaden (1997) rund 47 Prozent aller westdeutschen Frauen, wenn «der Mann voll im Berufsleben steht und die Frau zu Hause bleibt und sich um den Haushalt und die Kinder kümmert.» Werte, die Peter Wippermann vom «Hamburger Trendbüro» mit der Veröffentlichung toppte, dass 60 Prozent der von ihm repräsentativ befragten Frauen sich ein «Zurück an den Herd» als reizvoll vorstellen könnten, wenn sie ohne eigene Erwerbsarbeit ein ausreichend großes Familieneinkommen zur Verfügung hätten.

Zahlen wie Pfeffer. Leidenschaftlich der frauenbewegte Protest. Alice Schwarzer, Speerspitze der Hardliner-Emanzen, kartete nach. Die Umfrage sei unter alten Frauen durchgeführt worden. Von jungen Frauen unter 30 wolle lediglich jede Vierte gern ausschließlich Hausfrau und Mutter sein und selbst bei den bis zu 45-jährigen nur jede Dritte. Auf den ersten Blick könnte der Widerspruch zu den Zahlen des statistischen Bundesamtes nicht krasser sein. Doch schon auf den zweiten sind sie plausibel. Längst ist erwiesen, dass rund 30 Prozent aller Frauen lebenslang kinderlos bleiben und mithin kaum einen Anlass sehen, ihren Beruf an den Nagel zu hängen. Ebenso bekannt ist, dass der Kinderwunsch der meisten Frauen heute frühestens um das 30. Lebensjahr herum einsetzt und bis dahin die berufliche Karriere im Vordergrund der Lebensplanung steht. Logisch also, dass die Mehrheit der unter 30-jährigen die Erwerbstätigkeit favorisiert. Da die meisten Familien mit Kindern heute mit einem Einkommen kein Auskommen mehr haben, ist es ebenso logisch, dass auch die älteren Frauen überwiegend erwerbstätig bleiben. Vor allem dann, wenn die Oma die Kinderbetreuung übernimmt, wie dies zu einem hohen Prozentsatz geschieht.

Ob alle Frauen und Mütter, die erwerbstätig sind, dies auch wären, wenn sie die freie Wahl hätten, ist jedoch mehr als zweifelhaft. Setzt man sich mit Familienfrauen auseinander, wie ich dies in meinem Buch «Die Frau an seiner Seite» versuchte, stellt man rasch fest, dass moderne, emanzipierte Frauen sich zu einem großen Teil schon längst nicht mehr trauen beziehungsweise es sich finanziell nicht leisten können, als Mutter und Hausfrau zu Hause zu bleiben. Und zwar vor allem deshalb nicht, weil NUR-Hausfrauen in der öffentlichen Meinung als Versagerinnen gelten. Schon 1989 schrieb die Soziologin Monika Jäckel in ihrem viel beachteten Buch *Mütter an die Macht,* dass jede Frau, die «*sich nicht für die Dreifachbelastung im Namen der Emanzipation entscheidet*», sondern von drei großen K wie Karriere, Kinder, Küche die Karriere streicht, «*als faul, parasitär und unterjocht*» gilt.

Aussagen, die Politikerinnen wie beispielsweise Heide Pfarr, die sich mit rotgrüner Rückendeckung als Berliner Ex-Senatorin, hessische Frauenministerin und Initiatorin des hessischen Gleichstellungsgesetzes einen

Namen machte, nur unterstreichen würden. Stellvertretend für ihre Parteigenossinnen und -genossen leerte sie am 23.8.1992 im «Wiesbadener Kurier» im Zusammenhang mit der Frage nach einem staatlichen Gehalt für Familienfrauen den ideologischen Schmutzkübel aus, indem sie sagte: «*Also die Hausfrau, die sich mein Kollege zu Hause hält, um mit mir besser konkurrieren zu können, weil ich mir so was nicht halte, die unterstütze ich weder steuerlich noch sonst irgendwie. Überhaupt null. Auch wenn sie sagt: Ich bin aber so gern die Frau an seiner Seite, dies ist mein weiblicher Lebensentwurf – überhaupt nicht, null! Diesen weiblichen Lebensentwurf unterstütze ich nicht, sondern bekämpfe ihn, wo ich ihn treffe.*»

Gunhild Gutschmidt, promovierte Expertin für alleinerziehende Mütter und Frauenerwerbsarbeit, schob 1997 in EMMA die Behauptung nach: «*Wer reißt das Loch in die Rentenkassen? Die Frauen, die nicht genug Kinder kriegen? Im Gegenteil. Es sind die Männer, denen die Solidargemeinschaft die Hausfrau finanziert.*»

Eine diskriminierende Sichtweise par excellence, die sich bis in die jüngste Gegenwart zum Beispiel dadurch fortsetzt, dass die «Deutsche Hausfrauengewerkschaft» als anerkannt gemeinnütziger Verein auch im Jahr 2000 noch immer keine Aufnahme in den «Deutschen Frauenrat» fand.

Besonders die Kinder werden den frauenbewegten Aggressoren diesen Kampf gegen Familienfrauen schlecht danken. Denn während sie sich immer öfter vergeblich nach Geborgenheit innerhalb der eigenen Familie sehnen, befolgt die Gesellschaft der Erwachsenen wissentlich oder unwissentlich rote Ideen wie die Friedrich Engels, «*die Pflege und Erziehung der Kinder*» als «*öffentliche Angelegenheit*» zu betrachten, sodass «*die Gesellschaft … für alle Kinder gleichmäßig*» sorgt, «*seien sie eheliche oder uneheliche.*»

Mittlerweile vergeht fast kein Tag, an dem nicht lautstark nach mehr Fürsorge «vom ganzen System» verlangt wird. Abgesehen davon, dass der Bedarf nicht bundesweit flächendeckend ist, lässt die professionelle Betreuung des Nachwuchses außerhalb der Familie von der Kinderkrippe zum Ganztagskindergarten über die «verlässliche» Schule bis zur nachmittäglichen Hortbetreuung oder Ganztags- und Internatsschule nebst Freizeitbetreuung in den vielfältigsten Vereinen und Zusatzschulen kein Bedürfnis offen. Und dennoch ist es für viele Eltern noch immer nicht genug.

Ein Zeitungsartikel vom 23.6.2000 aus der «Mittelbadischen Presse» fällt mir ein, worin von einem jungen, gesunden Elternpaar von 22 und 27 Jahren die Rede ist, das ebenso gesunde Drillinge bekam. Statt glücklichen Elternstolzes strahlen beide zornigen Protest darüber aus, dass kein öffentlicher Träger ihnen eine Vollzeit-Haushilfe bezahlen will. Das Großziehen von Kindern, «*eine öffentliche Angelegenheit,* – es ist erreicht.

Wie Engels es vorausgesagt hatte, brachte die Verwandlung der «*Privathaushaltung ... in eine gesellschaftliche Industrie*» es mit sich, dass «*die rückhaltlose Hingabe eines Mädchens an den geliebten Mann*» in aller Sorglosigkeit geschehen konnte und «*die Scheidung für beide Teile wie für die Gesellschaft zur Wohltat*» wurde.

Wie reichlich die Gesellschaft mittlerweile mit derlei *Wohltaten* gesegnet ist, zeigen die alljährlich steigenden Scheidungszahlen und das blühende Wachstum einer staatlich gesteuerten Scheidungsindustrie, in der zahllose Juristinnen und Juristen, Richterinnen und Richter sowie allerlei Beratergruppen ihr sattes Auskommen finden. Spätestens seit der von Engels vorgegebenen Abschaffung des Schuldprinzips unter der Federführung der SPD als Regierungspartei im Jahr 1977, welches allen Beteiligten erspart, «*durch den nutzlosen Schmutz eines Scheidungsprozesses zu waten*», läuft die Sache wie am Schnürchen.

Kinder und Jugendliche wissen freilich von all diesen *Wohltaten* wenig. Im Gegensatz zu ihren Eltern, die einander «abgeliebt» haben und froh sind, sich wieder loszuwerden, leiden sie unter dem ihnen aufgezwungenen Verlust. Und was für sie wirklich zählt, ist nicht der ideologische Plunder politischen Machtgerangels, sondern die heile Familie und die Zeit, die ihre Eltern mit ihnen verbringen.

Zeit – wenn Eltern oder Politikerinnen und Politiker das schon hören! Ist nicht Zeit Geld? Und schreibt nicht Ute Erhardt in ihrem seit Jahren die Hitlisten stürmenden Super-Bestseller von den «bösen Mädchen», die nicht nur «in den Himmel», sondern «überallhin» kommen, dass lediglich Hausfrauen und andere Arbeitslose Zeit umsonst zu verschenken haben, weil ihre Zeit nämlich nichts wert ist, sprich kein Geld bringt?

Dennoch bleibt die Frage: Haben wir Erwachsenen den Blick verloren für das Loch in der Seele der Kinder und Jugendlichen, das irgendwie gestopft werden muss, wenn es erst einmal in Folge von elterlichem Zeitmangel und Selbstverwirklichungswahn aufgerissen ist? Begreifen wir nicht, dass ihre unersättlich scheinenden Ansprüche, ihre öffentlich beklagten Aggressionen, ihre Leistungsverweigerung in der Schule, ihre Provokationslust, – dass all das nur Ersatzbefriedigungen darstellen für die eine Befriedigung, die nicht erfolgt? Die nämlich, dass die Familie zusammen, sich nahe ist, Zeit miteinander verbringt und diese so unverzichtbare Höhle der Geborgenheit bietet, die von keiner «*gesellschaftlichen Industrie*» ersetzt werden kann?

Anstatt die Wahrhaftigkeit in diesem Wunsch nach einer intakten Familie ernst zu nehmen und der Liebe Zeit zu lassen, sich zu bewähren, ehe Kinder in die Welt gesetzt werden, gilt allein das freie Lustprinzip, welches in jeder hoch dekadenten Gesellschaft das Menetekel an der Wand war. Es gilt als altmodisch, von Werten wie Moral und Ethik zu reden. Liebe wird gleichgesetzt mit körperlicher Attraktion und sexueller Befriedigung. Ist es damit vorbei, muss niemand «weinen, wenn man auseinander geht, weil an der nächsten Ecke schon ein anderer steht.»

Und Kinder? «Ich lass mir doch von dem Balg nicht mein Leben kaputtmachen!», erklärte mir eine Mutter, die ich im Zusammenhang mit meinem Buch «Im Stich gelassen» kennen lernte. «In ein paar Jahren hat sie einen eigenen Freund und ich kann sehen, was aus mir wird. Jetzt bin ich an der Reihe und sie zieht mit. Kinder wissen doch gar nicht, was sie wollen.»

«Familie ist, wenn alle aus einem gemeinsamen Kühlschrank essen», sagt die regierende sozialistisch rot und umweltfreundlich grün karierte Politik der Jahrtausendwende mit der Stimme von Ulla Schmidt, SPD-Mitglied des Bundestages seit 1990.

Statt wie einst um den eigenen warmen «Herd, der Goldes wert» versammelt die Frau von heute ihre lockere, vom Zufall, dem Arbeitsplatz, dem Geldbeutel und der gerade aktuellen Liebeslust bestimmte Zweckgemeinschaft um den Kühlschrank?

Der Gedanke an die Kälte in einem solchen Familiennest drängt sich auf, welche durch politische und feministische Rundumschläge wie «Väter als Täter» oder «Familie als Gefahrenplatz Nummer eins» suggeriert wird: «Sexueller Kindesmissbrauch» und «Gewalt gegen Kinder» – betroffen jedes dritte Mädchen; «Vergewaltigung in der Ehe» oder «häusliche Gewalt ist männlich» – betroffen jede dritte Frau; Ausbeutung von Frauen durch «faule Haushaltspaschas», Benachteiligung von Frauen durch Schwangerschaft und «das Aufziehen der Brut», – betroffen jede Frau.

Diese Negativ-Liste ist fast beliebig fortzusetzen. Rechtstatsächlich ermittelt ist zwar keine dieser Zahlen. Aber es macht sich gut in der Frauenpolitik, auf Schätzungen aus gut informierten, regierungsnahen Vereinen zu verweisen und mit Dunkelziffern zu operieren, die, einmal ausgesprochen, so oft nachgeplappert und abgeschrieben werden, bis sie den Charakter der Tatsache erhalten.

Wen schert es da schon, dass rund 200 seriöse englischsprachige Studien nachweisen, dass auch Frauen keinen Heiligenschein mit Diamanten tragen? Ja, dass sie den Männern an rabiater Gewalt kaum nachstehen – aber überzeugt sind, sie als Frauen dürften schlagen, weil dies ein positives Zeichen weiblicher Emanzipation und innerer Stärke sei, während Männer, die schlagen, in den Knast gehören.

Nicht einmal die deutsche Studie über «Kriminalität im Leben alter Menschen» aus dem Jahr 1995 interessiert. Obwohl sie, passend zu den ausländischen Erkenntnissen, offen legt, dass im Vergleich zu 1,59 Millionen Männern, die gegenüber Frauen ihres engsten sozialen Umfeldes gewalttätig werden, 1,49 Millionen Frauen stehen, die vergleichbare Gewalt gegen ihre männlichen Familienangehörigen ausüben, und zwar besonders ungeniert gegenüber Pflegebedürftigen.

Für Hardlinerfeministinnen in den einschlägigen politischen Behörden und viele andere ist «häusliche Gewalt» nun mal allein männlich, sind Opfer immer nur Frauen und Kinder, unter ihnen vornehmlich die Mädchen.

Verwundert es bei derartiger Negativ-Propaganda, dass trotz der riesigen Sehnsucht nach einer heilen Familie, nach der großen Liebe auf immer und ewig und dem gemeinsamen Altwerden mit dem einen Menschen, mittlerweile fast jede zweite Familie scheitert und die Ehe zerbricht? Von den nicht ehelichen Gemeinschaften ganz zu schweigen, die nirgends registriert, aber trotz freier Liebe nicht gegen Trennung gefeit sind. Gerade im «Rosenkrieg», wenn die Nerven auf beiden Seiten blank liegen, zeigen sich die Auswirkungen der politisch-feministischen Männer-Schelte. Immer mehr Mütter trauen den Vätern alles Schlechte zu: Kindesentführung, Gewalttätigkeiten, erschreckend häufig sogar den sexuellen Missbrauch ihrer Kinder.

Niemand wird bestreiten, dass sexueller Kindesmissbrauch eines der bestgetarnten und schändlichsten Verbrechen ist und jede Täterin und jeder Täter weit härter bestraft werden sollte als dies bereits der Fall ist.

Doch Experten wie Professor Siegfried Willutzki vom Deutschen Familiengerichtstag stellten seit 1994 in mindestens 40 Prozent der strittigen Sorgerechtsfälle eine Falschaussagebereitschaft der Mütter fest. Alles Mütter als Megabiester? Wohl kaum. Weit eher als allein aus böser Absicht passieren derartige Verleumdungen aus Verunsicherung gegenüber dem Mann, in dem *frau* sich emotional so nachhaltig geirrt hatte, dass sie ihm nach dem Scheitern der Liebesbeziehung jede Gemeinheit zutraut, die Männern öffentlich angelastet werden. Mögen die Mütter in diesen Fällen die Gewinnerinnen des Sorgerechts und die Väter die Verlierer im Kampf um das Kind sein – die auf dem Schlachtfeld bleiben, sind die Kinder.

Früh heißt es für sie in einer Welt der Großen erwachsen zu werden, «Ab neun sind Kinder erwachsen», sagte mir die Mutter zweier Kinder eines amtierenden katholischen Priesters Anfang 1998, als sie mir erklärte, warum sie ihrem Sohn in diesem Alter das Geheimnis offenbart hatte, dass sein Vater kein Held wie Sean Connery, sondern der seit Jahren als ihr geistlicher Freund im Haus ein und aus gehende ältere Herr sei. In diesem Alter, führte sie aus, könnten Kinder alles verstehen, alles essen und auf sich gestellt überleben könnten. In anderen Kulturen müssten sie dann schon arbeiten und ihre Familien versorgen, oftmals bereits heiraten.

Auch wenn diese Meinung sicher nicht die der meisten Eltern ist, so ist doch zu beobachten, dass Kinder immer früher und selbstverständlicher sich selbst überlassen bleiben – müssen. Die auf Familien lastenden staatlichen und sozialen Abgabenzwänge sowie die nach dem Pro-Kopf-Aufkommen hohen Lebenshaltungskosten lassen Müttern wie Vätern immer seltener die freie Wahl zwischen Vollerwerbstätigkeit, Teilzeit- oder Familienarbeit zu Hause. Und die Erwerbstätigkeit beider Eltern lässt konsequenterweise wenig Zeit – sowie Nervenreserven.

Kinder aber lernen am elterlichen Vorbild. Ohne Zeit zum gegenseitigen Hinschauen, miteinander reden, zuhören, verstehen lernen und Kompromisse finden kann nichts Wesentliches einer Beziehung vermittelt oder gar eingeübt werden.

Eine der Lehren, die Kinder aus gescheiterten Ehen ziehen, ist, dass Familien keinen Bestand haben und die Flucht aus der Ehe ein Lösungsmuster ist. Diese Lehre nehmen sie ins Leben mit.

Nachweislich scheitern die Ehen von Kindern von Scheidungseltern mehrfach häufiger als diejenigen, die von Kindern aus intakten Ehen geschlossen werden. Nochmals potenziert dann, wenn beide Eheleute aus

Scheidungsfamilien stammen. Und die Kinder aus Scheidungsehen vermehren sich alljährlich um rund 160 000.

Rechnen wir nur 10 Jahre zurück, so haben wir aus dieser Zeit 1,6 Millionen Kinder, deren eigene Ehe in Abhängigkeit zum Lebensalter entweder schon jetzt oder in ein paar Jahren nicht nur durchschnittlich, sondern erheblich gefährdet ist, oder die als gebranntes Kind das Feuer der festen Bindung gänzlich scheuen und lieber gleich ohne Trauschein leben. In Wahrheit aber sind es viel mehr als diese 1,6 Millionen, denn es wurden ja alle diejenigen nicht addiert, die bereits vor diesen 10 Jahren zu Scheidungskindern wurden und heute den Block derjenigen stellen, die bereits geschieden sind, Scheidungswaisen hervorbringen und Vorbilder für neue Scheidungen sind. Aller Sehnsucht nach Dauer zum Trotz schwindet die Hemmschwelle vor dem Bruch mit der Geschwindigkeit eines Flächenbrandes.

Prüft man die Liste der Scheidungsgründe, rangieren auf der Top-Ten Geldsorgen, Hausarbeitsfrust und berufliche Selbstverwirklichungsträume der Frau, Streit mit dem Vater der Kinder um Erziehungsmaximen sowie Neid auf das vermeintlich erfülltere Leben des Partners an erster Stelle. Vor allem Frauen fühlen sich von ihren Männern zunehmend unverstanden, ausgebeutet und allein gelassen.

Es fehlen Frauenleitbilder, postuliert eine Studie, die 1998 für *Journal der Frau* erstellt wurde. Die eigenen Mütter kämen kaum noch in Betracht, da sie ein Lebensmodell zeigten, das für moderne Frauen keine Gültigkeit mehr habe. Folglich müsste *frau* sich an den Titelbildern der Schönen und Reichen des Jetset orientieren.

Glaubt man Barbara Ossege, Psychologin auf einer im Februar 1998 in Berlin stattgefundenen Tagung der *Deutschen Gesellschaft für Verhaltensforschung,* werden die von diesen Beispielen geprägten Frauen der Zukunft erstens «Gebär-Mütter» als lebende Laboreinrichtung für einen Fötus sein, zweitens «Erfolgsfrauen», die ihre Eizellen einfrieren und sich nach der Befruchtung aus der Samenbank im fortgeschrittenen Alter implantieren lassen oder eine «Gebär-Mutter» kaufen – am liebsten die der eigenen Mutter –, drittens die «Techno-Bitch», die Sex nur mehr als virtuelles Abenteuer schätzt, und viertens die «Rachegöttin», die Männer besiegen will.

Die «klassische männliche Sexualität brauchen wir tatsächlich nicht», verkündete die Psychologin Christine Schmerl auf derselben Tagung. Das Klonen sei als bessere Reproduktionsmethode vorzuziehen. Männer taugten allenfalls als «Schädlingsbekämpfungsmittel», wenn einmal jährlich «die Masern an den Nachwuchs gehen».

In der Tat ist die Realität derartiger Aussagen weniger fern, als man hofft. Im Mai 2000 konnte man lesen, dass ein englisches Supermodel mit seiner ebenfalls als Supermodel über den Laufsteg der Modewelt flanierenden Mutter einen Deal geschlossen habe. Und zwar werde die Mutter, die bereits 10 eigene Kinder geboren hat, für ihre Tochter ein Kind austragen, weil die Tochter sich so sehr ein Kind wünscht. Zu diesem Zweck wollen die Frauen sich eine Portion Samenzellen aus der Samenbank kaufen und der Mutter eine befruchtete Eizelle der Tochter implantieren lassen. Als Endvierzigerin fühle sie sich absolut fit zum Kinderkriegen, meinte die Mutter. Und selbstverständlich werde sie als Gebär-Mutter vom Augenblick der Geburt an vollkommen selbstverständlich zurücktreten und das Enkelkind sofort der Tochter schenken. Sie werde danach nur noch die Oma sein.

Ein Einzelfall, möchte man kopfschüttelnd sagen und sich seinen Teil dabei denken. Tatsächlich sei es die Zukunft, meint Matthias Horx, der als *der* deutsche Trend- und Zukunftsforscher schlechthin gilt. Männer seien das Hauptproblem der Zukunft, die zweifelsfrei den Frauen gehöre. Als arbeitslose, überflüssige Gewalttäter und Säufer würden sie alsbald die Gosse bevölkern und die «schöne Neue Welt» der Frauen gefährden.

Was also ist zu tun, wenn «Familie» eine Chance haben soll? Eine Frage, die ebenso sehr an Individuen wie an die Politik gerichtet sein muss. Als erste Aufgabe wäre, das Ende der feministischen Kriegsführung herbeizuführen, indem die massive Männer-Schelte der letzten Jahrzehnte und die einseitig parteiliche Frauenförderung zu Gunsten der in unserem Land längst gegebenen Gleichberechtigung der Geschlechter abgeschafft wird. Der künstlich hochgeschaukelte Paradigmenwechsel vom Patriarchat zum neuen Matriarchat bringt keine bessere Zukunft, sondern zerstört. Wie nachhaltig jede einseitige Staatsführung Gesellschaft und Leben vernichtet, mag uns die Geschichte der Amazonen lehren, die aus antiken Schriften überliefert ist. Geschichtsschreiber wie Herodot und Appolonius berichten, dass Knaben bei der Geburt entweder sofort getötet oder ihnen eine Hüfte zerschmettern wurde, damit sie als Hausdiener und künftige Spermalieferanten für die einmalige Sex-Orgie des Jahres erhalten blieben. Wenn dies auch, Gott bewahre, bisher in Deutschland nicht die Regel ist, so zeichnen doch die Zukunftsvisionen des Matthias Horx in seinem Buch

Die acht Sphären der Zukunft eindeutig genug auf, welchen Weg Männer zwischen Samenbank und Gosse vor sich haben.

Als nicht minder wichtige Aufgabe wäre die Rehabilitierung der Familie aus Eltern und Kindern als sicherer Ort für Kinder und zugleich unverzichtbare Keimzelle des Staates zu betreiben. Dazu gehört nicht zuletzt die finanzielle Entlastung der Familien durch den Staat. Seit den Sechzigern werden Familien hier zu Lande immer ärmer. Noch im Jahr 1965 erhielt nur jedes 75. Kind unter sieben Jahren zeitweise oder dauerhaft Sozialhilfe. 1990 war es bereits jedes 11. Kind. Bis zur Gegenwart hat sich der Anteil der Kinder, deren Eltern nicht mehr für den Selbsterhalt ihrer Familien aufkommen und ihre Kinder nicht mehr versorgen können, durchschnittlich alle zehn Jahre verdoppelt.

Kein Wunder, schaut man sich die galoppierende Schwindsucht der Arbeitslosenzahlen an, die durch staatliche Maßnahmen wie Förderung der Frühpensionierung bei gleichzeitiger Streichung der frei gewordenen Arbeitsstelle sowie den eingetriebenen Lohnnebenkosten forciert werden. Noch weniger verwunderlich, lässt man die Liste der rund 30 verschiedensten Steuern an sich vorbeiziehen, die der Gesetzgeber zusätzlich zu den obligatorischen Steuern wie Einkommenssteuern/Lohnsteuern, Umsatz-/Mehrwertsteuern, Mineralölsteuern, Gewerbesteuern, Solidaritätszuschlag, Tabaksteuern, Körperschaftssteuern, Ökosteuern abkassiert. Hätten Sie's gewusst, dass es Kirchensteuern, Kapitalertragssteuern, Versicherungssteuern, Kraftfahrzeugsteuern, Grundsteuern, Zinsabschlag, Zölle, private und kommunale Grunderwerbssteuern, Branntweinsteuern, Erbschaftssteuern, Lotteriesteuern, Kaffeesteuern, Biersteuern, Schaumweinsteuern, Feuerschutzsteuern, Vergnügungssteuern, Hundesteuern, Totalisatorsteuern, Jagd- und Fischereisteuern, Rennwettensteuern, Getränkesteuern, Kinosteuern, Börsenumsatzsteuern und Schankerlaubnissteuern gibt? Dass überdies die Zwangsabgaben für die Sozialversicherung und weitere erhebliche Summen für private Vorsorgeversicherungen anfallen, muss kaum eigens erwähnt werden.

Insgesamt geht es allein bei den Lohn- und Einkommenssteuern um etwa 300 Milliarden Mark und bei den Verbrauchssteuern um mindestens 400 Milliarden Mark. Mit über 700 Milliarden Mark Sozialabgaben schießen die Sozialversicherung den Vogel ab. Und immer noch ist von weiteren Abgabenerhöhungen und neuen Steuern die Rede. Immer noch wächst die Verschuldung des Staatshaushaltes explosionsartig, sind die

Renten unserer Kinder und Kindeskinder schon heute verschwendet, ist der in Deutschland noch kürzlich als weltweit leuchtendes Beispiel gelobte Generationenvertrag geplatzt.

Für Expertinnen und Experten wie Jürgen Borchert, Richter am Hessischen Landessozialamt (siehe S. 190 ff.), stellt sich denn auch die Frage, ob die Gleichbehandlung von Singles und Familien bei individuell pro Kopf aufzubringenden Verbrauchersteuern und der generell für Einzelpersonen und Singles gleich bleibenden, festen Summe der Sozialabgaben dem staatlichen Auftrag zum Familienschutz entspricht.

Tatsache ist, dass der alleinlebende Vorstandsvorsitzende eines Großunternehmens dieselbe Beitragssumme zur Sozialversicherung aufbringen muss wie ein Niedriglohnempfänger, und dass die mit einem Einkommen auskommende Mehrpersonenfamilie ebenfalls denselben Betrag abliefert. In Zahlen ausgedrückt:

Im Jahr 1999 blieben einer ledigen Person bei einem fiktiven Jahres-Bruttoeinkommen von 60 000 Mark nach Abzug aller direkten Steuern und Sozialabgaben netto 33 388 Mark auf dem Konto. Wurde von diesem Betrag das errechnete Existenzminimum in Höhe von 13 067 Mark abgezogen, blieb ein frei zu verwendender Restbetrag von 20 321 Mark übrig.

Im gleichen Zeitraum hatte ein kinderloses Ehepaar, das vom staatlichen Ehegattensplitting profitierte, ein nach eigener Lust und Laune auszugebendes Einkommen von 14 419 Mark.

Ein Ehepaar mit zwei Kindern musste zu viert mit 7437 Mark vorlieb nehmen. Schafften sich die beiden ein drittes Kind an, blieben am Jahresende nurmehr 4284 Mark. Im Vergleich zu einem Single, der für sich allein monatlich 1698 Mark auf den Kopf hauen konnte, konnte diese 5-Personen-Familie für jedes Familienmitglied in rund 30 Tagen ganze 75 Mark verprassen, genau 2 Mark 50 pro Tag. Weniger als eine «Jumbo-Kugel» beim Eismann um die Ecke kostet, weniger als ein Kinobesuch, weniger als der Eintritt im Freibad, weniger als fast alles.

Von Gerechtigkeit der Sozialabgabenbelastung oder staatlicher Entlastung der Familien kann daher keine Rede sein. Schon gar nicht, wenn man berücksichtigt, dass Familien diejenigen sind, die heute nicht nur mit den realen Kosten für das Großziehen von Kindern weitestgehend allein gelassen werden, sondern überdies mit ihren Kindern die Rentenzahler von morgen und in diesem Zusammenhang auch die Renten der Singles finanzieren.

Ähnlich familienfeindlich bilanziert man bezüglich Steuererhöhungen.

Familien sind nun mal kleine Wirtschaftsunternehmen und als solche selbst bei sparsamster Wirtschaftsweise verbrauchs- und energieintensiv. Ohne Frage verzehren fünf Personen mehr als eine. Zwangsläufig benötigen fünf Personen auch mehr Kleidungsstücke und eine geräumigere Wohnung als eine Einzelperson, können sich aber viel zu oft nur eine kleinere leisten. Unvermeidlich fallen höhere Energiemengen und vor allem Benzin an, wenn man für fünf Personen kocht, wäscht, bügelt, putzt, duscht und mit drei Kindern unterschiedlichen Alters zwischen den jeweiligen Schulen, zusätzlichem Musikunterricht, dem Gesundheit förderlichen Sportverein und verschiedenen Ärzten das «Eltern-Taxi» betanken muss. Wie Jürgen Borchert ermittelte, musste eine vom ihm juristisch vertretene achtköpfige Familie mit durchschnittlichem Brutto-Einkommen 11 Prozent ihres unter dem Strich frei verfügbaren Resteinkommens allein für die Ökosteuer aufwenden.

Bürgerinnen und Bürger erfahren es hautnah, was endlich auch das Bundesverfassungsgericht in einem Aufsehen erregenden Urteil vom 7. 7. 1992 bekundete, «dass der Gesetzgeber den Schutzauftrag des Art. 6 Abs. 1 GG bisher nur unvollkommen erfüllt hat». Die steuertechnische Geringschätzung der Familienarbeit müsse daher abgeschafft und sehr viel höhere Kindererziehungsfreibeträge gewährleistet werden. Ehe der Gesetzgeber sich zu einer Verbesserung durchringen konnte, mussten Jahre vergehen, in denen die Regierungsparteien aller Couleur mit derselben Emsigkeit nach Schlupflöchern suchten.

Als «einen gewaltigen Schritt voran» kündigte das rotgrüne Bundesfamilienministerium im März 2000 das neue Bundeserziehungsgeldgesetz an, welches Familien nun endlich vom Verlierertreppchen holen solle. Mit einer Anhebung der Einkommensgrenzen um rund zehn Prozent, einer Aufstockung des Kinderfreibetrages sowie einer neuen Budgetierung des Erziehungsgeldes solle nunmehr der Bezug berechtigte Personenkreis erweitert werden. Nicht zu vergessen, dass künftig beide Eltern gleichzeitig Erziehungsurlaub nehmen und gesetzlich Anspruch auf einen 30-Stunden-Teilzeitjob geltend machen dürfen.

Ob die großen Worte einmal mehr die Luft nicht wert waren, die zur Aussprache nötig war, bleibt abzuwarten. Angesichts der vorläufigen Berechnungen des Statistischen Bundesamtes in Wiesbaden über die Lohnentwicklung 1999 sind Zweifel gestattet. Was nützen einerseits minimal angehobene Fördermittel des Bundes für Familien, wenn zeitgleich die Nettolöhne Dank Steuererhöhungen hinter den Erwartungen zurückbleiben, die Ausgaben für die Lebenshaltung aus dem gleichen Grund in die Höhe schnellen und der warme Regen aus der Öko-Steuer in die Rentenkassen den überfälligen Reformdruck auf die maroden Rentenversicherungen mildert?

Konrad Fischer aus Ratzeburg, Vater dreier Söhne und verheiratet, kann jedenfalls vom versprochenen Geldsegen keine Spur in seiner aktuellen Gehaltsabrechnung für Januar 2000 finden. Obwohl er bei seinem Einkommen und seiner Kinderzahl laut Fallbeispielen aus dem Bundesfinanzministerium mit einer steuerlichen Entlastung von über 1000 Mark im Jahr rechnen konnte, wurde ihm nicht ein Pfennig weniger Steuern abgezogen als bisher. Warum? Das Finanzamt ließ es ihn auf Anfrage gern wissen. Die auf Grund der höheren Kinderfreibeträge zu erwartende Steuerersparnis werde erst am Jahresende mit dem Betrag des ausgezahlten Kindergeldes verglichen. Fiele die mögliche Steuerersparnis des Familienvaters dann höher als das ausgezahlte Kindergeld aus, würde dies bei der Berechnung seiner Steuerschuld abgezogen. Allerdings sei bei seinem Jahreseinkommen kaum ein Plus zu erwarten.

Auch bezüglich der Anweisungen des Bundesverfassungsgerichts an den Gesetzgeber, keine Sozialabgaben mehr auf Sonderzahlungen wie Urlaubs- und Weihnachtsgeld zu erheben, wird Vater Fischer bei der Auszahlung des Juni-Gehalts voraussichtlich in die Röhre gucken. Nach dem Willen des Bundesarbeitsministers Walter Riester kann auf diese verfassungswidrige Abzockerei nicht generell verzichtet werden. Lediglich bei der Berechnung des Arbeitslosengeldes werde eventuell eine Zäsur möglich sein. Mithin gehen Eltern als Normalverdiener einmal mehr leer aus.

Erinnern Sie sich an die Feststellung, dass Geldmangel auf der Top-Ten der Scheidungsgründe ganz oben steht? Dass Mütter trotz ihres Wunsches, zu Hause bei den Kinder bleiben zu können, mitverdienen müssen, um den Selbsterhalt der Familie zu sichern? Dass ihnen von Rechts wegen ein 5-prozentiges Taschengeld vom Einkommen des Ehepartners zusteht, aber in den meisten Familien kein Pfennig übrig bleibt, sondern immer mehr Schulden gemacht werden müssen? Ja, dass sogar einer wie Bundeskanzler Schröder unlängst in der BILD-Zeitung erklärte, wenn er seiner Ex-Frau Hillu und ihren Kindern nebst Pferden und Hunden weiterhin so viel Unterhalt zahlen müsse, werde er der erste Bundeskanzler sein, der von Sozialhilfe leben müsse.

Inzwischen rufen selbst die Kirchen zum Widerstand gegen familiale Benachteiligung in der Gesellschaft auf. Die Gefahr der «Familienvergessenheit» greife um sich, mahnen die Bischöfe der Deutschen Bischofskonferenz. Diese führe dazu, dass Kinder immer mehr Menschen zutiefst fremd wären und die Bedürfnisse von Kindern nicht in angemessener Weise anerkannt würden. Es sei höchste Zeit, Politikerinnen und Politikern nachdrücklich klarzumachen, dass Familienbelange und Kindernöte mindestens ebenso wichtig seien wie die Standortbestimmung der Wirtschaft oder die nächsten Tarifverhandlungen.

Ein wenig Hoffnung wächst diesbezüglich momentan aus dem Ausland herüber. Hat schon Jacques Chirac als französisches Staatsoberhaupt die deutsche Familienpolitik und das deutsche Familienrecht als «Dschungel» bezeichnet, empören sich nun auch die USA. Massiv trat Präsident Clinton Bundeskanzler Schröder anlässlich seines Staatsbesuches in Berlin im Mai 2000 auf die Zehen. Deutschland, so ließ er wissen, versuche Kinder aus fremden Ländern mit allen Mitteln festzuhalten und verstoße speziell im Scheidungsfall gegen internationale Abkommen. Dies sei nicht länger hinzunehmen.

Schaut man sich die Entwicklung der deutschen Bevölkerung an, drängt sich ein Verdacht auf: Hat der Kindesentzug allen Dementis zum Trotz etwa System?

Tatsache ist: Deutschland veraltert. Der Staat mutiert zum Moloch, der seine eigenen Kinder frisst. In Folge von staatlicher Ausbeutung, wirtschaftlicher Erpressbarkeit und Geldnot, aus Zukunftsangst und blindem Egoismus, auf Grund extremen Konsumdenkens und boomenden Freizeitverhaltens sowie aus Lust am beruflichen Erfolg, aus Bindungsschwäche und Angst vor dem Zerbrechen der Paarbeziehung gestatten sich Eltern weniger Kinder. Rund 30 Prozent aller Frauen ist dauerhaft kinderlos. Zeitgleich nehmen legale und illegale Entsorgungsversuche durch Abtreibung oder Aussetzen und sogar Kindesmord zu.

Greift der Schutz des ungeborenen Lebens bis zur Geburt, muss das geborene Leben sehen, wie es zurechtkommt. Überspitzt ausgedrückt, zugegeben. Aber leider nicht so verkehrt. Nicht ohne Grund steigen die Selbstmordraten und der Drogenmissbrauch von Nikotin über Alkohol bis zu harten Drogen unter Kindern und Jugendlichen kontinuierlich an. Von der Beschaffungskriminalität bis zur Prostitution, von der Essstörung bis zur Leistungsverweigerung – zusehends mehr junge Menschen verabschieden sich der Gesellschaft, indem sie aus ihren durchaus nicht immer sozial schwachen Familien ausbrechen, in denen ihnen Lieblosigkeit, Gewalt und Überforderung begegnen. Das Leben auf der Straße sei hart, aber immer noch besser als das, was ihnen zu Hause geboten worden sei, sagen sie und altern früh auf ihren Schlafplätzen über einem Lüftungsschacht oder in einer Türnische.

Auf der anderen, der sozialen Schokoladenseite der Gesellschaft wandern die Kindern der neureichen Führungselite ins Ausland ab, durchlaufen dort in weniger Jahren als hier zu Lande die Schule, werden globalisiert und für die bürokratische Kleinkariertheit im deutschen Amtsstubenmief zu kosmopolitisch.

Die Ausfallquote unter Kindern ist hoch. Längst hat sich das traditionelle Schema des Bevölkerungsbaumes quasi auf den Kopf gestellt, sodass die dünne Spitze der Jugend in absehbarer Zeit unter der breiten Wucherung der unverwüstlich fitten Altengenerationen zusammenbrechen muss. Vorhersehbar ist, dass ca. 45 Prozent der zukünftig erforderlichen Renten nicht abgedeckt werden können, weil es an Kindern als künftige Beitragszahler mangelt. Deutschland braucht also Kinder.

Solle der soziale Supergau vermieden werden, müsse man jedes Jahr bis zu 3,4 Millionen Einwanderer aufnehmen, wies eine im Februar 2000 vorgestellte Studie der UNO nach. Eine interessante Information, vor deren Hintergrund die doppelte Staatsbürgerschaft für Kinder von ausländischen Mitbürgerinnen und Mitbürgern eine ebenso spezielle Bedeutung wie die Debatte um ein längst überfälliges Einwanderungsgesetz erhält. Kinder für Deutschland, egal woher? Vielleicht liegt ja hier sogar die tiefere Ursache des «Dschungels» deutscher Familienrechtsprechung und Familienpolitik, welche die Herausgabe von Kindern aus binationalen Ehen an den sorgerechtigten, doch im Ausland lebenden Elternteil verhindert?

Fakt ist: Wenn Deutschland eine Zukunft haben soll, dann liegt diese nicht in der «industriellen Familie» und den angepriesenen «Wohltaten der Scheidung» der Epigonen des roten Friedrich Engels, noch in der Verweigerung von Mutterschaft und Familienarbeit zu Gunsten der Erwerbstätigkeit als geistiger «Transzendenz» im frauenrechtlerischen Sinne der Simone de Beauvoir. Ebenso wenig liegt sie in gleichgeschlechtlichen Partnerschaften mit oder ohne Trauschein oder der medizinisch-technischen Perfektionierung ewig konservierbarer Ei- und Spermazellen, noch in der Optimierung künstlicher und der Legalisierung lebender Gebär-

Mütter, geschweige denn im Klonen der eigenen Person. Nein, die Zukunft liegt allein im natürlichen Dualismus des «Prinzips Leben», und zwar in den Frauen und Männern, die miteinander Mutter und Vater werden und Kindern das bieten, was sie glücklich macht, nämlich eine Familie, eine Familie, eine Familie.

Jesper Juul Kinder können mehr – und warum wir ihnen vertrauen sollten

Im Jahre 1900 hatte die große schwedische Pädagogin Ellen Key «Das Jahrhundert des Kindes» ausgerufen. Trotzdem gehen Kinderpsychologen, Erziehungswissenschaftler, Erzieher und Eltern bis heute von der Grundannahme aus, kleinen Kindern fehle es an fast allem, sie seien inkompetente Mängelwesen, denen von außen von anderen Menschen durch jahrzehntelange Erziehungsarbeit zur Menschwerdung verholfen werden müsse.

An alle Eltern mit kleinen und großen Kindern wendet sich der dänische Familientherapeut Jesper Juul. Er geht von der Tatsache aus: Die moderne Familie ruht längst nicht mehr auf den angeblich bewährten ethischen Fundamenten, die früher in allen Erziehungsfragen Halt geboten haben. Wir müssen aufhören, die Fehler der Vergangenheit immer nur zu modernisieren und damit zu perpetuieren. Es ist an der Zeit, dass wir alles, was man heute über die Entwicklungsphasen und Fähigkeiten von Kindern sicher weiß, auch im Familienalltag umsetzen. Jesper Juul sagt, dass alle Kinder in menschlicher wie sozialer Hinsicht sehr kompetent sind, und er fordert, dass wir Erwachsenen ihr scheinbar gestörtes, auf jeden Fall uns störendes Verhalten übersetzen können in Botschaften, die uns zu erkennen geben, wo wir die Akzente und Grenzen zu setzen haben, und wie wir unseren Erziehungsaufgaben gerecht werden können, ohne Selbstbewusstsein und Verantwortungsgefühl der Kinder zu untergraben.

Jesper Juul sieht das Zusammenleben in der Familie nicht als «Bürgerfabrik», wo die einen erziehen und die anderen erzogen werden, sondern als wechselseitigen Prozess, in dem alle Beteiligten permanent Metamorphosen durchmachen, denn eben daraus besteht unser Leben.

Der folgende Text stammt aus der Einleitung seines Buches «Das kompetente Kind» (Reinbek 1997):

Wie viele in meiner Generation wusste ich vor fünfundzwanzig bis dreißig Jahren, dass in dem, was die Generation meiner Eltern (und die davor) über Familie und Kindererziehung dachte, etwas grundverkehrt war.

In den folgenden zehn Jahren, als ich mit sogenannt verhaltensschwierigen Kindern und Jugendlichen sowie mit Gruppen allein stehender Mütter arbeitete und mich nebenher zum Familientherapeuten ausbilden ließ, wurde mir klar, dass meine Einstellungen nicht besser oder schlechter waren als die, für die sie eine Alternative sein wollten. Meine Einstellungen und Ansichten litten an der gleichen fundamentalen Schwäche. Es fehlte ihnen an ethischer Substanz, und sie wirkten polarisierend. Sie befanden ziemlich selbstsicher, dass manche Menschen richtig sind, weil sie in Übereinstimmung mit den richtigen Einstellungen handeln, während andere, die in Übereinstimmung mit den falschen Einstellungen handeln, «verkehrt» sind.

Diese Polarisierung war auch in dem Feedback, das ich von Kollegen und Klienten bekam, enthalten. Einige fanden mich tüchtig, andere nicht, und in meiner Naivität meinte ich, solange die Erstgenannten in der Mehrzahl seien, sei das, was ich tat, in Ordnung. Später wurde mir klar, dass ich auf die Letztgenannten hätte hören sollen. Erst als ich meinen eigenen Mangel an Kompetenz als Vater erlebte, fing ich langsam an zu lernen, wo ich mich früher nur ausgebildet hatte.

Bis dahin hatte ich gedacht, dass die Erziehung geprägt sein sollte von Verständnis, Toleranz und Demokratie zwischen Eltern und Kindern, im Gegensatz zu der moralisierenden, intoleranten und gängelnden Form der Kindererziehung, die, wie ich wusste, sich auf das Selbstgefühl und die Lebenskraft der Kinder verheerend auswirkte.

Im Zusammenhang mit meinem Sohn und den Familien mit ihren Kindern, mit denen ich jeden Tag arbeitete, begann ich zu merken, wie substanzlos meine Haltungen waren. Die Situation der Kinder in Familie und Gesellschaft besserte sich in vieler Hinsicht. Mein beruflicher Wunsch, für die Menschen, mit denen ich arbeite, inspirierend zu sein, bleibt bestehen, auch bedingt durch einen eher persönlichen Schmerz.

Als Lehrer und Supervisor erlebte ich, wie Eltern bei Treffen mit Fachleuten viel zu oft zu Verlierern wurden, denn sie verließen ihre Berater und Therapeuten weniger tatkräftig und mit weniger Selbstbewusstsein als vorher. Ich erfuhr auch, wie oft sich diese Fachleute zwar hilflos und inkompetent fühlten, sich aber aus Pflichtgefühl an eine traditionelle Psychologie klammerten, die mehr darauf aus ist, Fehler zu finden, als Möglichkeiten aufzuzeigen.

Als Familientherapeut erlebte ich ständig, dass es die Kinder und Jugendlichen sind, die dafür zahlen. Das Verständnis der Erwachsenen wurde differenzierter, die Strafen humaner, die pädagogische Behandlung weniger besserwisserisch und die öffentliche Moral weniger restriktiv. Aber es war und ist immer noch so, dass es die Kinder sind, denen eine Verantwortung auferlegt wird, die nur wenige Eltern, Politiker, Pädagogen, Lehrer und Therapeuten bereit sind zu übernehmen. Das geschieht nicht aus bösem Willen – oft genug als Ausdruck von Liebe und gutem Willen –, sondern als eine logische Konsequenz, denn unsere grundlegende Annahme davon, wer und was Kinder sind, ist verkehrt.

Die dänische Psychologin Margaretha Brodén hat das sehr schön in einem Satz ausgedrückt: «Vielleicht haben wir uns geirrt – vielleicht sind Kinder kompetent» (Margaretha Brodén, Mor og barn i Ingenmandsland, København 1992, dt. «Mutter und Kind im Niemandsland»).

Wie Margaretha Brodén das sagt, zeigt zum einen den wissenschaftlichen Charakter ihres Buches, zum anderen zeigt es besonderes Interesse an der frühen Interaktion zwischen Säuglingen und Eltern. Da ich Praktiker bin und kein Forscher und da meine Erfahrungen die Interaktionen zwischen Kindern und Erwachsenen im weitesten Sinne sind, möchte ich die Summe meiner Beobachtungen etwas anders formulieren.

Soweit ich sehen kann, machen wir einen entscheidenden Fehler, wenn wir nicht davon ausgehen, dass Kinder von Geburt an richtige Menschen sind. Wir sind gewohnt, Kinder als eine Art potentiell asozialer Halbmenschen anzusehen, die zunächst einmal massiver Einwirkung und Manipulation durch Erwachsene unterzogen werden müssen. Sodann müssen sie ein bestimmtes Alter erreicht haben, bevor sie als gleichwertige, richtige Menschen anerkannt werden können. Diese Grundannahme ist im Laufe der Zeit sowohl wissenschaftlicher als auch volkstümlicher formuliert worden, aber der Unterschied ist letztlich nicht so groß. In beiden Fällen lautet das Ergebnis: Erwachsene müssen Wege finden, um Kinder so aufzuziehen, dass sie lernen, sich wie Menschen aufzuführen. Wir haben das Erziehungsstile genannt. Auch wenn wir im Laufe der Zeit die ganze Skala von «freier Erziehung» bis hin zur «antiautoritären Erziehung» diskutiert haben, den Ausgangspunkt haben wir nie ernsthaft hinterfragt.

Wir sollten uns darüber klar werden, dass das allermeiste dessen, was wir traditionell unter Erziehung verstehen, sowohl überflüssig als auch direkt schädlich ist, denn es ist nicht nur ungesund für Kinder, sondern blockiert auch das menschliche Heranreifen und die Entwicklung der Erwachsenen, und letztlich wird die Interaktion zwischen Kindern und

Erwachsenen destruktiv beeinflusst. So kommt ein Teufelskreis in Gang, der auch unser Verständnis von Kleinkindpädagogik, von Unterricht, Sozialpädagogik, von Therapie sowie Kinder- und Familienpolitik verdirbt.

Meine Generation war daran beteiligt, eine illusorische Distanz zwischen «wir» und «die Gesellschaft» zu schaffen, eine Illusion, die Ende der 60er Jahre der logische Teil eines Aufstandes gegen die Autoritäten war, die aber jetzt, wo sich die Politik auf Finanzpolitik reduziert, zunehmend gefährlich wird. Vielleicht ist es mehr denn je wahr, dass die Art, wie wir mit unseren Kindern umgehen, bestimmend sein wird für die Zukunft der Welt. Die Menge an Informationen hat in einem Grad zugenommen, dass wir nicht damit rechnen dürfen, unser Doppelspiel im Verhältnis zu Kindern und Jugendlichen noch viel länger aufrechterhalten zu können. Auf Dauer werden wir nicht damit durchkommen, Ökologie, Mitmenschlichkeit und Gewaltlosigkeit zu predigen während wir gleichzeitig Kinder und Jugendliche mit Gewalt behandeln, in der prinzipiellen Bedeutung des Wortes.

Seit einigen Jahren genieße ich das Privileg, unterschiedliche Kulturen kennen zu lernen und in ihnen zu arbeiten. Das hat mich davon überzeugt, dass die Entwicklung, die im Verhältnis zwischen Erwachsenen und Kindern in den skandinavischen Ländern stattgefunden hat, in wichtigen Teilen als Modell für die Entwicklung in anderen Ländern dienen wird. An der Oberfläche sieht es oft so aus, als fehlten klare Haltungen und es herrschten Verwirrung und Lähmung. Doch regt sich darin etwas, dass man nur als Quantensprung in der Entwicklung der Menschheit beschreiben kann: Zum ersten Mal in neuerer Zeit sind wir bereit, die Unantastbarkeit des Einzelnen Menschen und sein Recht auf persönliches Wachstum im Ernst von einem undogmatischen und nichtautoritären Ausgangspunkt aus zu sehen. Zum ersten Mal gibt es eine Grundlage, zu glauben, dass die existentielle Freiheit des Einzelnen nicht eine Bedrohung der Gemeinschaft bedeutet, sondern vielleicht im Gegenteil für die fortdauernde Gesundheit der Gemeinschaften von vitaler Bedeutung ist.

Das Verhältnis zwischen Erwachsenen und Kindern spielt sich in vielen verschiedenen Tonlagen ab. Es gibt große Unterschiede zwischen Nord- und Südkorea, zwischen den USA und den Ländern des ehemaligen Ostblocks, und sogar innerhalb des einzelnen Staates unterscheiden sich die Landesteile erheblich. Die Kultur eines jeden Landes, seine politische Geschichte und religiöse Zugehörigkeit spielen natürlich eine große

Rolle für das Selbstverständnis eines Volkes und für das, was Fremden auffällt. Man kann hören, dass Menschen, die nach Dänemark einwandern, sagen, sie wünschten nicht, dass ihre Kinder wie dänische Kinder werden, und wir als Dänen nehmen leicht an dem körperlichen Umgang der Südeuropäer mit ihren Kindern Anstoß. Nachdem besonders die USA und die europäischen Länder entweder schon zu multiethnischen und multinationalen Gesellschaften geworden sind oder es sehr bald werden, halte ich es für sehr wichtig, hinter diese kulturell bestimmten Varianten zu blicken. Von Kultur zu Kultur unterscheidet sich die soziale Bedeutung der Familie, aber ihre existentielle Bedeutung ist nach meiner Erfahrung überall gleich. Die Freude über ein konstruktives und gesundes Zusammenleben ist die gleiche, ebenso Schmerz über destruktive Beziehungen.

Wir müssen das «Alte» dem «Neuen» gegenüberstellen, nicht so sehr, um das Alte zu kritisieren, als vielmehr, um konkrete Handlungsmöglichkeiten aufzeigen zu können. In meiner täglichen Arbeit mit Familien und ihren Betreuern und Therapeuten erlebe ich, dass die Menschen zumeist sehr offen sind für Einstellungen. Die meisten Eltern wissen im Innersten gut, wann sie unangemessen handeln, brauchen aber konkrete Angebote und Demonstrationen, um ihre Handlungsmuster zu ändern. In der sich vollziehenden Entwicklung fehlen ganz klar Vorbilder und Rollenmodelle. Die traditionelle Psychologie setzt bei Gefühlen häufig Fragezeichen: Lieben die Eltern ihre Kinder? Wie sehr hasst ein Sohn seinen Vater? Wie zornig ist eine Tochter auf ihre Mutter? Und so weiter. Ich will gewiss nicht die Bedeutung dieser uralten Formen, menschlichem Leid Ausdruck zu geben, herunterspielen, sondern nur betonen dass ich nie Eltern begegnet bin, die ihre Kinder nicht liebten, oder Kinder, die ihre Eltern nicht gern hatten. Was mir begegnete, sind Eltern und Kinder, denen es nicht gelang, ihre liebevollen Gefühle füreinander in liebevolle Taten umzusetzen.

Zum ersten Mal sind wir in der Lage, Möglichkeiten zu sehen, um echte Beziehungen auf der Ebene gleicher Würde zwischen Männern und Frauen und zwischen Erwachsenen und Kindern zu etablieren. In so großem Umfang ist das in der Geschichte der Menschheit bislang nie geschehen, und sowohl wir als auch unsere Kinder und Enkelkinder sind im wahrsten Sinne des Wortes dabei, Neuland zu erobern. Die Forderung nach gleicher Würde bedeutet auch Offenheit und Respekt für Verschiedenheit, was wiederum heißt, dass wir einen großen Teil unserer Vorstellungen über generell Richtiges und generell Falsches aufgeben müssen. Wir können nicht mehr nur eine Methode durch die andere ersetzen. Oder um es etwas deutlicher zu sagen: Es reicht nicht aus, unsere falschen Ansichten zu modernisieren. Wir brauchen Handlungsinitiativen, die als Anregung gemeint sind, um selber zu experimentieren; keine Beispiele, denen gefolgt werden soll oder die kopiert werden sollen – also kein System, das ein anderes ersetzt. Eltern sind nicht nur von unterschiedlichem Geschlecht, sondern bringen überdies unterschiedliche Erfahrungen aus ihren Herkunftsfamilien mit. Uns allen ist gemeinsam, dass wir als Kinder lernten, zu anderen Menschen in Beziehung zu treten, die fruchtbar waren und andere, die unfruchtbar waren. Ob die einen die anderen überwogen, ist nicht entscheidend. Wesentlich ist, dass wir in der nächsten Familie, die wir bilden, Möglichkeiten haben, gerade das zu erlernen, was wir in der ersten nicht lernen konnten.

Dass jeder von uns seinen eigenen Weg finden muss, den Weg, der sowohl für uns wie unsere Kinder am fruchtbarsten ist, heißt nicht, dass alles gleich gut ist oder dass «anything goes»! Zu sagen, Kinder seien kompetent heißt unter anderem: Kinder sind in der Lage, uns Rückmeldungen zu geben, die es uns ermöglichen können, unsere eigene verlorengegangene Kompetenz wiederzugewinnen, und die uns helfen, unsere unfruchtbaren und nicht liebenswerten Handlungsmuster abzulegen. Das erfordert mehr, als nur den Dialog zwischen Kindern und Erwachsenen zu demokratisieren. Es beinhaltet, dass wir eine Form des Dialogs entwickeln müssen, die vielen Erwachsenen nicht gelingt: den «gleichwürdigen», persönlichen Dialog.

Lore Maria Peschel-Gutzeit

Kinderwahlrecht – Zukunft der Familie?

«Was bedeutet eigentlich der Generationenvertrag?», fragte kürzlich ein 17-jähriger Oberschüler seine Eltern. Beide erklärten ihm das Prinzip der Alterssicherung der nicht mehr erwerbstätigen Generation durch die jeweils erwerbstätige Altersgruppe. Der aufgeweckte Junge fragte weiter: «Das setzt doch mindestens voraus, dass die Alten eine geringere Zahl ausmachen als die Erwerbstätigen! Denn die müssen doch auch noch für ihre Kinder und für die Allgemeinheit, z. B. durch Steuern, sorgen.» «Richtig», sagten die Eltern und verstummten. Denn die Zeiten, in denen es viel weniger Rentner als Erwerbstätige gab, gehören schon längst der Vergangenheit an. Stattdessen wächst der Anteil der aus dem Erwerbsleben ausgeschiedenen Älteren kontinuierlich. Schon jetzt kommen auf 100 Erwerbstätige mehr als 50 Ruheständler. Und in spätestens 30 Jahren müssen nach offiziellen Prognosen 100 Erwerbstätige für mehr als 80 Rentner sorgen. Der Junge zog aus dem Verstummen der Eltern den richtigen Schluss. Er resümierte: «Also wird für uns, wenn wir alt sind, niemand mehr sorgen. Denn die uns nachfolgende Generation ist ja zahlenmäßig noch kleiner als wir es sind. Ihr Alten lebt immer länger, eure Kinder müssen also für immer mehr Menschen sorgen – das kann doch gar nicht funktionieren! Ich sage euch voraus: Verträge schließen gleichberechtigte Partner. Wir sind vor diesem Vertragsschluss weder gefragt noch beteiligt worden. Glaubt Ihr im Ernst, wir werden ihn halten? Das kann niemand von uns verlangen. Wieso hat uns niemand gefragt? Warum fragt uns jetzt niemand, bevor ihr uns mit solchen unglaublichen Vertragslasten bedenkt?» Die Eltern schwiegen betreten. Ihnen wurde schlagartig klar, dass der sog. Generationenvertrag jedenfalls jetzt ein reiner Vertrag zu Lasten Dritter ist. Und dass sie einfach nicht berechtigt sind, ihren Kindern derartige Zukunftslasten aufzubürden, ohne sie zu beteiligen oder auch nur zu fragen.

Aber wie kann man Kinder an der politischen Willensbildung beteiligen? Das geht doch gar nicht! Über ein Wahlrecht von Geburt an? Das ist doch Utopie! Oder vielleicht im Gegenteil der einzige Weg, um die politische Schieflage zwischen Alten und Jungen wieder auszugleichen?

Jahrzehntelange soziologische und politische Entwicklung machen deutlich, dass die Belange und Interessen von Familien in der Politik nur dann einen ihrer Bedeutung für unsere Gesellschaft angemessenen Stellenwert erhalten, wenn sie im gebotenen Umfang auf politische Entscheidungen Einfluss nehmen können. Eine wirkliche politische Einflussnahme setzt ein Wahlrecht voraus. Nur wer wählen kann, zählt letztlich bei allen politischen Entscheidungen.

1. Steht es denn so problematisch um die Familie?

Der verfassungsrechtliche Auftrag ist klar. Das Grundgesetz (GG) lässt keinen Zweifel: Es räumt dem Familienschutz Verfassungsrang ein. Nach Artikel 6 Absatz 1 GG stehen Ehe und Familie unter dem besonderen Schutz der staatlichen Ordnung. Nach Artikel 6 Absatz 4 GG hat jede Mutter Anspruch auf den Schutz und die Fürsorge der Gemeinschaft.

Mit diesen ebenso kurzen wie prägnanten Formulierungen unterstreicht die Verfassung die besondere Bedeutung der Familie für die gesamte Gesellschaft.

Die Verankerung des Familienschutzes im Grundgesetz war kein Novum. Die Artikel 119 bis 122 der Weimarer Reichsverfassung enthielten – übrigens zum ersten Mal in der deutschen Verfassungsgeschichte – ebenfalls Regelungen zum Familienschutz. Auch der Mutterschutz war in der Weimarer Reichsverfassung verankert – ebenso wie die Gleichberechtigung von Mann und Frau, die im Grundgesetz in Artikel 3 enthalten ist. Bei den Regelungen der Weimarer Reichsverfassung handelte es sich allerdings lediglich um politische Programmsätze, die als solche keine unmittelbaren rechtlichen Auswirkungen hatten. Die Regelungen aus Artikel 6 GG dagegen sind echte Grundrechte. Damit hat der Verfassungsgeber von 1949 verbindliche Wertentscheidungen und Anspruchsbegründungen (unterschiedlicher Intensität) geschaffen.

Was ist aus dieser Verfassungsvorgabe in den letzten 50 Jahren in die Wirklichkeit umgesetzt worden?

Wichtige Verbesserungen zum Wohle von Familien sind geschafft. 1952 trat das Mutterschutzgesetz in Kraft. Es sichert den Frauen den Arbeitsplatz bei einer Schwangerschaft und gibt ihnen das Recht auf Schonung vor und nach der Geburt. Im Jahre 1954 wurde das Kindergeldgesetz verabschiedet. 1969 erhielten Beamtinnen und Richterinnen erstmals die Möglichkeit, Teilzeitarbeit zu leisten und Familienurlaub zu nehmen.

1979 wurde der Mutterschutzurlaub eingeführt[1], der nach der Geburt des Kindes sechs Monate betrug. Der Mutterschaftsurlaub wurde im Jahre 1985 durch den Erziehungsurlaub ersetzt[2]. Erziehungsurlaub wurde für ein Jahr gewährt. Zudem gibt es seitdem das Erziehungsgeld, das zunächst in Höhe von 600,–DM ebenfalls ein Jahr in Anspruch genommen werden konnte. Mittlerweile wurde der Erziehungsurlaub auf drei Jahre erweitert. Das Erziehungsgeld kann für zwei Jahre in Anspruch genommen werden. Erziehungszeiten werden inzwischen in gewissem Umfang rentenerhöhend berücksichtigt.

Trotz dieser und anderer positiver Änderungen hat sich die Situation der Familien in den letzten Jahrzehnten zunehmend verschlechtert. Wenn wir heute von Familienpolitik sprechen, geht es im Grunde nicht mehr um den besonderen Schutz von Familien, sondern in erster Linie um den Abbau noch immer bestehender Benachteiligungen. Die Familien- und Jugendberichte der Bundesregierung der letzten Jahrzehnte legen ein trauriges Zeugnis über die Versäumnisse bundesdeutscher Politik ab.

Aus der Altersarmut der 50er- und 60er-Jahre ist eine Armut von Familien geworden.[3] Den stärksten Einfluss auf das Armutsrisiko hat die Familienstruktur. Grundsätzlich gilt: Je mehr Kinder, desto größer ist das Risiko einer Familie, in Armut zu geraten. Das finanzielle Schlusslicht bildet die Gruppe der allein erziehenden Mütter. Hier ist das Armutsrisiko vier Mal höher als bei «vollständigen» Familien.

Die Familie ist zur «Versorgungsfalle»[4] geworden. Das unüberschaubare Geflecht staatlicher Transferleistungen führt im Ergebnis nicht zu der – dringend gebotenen – Entlastung von Familien, sondern zu einer eklatanten Benachteiligung von Familien und Alleinerziehenden gegenüber Kinderlosen. Gewisse Kindergelderhöhungen und verfassungsgerichtlich erzwungene Anhebungen von Kinderfreibeträgen konnten dies nicht ändern. Der ehemalige Präsident des Bundesverfassungsgerichts, Roman Herzog, drückte sich im Jahre 1991 aus heutiger Sicht noch recht zurückhaltend aus, als er ausführte:

«Es gibt viele objektive Betrachter, die davon ausgehen, dass der Familienlastenausgleich schon seit Jahrzehnten seinen Funktionen nicht mehr gerecht wird. Ich habe das nicht zu beurteilen, füge aber hinzu, dass das Bundesverfassungsgericht naturgemäß nur die untersten Grenzen des gerade noch Akzeptablen durchsetzen kann. Die Tatsache, dass eine Regelung gerade noch verfassungsgemäß ist, bedeutet noch lange nicht, dass sie deshalb auch ausreichend oder richtig ist»[5].

Schon damals hatte das Bundesverfassungsgericht in seinen Entscheidungen wiederholt auf die Steuerungerechtigkeit zu Ungunsten der Familien hingewiesen und den Gesetzgeber zum Handeln aufgefordert. Im Jahre 1998 war die Geduld des obersten deutschen Gerichts erschöpft und die Zurückhaltung wich klaren Vorgaben. Mit seinen Entscheidungen zur Familienbesteuerung vom November 1998[6] sorgte das Bundesverfassungsgericht selbst für Steuergerechtigkeit und reparierte die Familienfeindlichkeit des Einkommenssteuerrechts.

Nicht nur im Steuerrecht stehen Familien schlechter da als andere. Besonders deutlich wird dies am eingangs erwähnten Beispiel unseres Rentensystems. Zwar bringen Eltern durch die Erziehung ihrer Kinder erhebliche zusätzliche Ressourcen in unser Rentensystem ein, ja tragen auf diese Weise erst zum Fortbestand des Systems bei. Bei der Bemessung ihrer Rentenansprüche bleibt die Kindererziehung jedoch weithin unberücksichtigt. Denn unser Rentensystem knüpft die Rentenberechtigung bisher vor allem an das Einkommen der Beitragszahler an. Die Anrechnung einer Erziehungszeit von drei Jahren pro Kind wird der tatsächlichen Leistung, die in der Versorgung und Erziehung eines Kindes liegt und die sich mindestens über 20 Jahre erstreckt, nicht annähernd gerecht.

Demgegenüber stehen Kinderlose finanziell deutlich besser da. Ohne familiäre Verpflichtungen erzielen sie im Laufe ihres Lebens höhere Einkommen und damit auch höhere Rentenansprüche als Eltern, obwohl sie im Gegensatz zu Eltern nichts in die Zukunft des Systems investiert haben. Damit benachteiligt unser Rentensystem diejenigen, die es tragen, und begünstigt diejenigen, die es vorwiegend nutzen. Kinder sind Luxus, und immer weniger Menschen können oder wollen sich diesen Luxus leisten.

Selbstverständlich wird diese rein ökonomische und finanzielle Betrachtungsweise den tatsächlichen Verhältnissen nur zum Teil gerecht. Denn den Kinderversorgungskosten auf der einen steht ein erheblicher Gewinn an immaterieller Lebensqualität auf der anderen Seite gegenüber. Kinder bereichern unser Leben! Das ändert jedoch nichts an der Feststellung, dass die Benachteiligung von Familien und allein Erziehenden nicht nur ein eklatanter Verstoß gegen unsere Verfassung ist. Zugleich liegt darin ein Verstoß gegen den jedem sozialen Rechtsstaat innewohnenden Gerechtigkeitsgrundsatz. Dieser bildet die Grundlage für unsere gesamte gesellschaftliche Ordnung.

2. Was kann die Politik tun, um diese unbefriedigende Entwicklung umzukehren?

Politische Lösungen hängen in einer parlamentarischen Demokratie von Mehrheiten ab. Bevorzugt werden hierbei erkennbar und seit Jahrzehnten diejenigen sozialpolitischen Interessen, die den größten Gruppen gemeinsam sind, am wirksamsten öffentlich vertreten und am deutlichsten als vorteilhaft empfunden werden. Demgegenüber werden Interessen mehrheitsdemokratisch unwichtiger Minderheiten vernachlässigt.

Da der Anteil von Eltern mit minderjährigen Kindern an der gesamten Wahlbevölkerung mit derzeit rund 24 Prozent verhältnismäßig niedrig ist und die Interessen von Familien bisher kaum organisiert sind, ist deren Einfluss auf die politischen Grundsatzentscheidungen eher gering. Die Interessen der Minderjährigen bleiben praktisch unberücksichtigt. Dies zeigt sich beispielsweise an der horrenden Staatsverschuldung, an den weit in die Zukunft wirkenden Umweltbelastungen, oder erneut an unserem Rentensystem: Bei der großen Rentenreform im Jahre 1957 lag, entsprechend dem Dreigenerationenverbund der Familie (Eltern, Großeltern, Kinder), ursprünglich ein Drei-Generationen-Modell auf dem Tisch. Vorgeschlagen wurde dieses Modell von Wilfried Schreiber, dem Erfinder des Generationenvertrages. Nach dem Drei-Generationen-Modell sollte die jeweils produktive Generation (Eltern) im Rahmen eines ausbalancierten Sozialsystems eine «Volksrente» für die Großeltern und eine «Jugendrente» für die Kinder finanzieren. So wäre den erwerbstätigen Eltern über die Jugendrente die Erziehungslast kostenmäßig erleichtert worden. Bundeskanzler Adenauer übernahm damals lediglich die «Volksrente» für die ältere Generation. Die «Jugendrente» wurde fallen gelassen, um den Wählern zusätzliche Rentenbeiträge zu ersparen.[7]

Die so seit Jahrzehnten fortgesetzte Vernachlässigung der Familien ist freilich nicht allein das Resultat opportunistischer Bestrebungen. Das politische Mandat wird in einer repräsentativen Demokratie über die Wähler definiert. Das legitime Interesse an der aktuellen Machterhaltung oder an der Machtgewinnung begrenzt das Maß der Zumutungen für politisch einflussreiche Wählergruppen. Erinnert sei an dieser Stelle an die Diskussionen zum Rentenrecht. Seit Jahrzehnten ist bekannt, dass unser jetziges Rentensystem wegen der demographischen Entwicklung nicht zu halten ist. Der Blick auf die Wahlurne hat jedoch stets eine Begrenzung der Renten verhindert.

3. Was würde ein Kinderwahlrecht ändern?

Der Anteil deutscher Kinder an der deutschen – und damit wahlberechtigten – Gesamtbevölkerung beträgt derzeit ca. 20 Prozent. Mit anderen Worten: Jeder fünfte Deutsche ist unter 18 Jahre und damit derzeit vom Wahlrecht ausgeschlossen. Würde diese Gruppe wahlberechtigt, so dürfte sicher sein, dass die politischen Parteien die bisherige ungeheure Benachteiligung und Belastung von Familien und Kindern nicht mehr wagen würden. Für die Zukunft ist das Wahlrecht von Geburt an praktisch unerlässlich. Der Einfluss von Familien auf politische Entscheidungen wird in den nächsten Jahrzehnten nämlich noch beträchtlich abnehmen. Die Geburtenrate sinkt oder stagniert zumindest seit Jahren auf gleich bleibend niedrigem Niveau. Gleichzeitig steigt die Lebenserwartung unserer Bevölkerung stetig an. Deutsche Bevölkerungswissenschaftler erwarten, dass im Jahr 2030 schon jeder dritte Bundesbürger 60 Jahre und älter sein wird. Die Bevölkerungsabteilung beim Sekretariat der UNO geht davon aus, dass im Jahre 2050 die größte Gruppe aller Deutschen die der 80- bis 85-jährigen Frauen sein wird! Die Politik wird ihre Schwerpunkte daher in Zukunft zwangsläufig immer stärker an den Interessen der kinderlosen und alten Menschen ausrichten. Damit würde zugleich die dringend erforderliche Umverteilung zu Gunsten der Familien faktisch unmöglich. Vielmehr wird es zu zusätzlichen Belastungen der Familien kommen. Im Kampf um die immer knapper werdenden öffentlichen Ressourcen haben die Familien künftig keine Chance mehr. Und ein weiteres: Bei einer Konzentration auf die Interessen alter Menschen wird eine Reformpolitik künftig praktisch blockiert. Reformen aber sind dringend notwendig. Nicht nur das Rentenproblem wird durch die steigende Lebenserwartung weiter verschärft. Arbeitgeber warnen vor einer «Zeitbombe» in der Krankenversicherung wegen der wachsenden Zahl von Rentnern. Ohne radikale Reformen werde der Beitragssatz der Kassen von heute 13,6 Prozent bis zum Jahr 2030 im Schnitt auf mindestens 22 Prozent ansteigen. Auch in anderen Bereichen ist Reform- bzw. Innovationsgeist gefragt. Die fortschreitende Umweltzerstörung, die riesige Staatsverschuldung oder die rasanten technischen Neuentwicklungen sind Beispiele für die immensen Herausforderungen, die es gilt, in Zukunft zu meistern. Das globale, multi-mediale 21. Jahrhundert stellt unsere Gesellschaft vor immer neue Herausforderungen. Hier sind innovative und vor allem in die Zukunft gerichtete Impulse und Lösungen gefragt, wie sie in erster Linie von den jüngeren Generationen ausgehen.

Unsere Gesellschaft braucht mithin auch die Stimmen der Kinder. Nur auf diese Weise kann die derzeitige politische Entwicklung zu Ungunsten der Familien künftig geändert werden. So sieht es inzwischen auch der ehemalige Bundespräsident Roman Herzog[8], der im Mai 2000 u. a. ausgeführt hat, aus der demographischen Entwicklung könne eine «gewisse politische Blockade entstehen». Er halte es daher für «überlegenswert, wenn ein Ehepaar, das drei unmündige Kinder hat, insgesamt fünf Stimmen bei der Wahl abgeben könnte».

4. Geht das denn überhaupt, Wahlrecht für Kinder?

So sinnvoll und politisch notwendig ein Wahlrecht für Kinder wäre, so kann es doch nur eingeräumt werden, wenn dies im Einklang mit den Grundsätzen unserer Bundesverfassung, dem Grundgesetz steht.

Unsere Verfassung enthält zwei Bestimmungen, die sich scheinbar widersprechen.

Artikel 38 Absatz 2 GG legt in seiner derzeitigen Fassung ausdrücklich ein Mindestwahlalter von 18 Jahren fest. Die Einführung eines Wahlrechts von Geburt an setzt daher eine Änderung von Artikel 38 voraus.

Auf der anderen Seite heißt es in Artikel 20 Absatz 2 Satz 1 GG: «Alle Staatsgewalt geht vom Volke aus» – nicht vom volljährigen Volk! Dieser kurze Satz bildet eine der wichtigsten Säulen unserer Demokratie. Ausgeübt wird die Staatsgewalt des Volkes durch das Wahlrecht. So legt es Artikel 20 Absatz 2 Satz 2 GG ausdrücklich fest. Durch ihr Wahlrecht nehmen die Bürgerinnen und Bürger unseres Landes Einfluss auf die Politik. Alle Staatsgewalt erhält ihre Legitimation direkt oder indirekt allein durch die Stimme der Wählerinnen und Wähler.

Mit umfasst von diesem demokratischen Prinzip ist der sog. Gleichheitsgrundsatz. Die Vorstellung, dass die gesamte in einem Staat vorhandene Herrschaftsgewalt zunächst beim Volk liegt, setzt voraus, dass alle Menschen – zumindest, soweit sie zum sog. Staatsvolk gehören – prinzipiell gleich sind. Dazu passt es nicht, wenn jeder 5. Deutsche von der Wahl ausgeschlossen ist, und zwar allein wegen seines Alters.

Kritiker wenden nun vor allem ein, das Wahlrecht setze eine gewisse Beurteilungs- und Verstandesreife des Wahlberechtigten voraus, die Kinder nicht haben. Tatsächlich hängt jedoch die Wahlberechtigung konkret nicht von der Beurteilungsfähigkeit des Rechtsinhabers ab. Wäre dies so, dann müsste z. B. solchen Menschen das Wahlrecht entzogen werden, deren Beurteilungsfähigkeit nicht oder nicht mehr vorhanden ist. Diese Forderung wird zu Recht von niemandem erhoben.

Die Beurteilungsfähigkeit ist übrigens kein Kriterium für die Gewährung von Grundrechten, weder hier noch sonst in unserer Verfassung. Daher besteht kein Zweifel daran, dass auch Kinder von Geburt an ein Recht auf Würde (Artikel 1 GG), ein Recht auf die freie Entfaltung ihrer Persönlichkeit (Artikel 2 GG), ein Recht auf Gleichbehandlung (Artikel 3 GG) haben. Bereits Neugeborene können Eigentümer, Steuerzahler und Aktionäre sein. Die Rechtsfähigkeit eines Menschen beginnt nach § 1 BGB mit Vollendung seiner Geburt, die volle Geschäftsfähigkeit dagegen erst mit Volljährigkeit. Dort, wo dies nötig ist, nehmen die Eltern als Erziehungsberechtigte die Rechte ihrer noch nicht geschäftsfähigen Kinder wahr, im Interesse ihrer Kinder (§ 1627 Absatz 1 BGB). An dieser Regelung nimmt niemand Anstoß. Unsere Rechtsordnung akzeptiert seit mehr als hundert Jahren die Rechtsinhaberschaft bei Kindern ebenso wie deren noch nicht vorhandene Fähigkeit, ihre Rechte selbst auszuüben.

Hätten Kinder von Geburt an ein Wahlrecht, so gälte nichts anderes. Auch hier müssten die Eltern das Wahlrecht ihres Kindes treuhänderisch, d. h. nicht als ein eigenes, sondern als das Recht ihres Kindes und daher für das Kind ausüben. Bei der Ausübung des Wahlrechts müssten sich die Eltern – wie bei allen anderen das Kind betreffenden Entscheidungen auch – allein am Wohle ihres Kindes orientieren. Für den Fall, dass die Eltern sich nicht einigen können, hält das Gesetz in § 1628 BGB eine Konfliktlösung bereit. Nach § 1628 BGB können Eltern in Angelegenheiten, die die elterliche Sorge betreffen, bei Uneinigkeit das Familiengericht anrufen. Das Gericht überträgt dann – am Wohle des Kindes orientiert – die strittige Entscheidung auf einen Elternteil. Wer die gerichtliche Lösung nicht will, könnte die Kindesstimme zwischen den Eltern aufteilen (splitten), sodass jeder Elternteil über eine halbe Stimme des Kindes verfügen würde.

Kritiker wenden weiter ein, die Ausübung des Wahlrechts durch die Eltern verstoße gegen den Grundsatz der Höchstpersönlichkeit. Diese Zweifler können freilich nicht erklären, wieso die Höchstpersönlichkeit bereits nach geltendem Recht faktisch durchbrochen ist. Sowohl die Briefwahl als auch der Wahlhelfer stellen jedenfalls in ihrer praktischen Durchführung Ausnahmen vom Grundsatz der kontrollierten Höchstpersönlichkeit dar. Deshalb fordern Wahlrechts-Puristen auch, die Briefwahl und Wahlhelfer abzuschaffen. Dem ist der Bundesgesetzgeber bisher jedoch nicht gefolgt. Man will auf die Millionen per Briefwahl abgegebenen Stimmen nicht verzichten und nimmt damit billigend in Kauf, dass die Stimme gerade nicht «höchstpersönlich», sondern z. B. mit Unterstützung von Kranken- und Altenpflegepersonal eingetragen wird. Wer kann hier noch von tatsächlicher Höchstpersönlichkeit sprechen? Sie ist eine Fiktion, nicht mehr und nicht weniger. Übrigens ist der Grundsatz der Höchstpersönlichkeit im Gegensatz zu den Grundsätzen der Allgemeinheit und der Gleichheit der Wahl nicht ausdrücklich in der Verfassung verankert. Selbst wenn man im Wege der wissenschaftlichen Auslegung oder Ableitung zu dem Ergebnis gelangt, dass der Grundsatz der Höchstpersönlichkeit sich aus den verfassungsrechtlich verankerten Grundsätzen der freien und geheimen Wahl (Artikel 38 Absatz 1 GG) ergibt und somit ebenfalls Verfassungsrang genießt, so gibt diese Überlegung noch nichts her für die Verletzung des Allgemeinheitsgrundsatzes, die in dem derzeitigen Ausschluss eines Fünftels unseres Volkes von der Wahl liegt. Es ist also eine Güterabwägung vorzunehmen. Wägt man die Verfassungsgrundsätze allgemeine Wahl und höchstpersönliche Wahl gegeneinander ab, so dürfte dem Allgemeinheitsgrundsatz der Vorrang gebühren.

Damit steht dem Wahlrecht von Geburt an lediglich der geltende Artikel 38 Absatz 2 GG entgegen, der das Wahlrecht an die Vollendung des achtzehnten Lebensjahres knüpft. In der Kommentierung zu Artikel 38 GG sucht man vergeblich nach einer stichhaltigen Begründung für die dort verankerte Altersgrenze. Im Ergebnis begnügt man sich mit dem wenig überzeugenden Hinweis, dass die Festlegung eines Wahlalters «historisch erhärtet» sei und dem «Gleichheitsgrundsatz» entspreche. Das Bundesverfassungsgericht hat dagegen darauf hingewiesen, dass Einschränkungen des Grundsatzes der Allgemeinheit der Wahl nur möglich sind, sofern für sie ein «zwingender Grund»[9] besteht. Der Ausschluss von rund 20 Prozent der deutschen Bevölkerung an der Legitimation der Staatsgewalt – nämlich aller Deutschen unter 18 Jahre – wird auch hier allein mit dem Hinweis abgetan, die Erreichung eines Mindestalters sei von «jeher aus zwingenden Gründen» als eine Einschränkung des Allgemeinheitsgrundsatzes akzeptiert worden. Eine Begründung für diese Einschätzung fehlt.

Einer Änderung von Artikel 38 Absatz 2 GG steht daher aus verfassungsrechtlicher Sicht nichts im Wege.

5. Ergebnis

Wir können die Zukunft der Familien und damit unserer ganzen Gesellschaft nur sichern, wenn wir Familien die Chance geben, auf politische Entscheidungen stärker Einfluss zu nehmen als bisher. Der Ausschluss unserer Kinder und Jugendlichen vom Wahlrecht passt weder in die Gesamtsystematik unseres demokratischen Systems, noch überzeugt er politisch. Das Wahlrecht ist ein in einer Demokratie unverzichtbares Grundrecht. Wer Kindern und Jugendlichen das Wahlrecht weiter vorenthält, leistet einer zukunftsgefährdenden, ausbeuterischen Politik weiter Vorschub.

6. Ausblick

Die Forderung nach einem Wahlrecht ohne Altersgrenze ist nicht von heute auf morgen umzusetzen. Die zur Verfassungsänderung notwendige Zwei-drittel-Mehrheit in Bundestag und Bundesrat setzt einen breiten gesellschaftlichen Konsens voraus. Derzeit lehnt die überwiegende Mehrheit in Gesellschaft und Politik das Wahlrecht von Geburt an noch ab. Doch seit dem Plädoyer des Rechtsprofessors Konrad Löw für ein Wahlrecht von Geburt an im Jahre 1974 ist der Kreis der Befürworter stetig gestiegen. Aus der anfänglichen pauschalen Ablehnung ist mittlerweile eine ernsthafte und sachorientierte Diskussion geworden. Stimmen wie die des ehemaligen Bundespräsidenten Roman Herzog zeigen, dass die Forderung nach einem Wahlrecht von Geburt an keine fixe Idee ist, sondern eine Chance, die Zukunft unseres Landes zu sichern. Diese Chance gilt es zu nutzen, mit Beharrlichkeit und Entschlossenheit zum Wohle der Familien – zum Wohle unserer Zukunft!

1 durch Gesetz vom 25. 6. 1979; in Kraft seit dem 1. 7. 1979

2 durch das Bundeserziehungsgesetz vom 6. 12. 1985; in Kraft seit dem 1. 1. 1986

3 Zehnter Kinder- und Jugendbericht der Deutschen Bundesregierung aus dem Jahre 1998, S. 90 f.

4 Gramm, Christof: *Versorgungsfalle Familie.* In: Zeitschrift für Rechtspolitik 1993, 86–91.

5 5. Familienbericht der Bundesregierung, S. 289

6 BVerfG, Beschluss v. 10. 11. 1998–2 BvL 42/93; BVerfG, Beschluss v. 10. 11. 1998–2 BvR 1057/91, 122/91, 980/91 in JZ 14/1999, 721 ff.

7 Suhr, Dieter: *Transferrechtliche Ausbeutung und Verfassungsrechtlicher Schutz von Familien, Müttern und Kindern* in: Der Staat 29 (1990), 69 ff.

8 Bild am Sonntag vom 7. Mai 2000

9 BVerfGE 36, 139, 141

Oskar Holzberg

Familie – Auslaufmodell oder Klassiker? *Eine Bilanz*

Gewiss ist nur die Ungewissheit. Niemand weiß, wie die Patientin Familie die Krise überstehen wird. Ist ihr Puls nur noch schwach? Liegt die Familie in den letzten Zügen und wird demnächst in eine Welt alleinerziehender, bindungsloser Lebensabschnittspartner zerfallen? Die von ihren gefühlsverkrüppelten, Amok laufenden Computer-Kids terrorisiert werden? Oder hat sie nur hohes Fieber? Weil sie die engen Fesseln des Kleinfamilienhorrors ausschwitzt. Und zu einem lebendigeren, freieren und gleichberechtigteren Miteinander wird. Die Weisen wiegen die Häupter, die Experten experteln. Es ist so, wie es immer ist. Alle wissen, etwas geschieht. Aber niemand weiß, was. Und die Familie? Sie lächelt. Sie stöhnt. Aber sie lebt.

Denn was stirbt, ist zunächst nur eine Illusion. Die glückliche Kleinfamilie mit Mama, Papa, Oma und entzückenden Gören hat es im Grunde nie gegeben. Heute gibt es bereits mehr Patchwork-Familien, als es im 19. Jahrhundert je heile Drei-Generationen-Idyllen gab.* Das Biedermeier-Paradies, das bis heute noch in unseren Köpfen herumspukt, war für 90 Prozent der Menschen ein harter Kampf ums Überleben. Jedes zweite Kind starb. Hunger, Seuchen, enge Wohnverhältnisse und 70 bis 80 Stunden Arbeit in der Woche ließen wenig Raum für das kritische Familienleben, wie es uns immer noch aus der Suppenwerbung entgegenschwappt. Und mal ehrlich: Keine halbe Stunde würden wir unseren Kindern eine heile Familie anno 1950 zumuten. Nicht mal als Aushilfs-Tagesmutter. Oder würden Sie Ihre lieben Kleinen einer duckmäuserisch abhängenden Frau anvertrauen, die von einem autoritären Macker kommandiert wird? Wo Gehorsam und Sauberkeit das Wichtigste waren. Argumentieren als «Widerworte» galt. Und ein «Satz heiße Ohren» noch so selbstverständlich war wie heute die «Sesamstraße».

Was tatsächlich geschieht ist, dass Familienleben und Kinder zu einer Entscheidung geworden sind. Die Familie verliert ihren Status als Zwangs-

* Geschätzter Anteil an Drei-Generationen-Familien im 19. Jahrhundert 5%, Patchwork-Familien heute 20%–30%.

beglückung. Als allein selig machender Lebensentwurf. Und die verliert ihn chaotisch und unter Schmerzen. Aber auch mit nie da gewesenem Engagement und ungeahnten Möglichkeiten.

Kinder sind Karrierekiller. Kinder sind ein Existenzrisiko. Denn Kinder sind unvorhersehbar, suchen Beständigkeit und lassen sich nicht beliebig beschleunigen. Und in der globalen Welt geht es darum, immer produktiver, effektiver, schneller und flexibler zu sein. Kids verhindern die Karriere ihrer Eltern, weil in besseren Jobs einfach 60 Stunden Einsatz vorausgesetzt sind. Und weil Kinder gesellschaftlich immer mehr wie ein Hobby angesehen werden, hat eine vierköpfige Familie pro Kopf durchschnittlich nur ein Viertel des frei verfügbaren Einkommens, über das ein Ehepaar ohne Kinder verfügt.

Doch selbst wer die Risiken nicht scheut, endet vielfach ohne Familie. Weil er keine feste Partnerschaft mehr findet, die seinen Ansprüchen genügt.

Rund ein Drittel aller Frauen, die gegenwärtig um die 30 Jahre sind, werden keine Kinder bekommen. Vor 40 Jahren waren es nur neun Prozent. Die Gesellschaft teilt sich. In Kinderlose und Nachwuchszüchter. Wobei der Trend dahin geht, sich entschlossen für eine der beiden neu entstehenden Gesellschaftsklassen zu entscheiden. Entweder heiraten und sein Leben von zwei bis drei der liebenswerten Kleinmonster chaotisieren zu lassen. Oder gleich ganz auf Trauschein und Nachwuchs verzichten.

Die Familie ist nicht mehr selbstverständlich, weil nichts mehr selbstverständlich ist. Wir leben nicht länger bestimmt durch Vaterland, Kirche oder feste Berufskarrieren. Wir werden auf keine Werte mehr verpflichtet, die für alle gelten, haben keine starken Rituale mehr, an denen alle teilnehmen. Wir leben in der Welt des Selbst. Wir müssen und können selbst entscheiden, wo unsere Lebensreise hingeht. Selbsttätig und selbst organisiert zur Selbstverwirklichung. Das schafft alle Freuden der Freiheit und Selbständigkeit. Und eben allen Kummer der verlorenen Geborgenheit und Bindung.

Seit Mama und Papa gleichberechtigt sind und auch Kinder das Recht auf eine heile Kinderseele haben, wird Familie zur Verhandlungssache. Wer macht was mit wem und wann wie viel? Und wenn sich das Glück nicht erhandeln lässt, dann suchen Mama oder Papa es eben anderswo. Weil der Anspruch auf Glück immer größer wird. Und die Toleranz für nicht erfüllte Wünsche im unendlichen Konsum-Universum immer geringer. Und dann gibt es Patchwork- und Stieffamilien, Alleinerziehende, lesbisch-schwule Regenbogenfamilien, Pflegefamilien oder Living-apart-together. Dazu immer mehr Multikulti. Und statt Verwandter: Wahlverwandte. Nahe Freunde oder Wohngenossen. Und Eltern in gleicher Situation, mit denen die Kinderbetreuung geteilt wird. Im Patchwork-Netz hat heute jeder mehr Verwandte als früher. Aber die Verbindungen sind nicht mehr so verbindlich. War Geborgenheit früher eher distanziert, aber unveränderlich, so ist sie heute nah und unsicher. Onkel Max sah man nur auf Festen, er nervte, aber es war klar, dass er auch in zehn Jahren noch ansprechbar war, falls man in Not geriete. Mit den Eltern von Klein-Mäxchens Spielkameraden hat man sich eng angefreundet. Man sieht sich über die Kinder fast täglich. Aber vielleicht ziehen sie an den Stadtrand, und der Kontakt wird abbrechen.

Bindung ist nicht mehr gegeben, sondern wird zu einer reifen Gefühlsleistung. Familie bedeutet ja, selbstverständlich gebunden und geborgen zu sein. «Man kann sich darauf verlassen, nicht verlassen zu werden», wie es Karl Hondrich sagt. Aber das kann man eben nicht mehr. Und da liegt das Problem.

Dort, wo es Familie gibt, ob nach dem alten Modell, in Ehen auf Zeit, in Fortsetzungsfamilien oder mit getrennt lebenden Eltern, geht es den meisten Kindern gut. Umfragen bestätigen das. Nie zuvor waren Eltern so engagiert, so aufgeschlossen für die Bedürfnisse ihrer Kinder. Und sicher auch noch nie so fähig, miteinander zu kommunizieren, so bereit, sich selbst in Frage zu stellen, gefühlsmäßig so aufgeschlossen und psychologisch so gebildet. Hier wachsen kontaktfähige, zugewandte Kids auf. Die weder in den schwachsinnigen Weiten des Internet noch in den geistigen Untiefen der TV-Talkshows oder der Hollywood-Dumpfsinns-und-Gewalt-Orgien verloren gehen. Keine Egomanen, sondern junge Menschen, die Realität und virtuelles Gedaddel auseinander halten können. Denen Familie viel bedeutet. Und die wie fast alle Menschen wieder eine Familie gründen wollen. Die meisten Familien funktionieren und sind auf ihre eigene Art lebendig. Gute Familien, vielleicht sogar bessere Familien, als es je gab. Die Französische Revolution, zumindest in den meisten Familien hat sie stattgefunden. Und Gleichheit, Brüderlichkeit und Freiheit gebracht.

Doch die erreichte Leistung hat auch ihre Nachteile. Mutter und Vater stehen in der Doppel- und Dreifachbelastung häufig am Rand ihrer Kräfte. Und das Projekt Kind bleibt nicht unbelastet. Als Ziel der vielfältigsten Bemühungen ist es aufgefordert, sich der geleisteten Investitionen wert zu erweisen. Und seinerseits zu leisten. Ein Kind zu werden, auf das die anspruchsvollen, engagierten Erziehungsberechtigten stolz sind. Die daraus abzuleitende Botschaft ist bedenklich. Denn sie lautet: Bindung entsteht durch Leistung.

Und diese Leistung zu erfüllen, schafft nicht jeder. Was zu starken Selbstwertproblemen führt. Zum Beispiel zu Versagen durch Leistungsverweigerung. Und der damit verbundenen Flucht in Süchte und Ess-Störungen.

Und die Leistung der gefühlsmäßigen Geborgenheit schaffen auch viele Familien nicht mehr. Sie können die hohen Anforderungen an emotionale Intelligenz, kommunikative Fähigkeiten, Zeit und Kraft nicht erfüllen. Familien, denen Wohlstand verwehrt ist. Oder Familien, in denen der Zerfall der alten gesellschaftlich getragenen Familienbindung so schnell geht, dass kein Neulernen möglich ist. Wie in vielen Immigrantenfamilien. Dort fehlen Bindung und Geborgenheit. Das Gefühl, nicht verbunden, nicht integriert, ungewollt und abgelehnt zu sein, herrscht vor. Bindungslosigkeit erzeugt Gewalt. Innerhalb dieser Familien und nach außen. Und die Gesellschaft starrt fassungslos auf die Folgen. Und wiederholt ihre Fehler.

Das Problem der Bindungslosigkeit, des Bindungsverlustes und der Bindungsunfähigkeit beschäftigt auch Psychiatrie und Psychotherapie zunehmend. Die wenigsten Menschen sind heute in Behandlung, weil sie von moralischen Vorstellungen eingeengt worden oder ihre Seele befreien müssen. Wie es noch in den sechziger und siebziger Jahren vorherrschend war. Die Seele ist längst frei. Aber sie schwirrt einsam durchs Universum. Unfähig, Bindung zu finden. Wir befinden uns in der Situation, die der dänische Psychologe Jesper Juul für Kinder formulierte: «Wir bekommen zu viel von dem, was wir wollen, und zu wenig von dem, was wir brauchen.» Zu viel schnelles Glück, Wahnsinnserlebnisse, grandiose Verliebtheit, heißen Sex, allergrößte Nähe und aufregende Kicks. Aber zu wenig selbstverständliche Geborgenheit.

Die Patientin Familie lebt. Aber sie schwitzt ganz erbärmlich unter der gewaltigen Aufgabe, die sie und wir alle zu bewältigen haben.

Uwe Britten

Was bringt die Zukunft? Jugendliche berichten

Was erwarten Kinder und Jugendliche von ihrer – und unserer – Zukunft? Uwe Britten hat Schülerinnen und Schüler gebeten, ihre Gedanken zur Zukunft zu Papier zu bringen. Sie erzählen offen von ihren Befürchtungen und Ängsten, Hoffnungen und Träumen und halten den Erwachsenen den Spiegel vor.

Die folgenden Texte sind dem von Uwe Britten herausgegebenen Buch «2020 – Kinder und Jugendliche über unsere Zukunft» (Reinbek 2000) entnommen.

Als ich mich daranmachte, für das Buch *Abgehauen – Wie Deutschlands Straßenkinder leben* als quasi Obdachloser in Berlin zu recherchieren, traf ich in den besetzten Häusern auf Jugendliche, die so völlig anders lebten als ihre Altersgenossen. Ich vermutete, dass sich in ihren Vorstellungen von einem anderen Leben in einer veränderten Gesellschaft utopische Ideen finden lassen müssten. Das stimmte zwar auch bei einigen, bei den meisten von ihnen jedoch eher nicht. Ein Schlüsselerlebnis hatte ich mit Nanni, die damals gerade zwanzig Jahre alt geworden war. Ich traf sie in der legendären *108*, einer Kneipe in einem besetzten Haus in der Pfarrstraße. Wir standen an der Theke und tranken Bier. Nanni war, wie sie mir erzählte, fast am ganzen Körper tätowiert. Durch ihre Augenbrauen, die Nase, die Unterlippe und die Zungenspitze hatte sie zahlreiche Ringe gezogen. Als ich sie fragte, was sie denn später mal machen wolle, antwortete sie völlig selbstverständlich: «Hausfrau.» Auf meine überraschte Nachfrage sagte sie schließlich: «Ja, das machen doch alle. Was will man denn sonst machen? Heiraten … Kinder kriegen … ein Haus bauen …»

Kinder formulieren Lebensmaximen, etwa wie sie selbst mit eigenen Kindern umgehen möchten. Der Wunsch nach Kindern findet sich häufig. Gleichwohl scheinen sich viele Kinder (sozial) so bedroht zu fühlen, dass sie oft die Frage aufwerfen, ob es überhaupt noch vertretbar sei, Kinder in diese Welt zu setzen. Welcher Erwachsenenwelt sehen sich Kinder heute gegenüber?

Vor diesem Hintergrund erscheint vielleicht der immer wieder beschriebene Roboter im neuen Licht. Ist er die Neuerfindung des verlässlichen Erwachsenen? Auffällig ist jedenfalls, dass dem Roboter die Organisation von Alltagtätigkeiten und von Versorgung, auch und gerade von Kindern, zugedacht wird. Vielleicht überfordert heutzutage die hohe Erwartung von Selbständigkeit in Alltagsdingen unsere Kinder mehr, als wir glauben (möchten). Vielleicht gehört es zu Beginn des 21. Jahrhunderts für viele Kinder zur Idylle, versorgende, behütende, wohlwollende Eltern zu haben – in einer weder von gewalttätigen noch von existenzbedrohenden Bedingungen geprägten Welt. Müssen wir auch die Elternliebe neu erfinden?

Bei all den Ideen zu einer anderen Welt sei aber eines ganz klar gesagt: Nicht Kinder und Jugendliche sind dafür zuständig, die offensichtlich zutage tretenden Missstände unseres Zusammenlebens zu reformieren! Es bleibt die Aufgabe der Erwachsenen, Kindern und Jugendlichen ein lebenswertes Dasein zu ermöglichen. Ideenlosigkeit haben nicht ausgerechnet die Jüngsten einer Gesellschaft zu verantworten. Es klingt geradezu hilflos, wenn die Älteren danach rufen, die Jugend solle sich gefälligst einbringen, Einfluss nehmen und politisch nicht so desinteressiert sein – zumal ihre «verrückten» Ideen noch kaum irgendwo wirklich gewollt sind, nicht einmal in der Schule …

Wenn ich 40 Jahre alt bin, möchte ich einiges erreicht haben. Zum Beispiel möchte ich ein schönes Haus haben und zwei Kinder. Mehr Kinder zu bekommen würde ich mich, glaub ich, nicht trauen. Allein, wenn ich an die Rente denke; ich habe ja schon Angst um sie, was sollen dann erst die Kinder später denken, wenn sich an unserer Politik nicht etwas grundlegend ändert.

Auch ist mir diese «tolle Gesellschaft» zu kinderfeindlich, man denke nur an die Einsparungen im Jugendbereich und an die Kinderarbeit. Ich weiß, wovon ich spreche, denn ich bin selbst Gruppenbetreuerin und weiß, wie es ist, wenn man mit den Kindern nur mal in den Zoo gehen will – und man kann es nicht, weil kein Geld da ist. Was ist, wenn ich meine Kinder mal in eine Jugendgruppe schicken will? Ich bezweifle, dass es dann noch welche gibt, wahrscheinlich sind diese dann weggestrichen. Und da reden die Politiker immer davon, dass die Jugend ja die Zukunft unseres Landes wäre. Doch was ist die Zukunft, wenn die Jugend gar nicht zählt? ... Welche Alternativen gibt es? Keine, dazu müsste die Gesellschaft auch mal auf die Ideen der Jugend hören. Aber das wird nie passieren. Denn wir sind zwar die Zukunft, doch bevor wir nicht mindestens 30 Jahre alt sind, interessiert sich kein Politiker für uns.

T. B., 16 Jahre

Ich habe mit einer Freundin schon Pläne gemacht, wie wir leben wollen. Ich möchte Tierärztin werden, und sie wird Architektin. Ich pflege dann unsere Tiere, und sie baut das Haus.

Stephanie Sch., 11 Jahre

... Ich möchte, dass alle Menschen glücklich sind! Die Kinder sollen gesund sein. Ich möchte, dass die Welt fröhlich ist. Ich möchte einen Mann und Kinder und heiraten. Ich will gute Freunde haben.

Manja, 10 Jahre

Im Jahr 2020 bin ich Mitte dreißig und werde bestimmt eine Ehefrau und zwei oder drei Kinder haben, wenn ich bis dahin nicht bei einem Polizeieinsatz ums Leben gekommen bin, denn ich möchte von Beruf Polizist werden: ein Vorbild für die Gesellschaft, eine treue Hand des Gesetzes.

Patryk G., 15 Jahre

Heiraten, falls das bis dahin überhaupt noch «in» ist, möchte ich eventuell, außerdem zwei Kinder, die ich strenger erziehen möchte, denn ich tanze meiner Mutter auf der Nase rum. Scheiden lasse ich mich nicht, denn ich habe am eigenen Leib erfahren, wie es ist, wenn der Vater weggeht. Ein eigenes Haus für meine Familie wäre nicht schlecht, falls das Geld stimmt.

Benjamin W., 14 Jahre

Im Jahr 2020 bin ich 38 Jahre alt. Ich glaube, dass ich dann verheiratet sein werde. Mit was für einem Mann, ist mir egal. Na ja, nicht ganz egal. Mein Partner sollte schon einen festen Arbeitsplatz haben. Es ist heute sehr schlimm mit der Arbeit. Und ich glaube, dass es besser wird. Mein Mann sollte lieb, treu, ehrlich und verständnisvoll sein.

Kinder? Ich weiß nicht, ob ich Kinder haben möchte. Wenn ich und mein Mann richtige Arbeit haben und dem Kind Sicherheit bieten können, dann ja. Dann würde ich sehr gerne eine Tochter und einen Sohn haben. Zu unserem Haus muss ein großer Garten gehören.

S.D., 16 Jahre

Verheiratet will ich auf jeden Fall sein, denn ein Leben ohne eine Frau ist für mich kein Leben. Kinder möchte ich natürlich auch, denn Kinder sind die schönste Sache auf der Welt. Kindern soll es viel besser gehen als jetzt. Sie sollen ohne Schläge aufwachsen und leben wie Könige, denn sie sind unsere Zukunft.

Mit meiner Familie möchte ich etwas unternehmen können. Es wird mir auch Spaß machen, mit meinen Kindern und meiner Frau zu spielen. Mir macht alles noch so lange Spaß, solange ich noch meine Familie habe und ich seelisch und psychisch noch kann.

Marc W., 14 Jahre

Im Jahre 2020 bin ich 36 Jahre alt. Ich möchte zwei Kinder und einen Mann haben. Meine Kinder sind dann groß, sodass ich wieder halbtags arbeite. Ich möchte in einem schönen Haus mit einem großen Garten für meine Tiere und Kinder wohnen. Der Ort, in dem ich wohne, sollte kein kleines Dorf sein oder eine nicht zu große Stadt.

Ich finde, es sollte in Deutschland einiges passieren, denn ich bin mit einigen Dingen hier nicht einverstanden. Ich möchte selbst mal Kinder haben, aber so wie die Kriminalität heutzutage ist, muss man Angst haben, dass die eigenen Kinder vergewaltigt oder sogar umgebracht werden.

T. K., 14 Jahre

Kinder möchte ich haben, ich finde Kinder nämlich süß, und ich vertrage mich mit Kleinkindern sehr gut. Und wenn ich Kinder habe, muss natürlich auch der passende Mann da sein. Kinder sollten nicht auf der Straße leben, sondern in ihren richtigen Familien bleiben, egal wie viele Kinder die Familien schon haben oder wie schlecht es ihnen geht, weil das Wichtigste in einem Kinderleben die Eltern sind oder, wenn die Eltern verstorben sind, die Verwandten.

Stephanie A., 14 Jahre

Ob ich Kinder haben werde, kann ich nicht sagen, weil, wenn ich ehrlich bin, ich keine große Geduld mit Kindern habe. Es nervt mich ganz schön, wenn die immer alles anfassen oder kaputtmachen.

Stephanie Sch., 14 Jahre

Ich weiß nicht, ob es unbedingt sinnvoll ist, eine Ehe einzugehen, denn ich denke, Mann und Frau können auch gut in einer nichtehelichen Beziehung leben und auch Kinder haben. Ich selbst möchte schon irgendwann ein Kind haben. Ich möchte allerdings ein Kind adoptieren, da es meiner Meinung nach sinnlos ist, neues Leben in die Welt zu setzen, denn es gibt genug Kinder, die Liebe, Zuwendung und ein Zuhause brauchen. Ich bin der festen Meinung, dass die Kinder der Erde das Wichtigste sind, was es gibt. Alles, was sie von den Erwachsenen übermittelt bekommen, leben sie nach und lernen daraus. Und genau das leben sie später wieder ihren eigenen Kindern vor, und wenn sich an der gesamten Einstellung nichts ändert, dass die Kinder immer nur abgeschoben werden, wirkt sich das schlecht aus. Ich finde auch, die Eltern sollten sich viel mehr Zeit nehmen für ihre Kinder.

Sarah H., 14 Jahre

Ich möchte später mal mehr Zeit für meine Kinder haben und jedes Mal, wenn schönes Wetter am Wochenende ist, einen Familienausflug machen. Ich möchte mich mehr in die Kinder hineinversetzen, mit ihnen über Probleme in der Schule oder auf der Arbeit sprechen.

Kinder will ich unbedingt, weil es einfach mehr Spaß macht, als wenn man alleine in einem riesigen Haus sitzt. Man hat jemanden, mit dem man sich unterhalten kann, und man kann auch mit der Familie Ausflüge organisieren. Mit einer Frau und Kindern ist das Leben erfüllter, es macht einfach mehr Spaß.

Andreas W., 13 Jahre

Ich fände es auch schön, wenn Kinder zum Mond fliegen dürften oder überhaupt mit den Erwachsenen gleichgestellt werden.

Elisabeth St., 12 Jahre

An einem wunderschönen Morgen stehe ich auf. Ich begrüße meine Frau Elfriede und die halbe Portion (unser kleines Kind).

Uli R., 10 Jahre

Mein Leben sollte aus Freude und Frieden bestehen. Ich wünsche mir dann eine glückliche Ehe, wie die Ehe meiner Eltern: kein Streit, öfter was unternehmen, zusammenhalten usw. Das alles möchte ich mal mit einem intelligenten, gut gebauten, gut aussehenden und netten Mann erleben. Natürlich möchte ich mit ihm auch Kinder haben, die nach meinem Wunsch aufwachsen sollten. Meine Eltern machen das auch sehr gut, aber mehr Freizeit werde ich ihnen schon bieten. Ich hoffe nur, dass mein Traum wahr wird.

Mirsade A., 15 Jahre

Ich hatte keine richtige Familie, deshalb werde ich mir selbst eine gründen. Mit einem Mann, der tolerant und treu ist, der mich liebt, akzeptiert. Ich will, wenn ich 41 bin, nach einem harten Arbeitstag Arm in Arm mit meinem Mann am Strand stehen und zusehen, wie meine Kinder im Licht des Sonnenunterganges spielen. Meine Kinder sollen wissen, dass ein Stück Stoff nicht einfach ein Stück Stoff ist, sondern Fäden, die einmal als Baumwolle bei Sonnen- und Mondschein auf einem Feld wuchsen und von Menschenhand gepflückt wurden, und diese Menschen hatten oder haben Eltern, die sie lieben, und vielleicht einen schwarzen Hund.

Anonym, 19 Jahre

Renate Schmidt **Familie in – Familienpolitik out**

Keine der großen Volksparteien hat in den fünf Jahrzehnten seit Gründung der Bundesrepublik Familie jemals infrage gestellt.

Dennoch hat Familienpolitik bei allen Regierungen regelmäßig ein Schattendasein gefristet.

Es wurde umverteilt, aber im Regelfall innerhalb der Familien, mal eher zu Gunsten der Familien mit geringem Einkommen (sozial-liberale Koalition), mal zu Gunsten derer mit höherem Einkommen (konservativ-liberale Koalition).

Ein wirklicher Durchbruch blieb von wenigen Ausnahmen abgesehen aus.

Die drei Ausnahmen in 50 Jahren Bundesrepublik Deutschland: Einführung des einheitlichen Kindergeldes unter Kanzler Willy Brandt und Familienministerin Katharina Focke 1974, oder die Einführung von Erziehungsgeld und einer fälschlich als Urlaub bezeichneten Erziehungszeit unter Bundeskanzler Helmut Kohl und Familienminister Heiner Geißler 1986, oder die Einführung eines Rechtsanspruchs auf einen Kindergartenplatz unter Familienministerin Hannelore Rönsch 1992.

Allen drei Ausnahmen ist eines gemein, bei ihrer Einführung waren sie ein großer Schritt vorwärts, der heute zum Schrittchen geworden ist, weil eine Fortentwicklung unterblieb.

Das Kindergeld wurde immer nur so weit erhöht, wie es die Finanzminister glaubten, zulassen zu können, hießen die Familienministerinnen nun Antje Huber, Rita Süßmuth oder Claudia Nolte.

Regelmäßig musste vom Bundesverfassungsgericht Druck ausgeübt werden, um die minimalen Rechtsansprüche von Familien in materieller Hinsicht durchzusetzen.

Eine Prioritätensetzung pro Familie fand regelmäßig nicht statt.

Irgendwie schwang nach wie vor der legendäre Adenauer-Ausspruch in der Luft: «Kinder kriegen die Leute von alleine.»

Daraus resultiert die Mentalität, dass Familie im Wesentlichen Privatsache sei, Familienpolitik somit Sozialpolitik, die Schwache zu stützen habe und ansonsten verzichtbar. Der Familienhaushalt wurde in regelmäßigen Abständen zum Steinbruch der Finanzpolitik, was sogar zum Rücktritt der Ministerin Antje Huber führte.

Umso verdienstvoller ist daher die erste Erhöhung des Kindergeldes der rot-grünen Koalition kurz nach den Wahlen um DM 20,– für das erste und zweite Kind, die trotz angespannter Haushaltslage und zum damaligen Zeitpunkt ohne Druck des Bundesverfassungsgerichtes durchgesetzt wurde.

Der Anteil des Erziehungsgeldes am Gesamthaushalt des Bundes seit dessen Einführung 1986 sank bis ins Jahr 1999 dramatisch, alleine dadurch, dass Einkommensgrenzen und Höhe des Betrages unverändert blieben. Hier werden jetzt endlich nach 15 Jahren Stagnation Erhöhungen vorgenommen.

Zudem wurde ein wichtiges Ziel nicht erreicht, zunehmend erwiesen sich nämlich zwei, respektive drei Jahre Erziehungszeiten (-«urlaub») als Falle für die Rückkehr in den Beruf, zunehmend sind die starren Regelungen kontraproduktiv für die Einbeziehung der Väter in die Erziehungszeit und den Wunsch der Mütter, Familie und Beruf miteinander zu vereinbaren. Auch hier werden jetzt endlich mehr Flexibilität und mehr Elternfreundlichkeit erreicht werden.

Und auch die dritte Errungenschaft für Familien, der Rechtsanspruch auf einen Kindergartenplatz, ist auf Grund seiner grundsätzlichen Fehlkonstruktion bis heute nicht flächendeckend erfüllt.

Die Fehlkonstruktion besteht darin, dass der Bund ein Gesetz verabschiedet hat, bei dem keinerlei Kosten zu seinen Lasten entstanden, aber Kosten in Milliardenhöhe zu Lasten insbesondere der Kommunen und auch der Länder.

Die zwangsweise Prioritätensetzung für Kommunen und Länder durch den Bund, diese Missachtung des Konnexitätsprinzips (wer anschafft, zahlt) führt zwangsläufig zu Benachteiligungen wiederum von Familien.

Um den Rechtsanspruch auf einen Kindergartenplatz erfüllen zu können, wurden zwangsläufig freiwillige Leistungen gestrichen, nicht selten zu Lasten von Familienberatung, Mütterzentren u. Ä.

Zudem konnte der Rechtsanspruch auf einen Kindergartenplatz insbesondere in den reicheren Gemeinden vergleichsweise leicht erfüllt werden (die deshalb reicher sind, weil dort überwiegend Familien mit guten Einkommensverhältnissen leben). Schlechter erfüllt wird der Rechtsanspruch in den größeren Städten, also gerade dort, wo seine Erfüllung für Problemfamilien besonders wichtig wäre.

Fakt ist, rechnerisch ist der Rechtsanspruch erfüllt, tatsächlich nicht, weil es einer alleinerziehenden Mutter in der Großstadt wenig hilft, wenn in der zwanzig Kilometer entfernten Kleinstadt ein Kindergartenplatz frei ist.

Fakt ist auch, dass die Bundesrepublik nach wie vor Schlusslicht im Vergleich zu allen europäischen Staaten, den USA und Kanada ist, was die Betreuungseinrichtungen für Kinder aller Altersstufen betrifft.

Katastrophal ist die Situation für Kleinstkinder bis drei Jahre, wenig besser für Schulkinder zwischen sechs und zehn und zehn und vierzehn Jahren.

Für die Kleinsten stehen in den westdeutschen Bundesländern in Spurenelementen Betreuungsmöglichkeiten zur Verfügung, für die Sechs- bis Zehnjährigen gibt es im einstelligen Prozentbereich ebenso wie für die Zehn- bis Vierzehnjährigen nachmittägliche Betreuungsmöglichkeiten, sei es über Hortplätze oder Tagesschulen. Die graduellen Unterschiede zwischen den Bundesländern fallen dabei nahezu nicht ins Gewicht und können unsere europäische «rote Laterne» nicht kaschieren …

Aber auch in den ostdeutschen Bundesländern ist die nicht aus familienfreundlichen politischen Absichten entstandene gute Betreuungsmöglichkeit für Kinder aller Altersstufen in Gefahr, auf Westniveau abzusinken.

Auch hier sind, insbesondere in Sachsen, politische Mentalitäten (aber natürlich auch die angespannte Haushaltslage in allen neuen Bundesländern) ursächlich, Mentalitäten, die z. B. in einer Aussage des sächsischen Ministerpräsidenten deutlich werden, dass sich nämlich das Erwerbsverhalten der ostdeutschen Frauen dem der westdeutschen anpassen wird.

Da wird sich der sächsische Ministerpräsident wohl getäuscht haben. Denn der Trend verläuft genau umgekehrt: Das Erwerbsverhalten westdeutscher Frauen wird sich zu Beginn des 21. Jahrhunderts dem ostdeutscher Frauen und damit europäischen Maßstäben angleichen.

Familienpolitik hat sich darauf einzustellen und die Wünsche und Lebensentwürfe junger Menschen zu berücksichtigen. Nicht die Beschwörung der fünfziger Jahre wird uns voranbringen, sondern die Akzeptanz der veränderten Familienformen des ausgehenden 20. und beginnenden 21. Jahrhunderts.

Familien im Umbruch – Familienpolitik auf dem Weg in die Moderne

Das Bild der Familie des Industriezeitalters, wenn es denn je gestimmt hat, der allein verdienende Vater, die Mutter als lebenslange Hausfrau, zwei oder mehr Kinder, hat sich spätestens seit Mitte der sechziger Jahre grundlegend verändert.

Das zeigt sich nicht nur an der spektakulären Zunahme der Familien mit einem Elternteil, meistens der Mutter, sondern vor allem an der Zunahme der Erwerbstätigkeit von Müttern, es zeigt sich an der Zunahme von «Mehr-Familien-Leben» (die Eltern gründen mehr als eine Familie) und es macht sich daran fest, dass noch nie so viele Generationen einer Familie gleichzeitig lebten. Heute kann eine 45-jährige Frau Enkelin, Tochter, Mutter und Großmutter sein, also in sich selbst vier Familiengenerationen vereinigen.

All das muss Familienpolitik berücksichtigen, aber sie muss vor allem die Vorstellungen der Jungen einbeziehen, der Familienmütter und -väter der Jahre 2005, 2010.

Der positive Stellenwert von Familie hat dramatisch zugenommen. Familie ist in.

Keine soziale Institution hat in den letzten Jahren einen so großen Zuwachs an Zustimmung erfahren. 1980 war für 68 Prozent der Menschen in Deutschland die Familie «wichtig bis sehr wichtig». 1998 sind es 80 Prozent. Das ist kein Wunder, weil in Zeiten der Globalisierung, der Grenzenlosigkeit, der Unübersichtlichkeit, der Flexibilität und der Mobilität die Menschen einen festen Ankerpunkt brauchen. Das ist für die meisten die Familie.

Für 80 bis 90 Prozent der jungen Menschen, sowohl im Alter zwischen 12 bis 15 Jahren als auch zwischen 16 und 19 Jahren ist Familie nach einer Umfrage des «Stern» wichtig bis sehr wichtig.

Genauso viele wollen später einmal selbst eine Familie haben, d. h. für sie einen Partner oder eine Partnerin (nicht unbedingt Ehe-Partner/in) und Kinder (in der Mehrzahl nicht in der Einzahl), aber beide Geschlechter, Jungen und Mädchen, wollen gleichgewichtig mit dem Wunsch, eine Familie zu haben, einen Beruf erlernen, ihn ausüben und in ihm Erfolg haben.

All das hat eine modere Familienpolitik zu berücksichtigen. Brauchen wir also ein neues politisches Leitbild Familie?

Ich meine nein.

Ein solches Unterfangen müsste scheitern, weil heute Familie so vielfältig ist wie die Individuen, die in ihr leben, weil es die Vielgenerationenfamilie zwar meist nicht mehr unter einem Dach, aber häufig an einem Ort genauso gibt wie die Zweigenerationenfamilie, die sowohl die Elterngeneration mit Kindern als auch die Elterngeneration mit (pflegebedürftigen) Großeltern umfassen kann, weil die von vornherein Alleinerziehenden und die durch Trennung entstandenen allein erziehenden Familien andere Bedürfnisse haben als Zweielternfamilien, weil die Einkindfamilien sich von Kinderreichen unterscheiden, weil die Kinder aus Erst- und Zweitfamilien die gleichen Bedürfnisse nach Zuwendung ihrer leiblichen Eltern haben und so weiter.

Vieles von dem Geschilderten ist deshalb privat, muss privat bleiben und entzieht sich deshalb zwangsläufig einer politischen Leitbilddiskussion. Nicht alle Wechselfälle menschlichen Lebens kann und darf Politik lösen wollen.

Familienpolitik hat die Frage zu stellen: Welches Interesse hat die Politik an Familie und welche Notwendigkeit gibt es daher, Politik für Familien zu betreiben.

Es sind zwei handfeste Interessen, zum ersten eine ideelle, zum zweiten eine materielle, die der Staat, also die Allgemeinheit an der (privaten) Institution Familie hat.

1. In der Familie wird Sorge getragen für die nächste und nach wie vor sehr häufig für die vorangegangene Generation, also für Kinder und Großeltern, materielle Sorge und ideelle Sorge. In der Familie werden soziale Kompetenzen eingeübt, aus Familien heraus wird der größte Teil der ehrenamtlichen Arbeit geleistet. Würden Familien als Leistungsträger für das «Sich-Kümmern», für die Sorge um andere ausfallen und diese Sorge vom Staat geleistet werden müssen, würden die Kosten dafür von keinem Staat geleistet werden können. Emotionale Wärme und Humanität eines Staates resultieren in einem hohen Maß aus der Arbeit und der Existenz seiner Familien.

2. Auch in materieller Hinsicht sind Familien Leistungsträger par excellence. Wir sollten deshalb damit aufhören, Familien zum Objekt von Fürsorge zu degradieren. Es gibt selbstverständlich Familien*sozial*politik, aber Familienpolitik geht weit darüber hinaus.

Einige Stichpunkte zur Erinnerung:

Familien zahlen die meisten direkten und indirekten Steuern, die meisten Sozialabgaben. Familien finanzieren die Transferleistungen für Familien überwiegend selbst.

Wer heute von moderner Familienpolitik spricht, muss demnach zweierlei erfüllen:

- Politik muss Familien in ihrer heutigen Vielfalt akzeptieren. Kein Lebensentwurf von Familie darf diskriminiert werden, weder der bis in die 60er-Jahre herkömmliche noch nicht-eheliche Lebensgemeinschaften oder Familien mit einem Elternteil, die nicht als «unvollständige» Familien diskriminiert werden dürfen.
- Familienpolitik ist nicht nur Familiensozialpolitik, sondern muss die Rahmenbedingungen schaffen, damit Familien ihre Leistungsfähigkeit – ideell und materiell – entfalten können.

(Auch hier eine kleine Anmerkung: Familienpolitik darf sich nicht nur nicht auf Sozialpolitik für Familien beschränken lassen, sie ist auch kein Anhängsel von Frauenpolitik, genauso wenig wie Frauenpolitik zum Anhängsel von Familienpolitik werden darf.)

Eine fortschrittliche Familienpolitik für die Familien von heute

Die neuen Fragen sind wie so häufig die alten. Die erste Frage – nach dem Motto: Ohne Moos nix los – ist nach wie vor die, welche Ansprüche ein moderner Familien*leistungs*ausgleich erfüllen muss. (Kleine Anmerkung: Vielleicht schaffen wir es ja gemeinsam, dass endlich nicht mehr von Familien*lasten*ausgleich gesprochen wird.

Familien und insbesondere Kinder sind keine *Last,* für die es einen Ausgleich geben muss, sondern Familien erbringen für die Allgemeinheit eine *Leistung,* für die sie erwarten dürfen, einen Ausgleich zu bekommen. Dies ist keine semantische Übung, sondern Bestandteil eines Mentalitätswechsels pro Familie.)

Die zweite Frage ist die nach den Möglichkeiten, Elternschaft und Beruf, ja beruflichen Erfolg miteinander zu verknüpfen, ohne die Bedürfnisse von Kindern dem Erwerbsleben zu opfern.

Die heutigen Möglichkeiten der Empfängnisverhütung haben aus einem «Schicksal» eine bewusste Entscheidung werden lassen. Dies hat zur Folge, dass ca. 25 Prozent der Bevölkerung – mit steigender Tendenz – sich bewusst gegen Kinder entscheiden. (Der kleine Prozentsatz derer, die ungewollt kinderlos bleiben, mag an dieser Stelle unberücksichtigt bleiben.)

Diese Entscheidung gegen eine Familie ist ihr gutes Recht, sie darf nicht diffamiert werden. Familienpolitik richtet sich generell nicht gegen irgendjemanden, insbesondere nicht *gegen* Alleinstehende, Familienpolitik ist an erster Stelle eine Politik *für* Kinder.

Zum Dritten ist die Stimmigkeit unserer heutigen übrigen Rahmenbedingungen Wohnen, Verkehr, Familienselbsthilfe, Wahlrecht, usw. auf ihre Familien- und Zukunftstauglichkeit zu prüfen.

Ein Familienleistungsausgleich für das erste Jahrzehnt des 21. Jahrhunderts

Der Satz von Adenauer: «Kinder kriegen die Leute von alleine», war in den fünfziger Jahren zutreffend. Für neunzig und mehr Prozent der jungen Menschen war es selbstverständlich, erwünscht oder nicht, Kinder zu haben, also eine Familie.

So wenig es bis in die Mitte der sechziger Jahre notwendig gewesen sein mag, einen Familienleistungsausgleich vorzunehmen, weil alle das gleiche Schicksal hatten, so notwendig ist ein solcher Ausgleich heute.

Die Leistungen, die Familien erbringen werden sozialisiert, die materiellen Lasten, die sie haben, bleiben weitestgehend privatisiert.

Dazu einige wenige Zahlen:

75 Prozent der materiellen Belastungen durch ein Kind tragen die Familien selbst. Lediglich 25 Prozent werden vom Staat übernommen. Und diese vom «Staat» übernommenen Transfers finanzieren Familien über ihr Steueraufkommen wiederum überwiegend selbst.

Der materielle Nachteil von Menschen, die Kinder betreuen und großziehen, gegenüber denjenigen, die das nicht tun, beträgt für das erste Kind DM 450 000,– und für jedes weitere Kind noch immer die Hälfte dieser Summe. Diese Ungerechtigkeit ist durch die überdurchschnittliche Kindergelderhöhung der rot-grünen Bundesregierung ein wesentliches Stück gemindert worden. Aber dies kann nur ein erster Schritt sein.

Um diesen Nachteil auszugleichen, reichen Kindergelderhöhungen nur bedingt.

Wir brauchen einen generellen Ausgleich zu Gunsten von Familien.

Im Fall des Sichkümmerns um pflegebedürftige Familienangehörige funktioniert ein solcher Ausgleich schon annähernd: Alle zahlen einen Beitrag in die Pflegeversicherung und diejenigen, die pflegen, bekommen für ihre Leistung einen festgesetzten Betrag. Diese Pflegeleistung kann professionell in einem Heim oder in der Familie erbracht werden.

In dieselbe Richtung muss die Diskussion bei der Betreuung von Kindern gehen.

Alle zahlen (analog anderer europäischer Länder, z. B. Frankreich oder Schweden) einen Betrag in eine Familienkasse und diejenigen, die Kinder betreuen, bekommen daraus einen Betrag für ihre Leistung. Auch diese Leistung kann in der Familie oder professionell in Betreuungseinrichtungen erbracht werden. Sie darf nicht abhängig gemacht werden von der Erwerbs- bzw. Nichterwerbstätigkeit der Eltern. Finanziert wird das Ganze durch die bisherigen Kindergeldleistungen, Erziehungsgeld, die entsprechenden Steuerfreibeträge und die öffentlichen Zuschüsse zu den Betreuungseinrichtungen.

Der Grundgedanke weist in die richtige Richtung.

Zu klären wären aber noch mehr als nur eine Frage:

- Wie vermeidet man bei dem dann nicht gerade unerheblichen Betrag, den ich nicht «Erziehungsgehalt», sondern nach wie vor Erziehungsgeld nennen möchte, dass gerade Familien am unteren Ende der Einkommensskala oder Sozialhilfeempfänger Kinder zur Erhöhung des Familieneinkommens in die Welt setzen?
- Wie erreicht man, dass die dann teuren öffentlichen Kinderbetreuungseinrichtungen, die ohne öffentliche Zuschüsse auskommen müssten, sondern allein von den Eltern finanziert würden, noch in Anspruch genommen werden, gerade von den Familien, deren Kinder die Förderung in solchen Fällen besonders brauchen?
- Ist es zulässig, alle kindbezogenen Leistungen, die ja auch dem Kindesunterhalt zugute kommen müssen, für die Erziehungsleistung einzusetzen?
- Wie sieht eine wirklich seriöse Finanzierung aus?

Ich plädiere dafür, diese und andere Fragen nicht als Totschlagargument zu benutzen, sondern als Einstieg in eine grundlegende Diskussion zum Familienleistungsausgleich. Ich plädiere weiterhin dafür, diese Frage mit demselben Ernst und demselben Ziel des Konsenses zu diskutieren wie die Frage der künftigen Rentenpolitik.

Es besteht Einigkeit in Deutschland darüber, dass die Frage der Rentensicherung möglichst nicht im Konflikt gelöst werden sollte.

Dieselbe Konsensbereitschaft brauchen wir nicht nur für die Alten, sondern auch für die Kinder.

Ich plädiere also für eine große Koalition, nicht nur der Familienpolitiker und Familienpolitikerinnen (die gibt es längst), sondern aller politischer Kräfte für einen modernen Familienleistungsausgleich.

Eine solche Diskussion muss alle Ideen einbeziehen, zu der auch die überfällige Veränderung der Ehegattenbesteuerung gehört, sie braucht deshalb Zeit, nicht zu wenig, aber auch nicht zu viel.

Ich stelle mir vor, dass ein völlig neuer Familienleistungsausgleich als eines der wichtigsten Reformprojekte der Zukunft zum Ende der nächsten Legislaturperiode in Kraft treten könnte.

Vereinbarkeit von Kindern und Beruf – unverzichtbarer Bestandteil moderner Familienpolitik

Vereinbarkeit von Kindern und Beruf steht in einem mehrfachen Spannungsverhältnis:

1. Das Bedürfnis von Kindern nach Zuwendung und Zeit nicht nur, aber auch durch seine Eltern.

2. Das Bedürfnis von Eltern (Müttern und Vätern), Eltern nicht nur geworden zu sein, sondern im Alltag auch sein zu dürfen und sein zu können.

Dieses Bedürfnis können Mütter heute um den Preis der Karriere im Beruf für sich erfüllen, Vätern wird dieses nahezu unmöglich gemacht. Selbst wenn Unternehmensleitungen Vätern Erziehungs-«Urlaub» oder Teilzeitbeschäftigung ermöglichen, gelten sie bei ihren männlichen Kollegen als Waschlappen und Verräter am männlichen Geschlecht.

3. Das Bedürfnis von Vätern und Müttern nicht auf ihre Elternschaft reduziert zu werden und Bestätigung von außerhalb der Familie durch den Beruf zu erhalten. Dieses Bedürfnis können Väter um den Preis der mangelnden Zeit für ihre Familien befriedigen. In diesem Umstand liegt die Keimzelle für das Scheitern vieler Ehen, weil Männer in einer Zeit, in der sie ihre Frauen besonders brauchen – nach der Geburt eines Kindes –, zu wenig Zeit in die Familie und zu viel in den Beruf investieren (müssen?). Für Mütter ist dieses Bedürfnis nach Nichtreduzierung auf die Mutterschaft nach wie vor nur sehr wenig erfüllbar. Vereinbarkeit von Kindern und Beruf ist heute sicher leichter möglich als vor 20 oder 30 Jahren. Vereinbarkeit von Kindern und Karriere ist für Mütter nach wie vor nur teilweise möglich.

Mitte der achtziger Jahre wurde in einer Untersuchung von Professorin Funke von der Fachhochschule Darmstadt festgestellt, dass in Aufstiegspositionen auf vergleichbaren Hierarchieebenen 97 Prozent aller Männer in einer festen Partnerschaft lebten und überdurchschnittlich viele Kinder hatten, während 40 Prozent der Frauen in diesen Positionen keine feste Partnerschaft und keine Kinder hatten. Das bedeutet für Frauen in einem nicht hinnehmbaren Maß den Verzicht auf Partnerschaft und Liebe, wenn sie Karriere machen wollen. Eine Gesellschaft, die diese Entscheidung verlangt, kann nicht human genannt werden.

4. Die Notwendigkeit, den materiellen Unterhalt der Familie zu sichern, die einhergeht mit der Notwendigkeit, im Beruf Erfolg zu haben, Karriere zu machen, mobil und flexibel zu sein.

5. Die Bedürfnisse von Unternehmern, einsatzfähige, kompetente, mobile, erfolgsorientierte Mitarbeiterinnen zu haben.

Um diese fünf teilweise auseinander strebenden Ziele zu erfüllen, bedarf es wiederum nicht nur des politischen, sondern auch des gesellschaftlichen Konsens, nämlich, dass diese Ziele gleichwertig sind und sie auch von allen relevanten gesellschaftlichen Gruppen gemeinsam erreicht werden wollen, und dies nicht nur in sonntäglichen Reden, sondern im alltäglichen Handeln.

Diesen Konsens vorausgesetzt, hier die wichtigsten Stichpunkte für den Änderungsbedarf in unserer bundesrepublikanischen Gesellschaft:

- Familie darf aus dem Erwerbsleben nicht wegorganisiert werden. Damit dies nicht geschieht, müssen wir im Erwerbsleben Zeit für Familie einplanen.
- Wir müssen prüfen, ob die auch heute noch unterstellten und teilweise praktizierten Lebensverläufe bei einer Lebenserwartung von 74 bzw. 78 Jahren bei Männern bzw. Frauen noch richtig sind. Wie schauen sie denn zumindest auf dem Papier aus? Zwischen dem 20. und 25. Lebensjahr sollte die Ausbildung abgeschlossen werden. Danach muss bis zum 45. Lebensjahr nahezu alles erledigt werden, was zu einem menschlichen Leben gehört, nämlich Karriere machen, Familie gründen, Haus bauen und Apfelbaum pflanzen. Dann muss man zwischen dem 45. und 55. Lebensjahr aufpassen, dass möglichst nichts passiert. Ab 55 wird man dann frühverrentet und darf sich auf Rentnerfahrten, auf denen man sich

zwischen Schweinsbraten und Rehbraten entscheiden kann, freuen. Dies kann keine Perspektive für die Menschen des 21. Jahrhunderts sein.

- Die notwendige Veränderung besteht darin: Junge Eltern bekommen ohne nicht tragbare materielle Benachteiligungen Zeit für ihre Familien, ihre Lebensarbeitszeit wird dadurch nicht kürzer, sondern sie verschiebt sich nach hinten.
- Unternehmen erkennen den Kompetenzzuwachs, der durch Familienarbeit entsteht, an. Auch Karrieren im «hohen» Alter von 48, 55 Jahren werden möglich, nein üblich.
- Die Sozialversicherungssysteme werden an diese veränderten Lebensverläufe angepasst. Arbeitszeitsysteme und Mobilitätsanforderungen werden zum Nutzen und nach den Bedürfnissen von Familien und Unternehmen verändert, Teilzeit- und Vollzeitbeschäftigungen werden abwechselnd ausgeübt und sind gleichwertige, karriere-unschädliche Beschäftigungsformen.
- Fort- und Weiterbildung und Familienarbeit werden integriert, ebenso wie flexible Betreuungsangebote für Kinder aller Altersstufen mit den Erwerbsnotwendigkeiten und -wünschen ihrer Eltern.
- Die Tagesschule wird für die ab 10-jährigen der Normalfall, Mütter sind nicht länger Nachhilfelehrerinnen der Nation.
- Schule wird vom Lernort zum Lebensraum mit Freizeit- und Vereinsangeboten.

Dies alles ist keine Utopie. Es ist nicht nur realisierbar, sondern auch bezahlbar. Derartige Maßnahmen erfordern aber einen grundlegenden Mentalitätswechsel in allen gesellschaftlichen Bereichen, einen Diskussionsprozess in Unternehmen und Gewerkschaften, bei Kommunalpolitiker/innen und Wirtschaftsverbänden, in Lehrorganisationen und mit Finanzpolitikern.

Familienpolitik, die in dem ihr zugewiesenen Kästchen bleibt, wird das eingangs beschriebene Spannungsfeld nicht auflösen und damit erfolglos bleiben.

Wichtigste Veränderungsnotwendigkeit ist aber die Mentalität der überwiegenden Zahl der Männer und Väter. Ihre nahezu ausschließliche Definition über den Beruf und ihre Karriere, ihre Unwissenheit über die Notwendigkeit von Zeit für Familie und Partnerschaft und die Bedürfnisse ihrer Frauen und ihrer Kinder ist die stärkste Barriere gegen positive Veränderungen. Wenn wir diese Barriere knacken und damit auch die Veränderungsbereitschaft der heutigen Entscheidungsträger erreichen wollen, müssen wir beide Geschlechter nicht nur in ihren eigenen Familien auf ihre künftige Familie vorbereiten. Wir benötigen also in den Curricula aller Schularten die Erziehung zu Partnerschaft und Familie.

Wir beklagen heute zu Recht die steigende Scheidungsrate. Nun kann und darf Politik sich nicht einmischen, wenn eine Beziehung auseinander geht und häufig ist es auch für die Kinder besser, wenn Eltern, die nicht zusammenbleiben wollen, sich trennen.

Aber Politik kann Rahmenbedingungen schaffen, die das Gelingen von Partnerschaft besser ermöglichen.

Dazu gehört ein solcher Unterricht, damit Kinder für ihre eigene künftige Familie mehr als nur das mehr oder weniger gute «Anschauungsmaterial» ihrer Eltern haben.

Dazu gehört, dass Jungen mehr von den Bedürfnissen ihrer künftigen Frauen erfahren und Mädchen mehr von denen ihrer zukünftigen Männer, nicht nur in ihrer eigenen Familie, sondern auch in der Schule.

Familienpolitik ist Querschnittspolitik – Alle Politikbereiche sind auf ihre Familienverträglichkeit zu prüfen

Der Vollständigkeit halber seien einige wichtige Politikbereiche aufgezählt, auf die ich an dieser Stelle nicht näher eingehen kann.

Wohnen: Unsere Wohnungen entsprechen weder den Bedürfnissen von Kindern (Hellhörigkeit, Raumgrößen) noch von Müttern (zu kleine Küchen, keine eigene Rückzugsmöglichkeit), noch von Familien in ihren unterschiedlichen Lebensphasen.

Gefordert sind verstellbare Wände, mehr Räume mit gleicher Größe, die in unterschiedlichen Lebensphasen unterschiedlich genutzt werden, weniger repräsentative große Wohn-, Fernsehzimmer, dafür große Kinderzimmer, ein Raum für jedes Familienmitglied, Küchen, in denen mehr als eine Person arbeiten kann, in denen man sitzen und reden kann.

Städteplanung/Verkehr: Familien, die auf Grund hoher Grundstückspreise in die Vororte verbannt werden, brauchen günstige Verkehrsanbindungen des ÖPNV, Fahrzeiten müssen auf Bedürfnisse ausgerichtet werden.

Freizeiteinrichtungen für Kinder, Jugendliche sind nach wie vor Mangel; genügend Spielplätze für über Sechsjährige sind kaum vorhanden.

Das *Wahlrecht* für Familien, ein Familienwahlrecht muss diskutiert werden. (Wie wäre es mit einer Massenpetition?) Siehe dazu den Beitrag von Lore Maria Peschel-Gutzeit, ab S. 54.

Dies ist nur eine Auswahl, die deutlich machen soll, dass nahezu in allen Politikbereichen Interessen von Familien berührt sind.

Wir brauchen daher eine *Familienverträglichkeitsprüfung* aller politischen Maßnahmen.

Familie hat Zukunft – ein Mentalitätswechsel pro Familie

Familie ist in den 50 Jahren des Bestehens der Bundesrepublik, wie eingangs erwähnt, von den großen Volksparteien nie infrage gestellt worden.

Aber es gab eine teilweise verkrampfte Diskussion darüber, was Familie eigentlich ist. Von konservativer Seite wurde ein (eigentlich so nie verwirklichtes) Familienideal mit einem männlichen «Haushaltungsvorstand» und einer in der Familie aufgehenden Mutter beschworen. Alle darüber hinaus gehenden Ambitionen dieser Mutter wurden als schädliche «Selbstverwirklichung» verteufelt. Von sozialdemokratischer Seite wurde genau diese angebliche Selbstverwirklichung zum zentralen Punkt der Familienpolitik gemacht, Väter wurden zu den alleinigen Urhebern negativer Entwicklung von Familie hoch stilisiert, bemühte Formulierungen machten Familien zu «Orten, wo». Von beiden Seiten wurden Familienfrauen und Berufsfrauen gegeneinander gestellt, als ob nicht die meisten Frauen in unterschiedlichen Lebensabschnitten beides sind. Von den einen wurde vor das Wort Hausfrauen «Nur» gesetzt, von den anderen vor das Wort Mütter «Raben», jeweils zum Zwecke der bestmöglichen Diffamierung von Lebensentwürfen – gewollten oder erzwungenen.

Dies sind die Diskussionen von gestern, wenn nicht von vorvorgestern. Familienpolitik ist eines der wichtigsten Reformprojekte der Zukunft, weil Familienpolitik Zukunft hat.

Sie hat Zukunft, weil sie einem Grundbedürfnis von Menschen entspricht.

Die Wertvorstellungen, die sich mit Familie verbinden, sind das Fundament einer zivilen Gesellschaft in der globalisierten Welt.

Beständigkeit, Zuverlässigkeit, Vertrauen, ein überschaubarer Ort, all das verkörpert Familie. Modernität und Grundwertorientierung verbinden sich in ihr. Fortschrittliche Familienpolitik zu Beginn des 21. Jahrhunderts sollte sich davor hüten, ihr Heil in einer Vielzahl neuer Gesetze zu sehen. Gefordert ist Überzeugungsarbeit gerade auch in den Bereichen, in denen Familienpolitik nicht jeden Tag diskutiert wird.

Gesucht werden Verbündete gerade auch außerhalb der Familienverbände.

Gefördert werden muss vernetztes Denken über herkömmliche wissenschaftliche, politische und gesellschaftliche Strukturen hinaus.

Das Ziel ist ein Mentalitätswechsel «Pro Familie» in Deutschland.

Mitstreiter und Mitstreiterinnen sind willkommen.

Der Beitrag wurde unter dem Titel «Familienpolitik in Deutschland (West) – ein Rückblick und ein Urteil: mangelhaft» zuerst abgedruckt in der Festschrift für Prof. Dr. Max Wingen, erschienen im Vektor-Verlag (Grafschaft). Wir danken dem Verlag und Renate Schmidt für die Abdruckgenehmigung.

Jan-Uwe Rogge

Chaos muss sein – oder: Eine Ermutigung zur Unvollkommenheit in der Erziehung

«Meine Mutter liest sehr viele Bücher über Erziehung, geht zu Vorträgen oder zu Veranstaltungen wie diese hier. Und dann kommt die ganz aufgemischt wieder.» Das vertraut mir der 12-jährige Thorben auf einem Seminar für Eltern an, zu dem auch Kinder eingeladen sind. «Ich glaube», schmunzelt er und deutet auf mich, «die bekommt bei Ihnen 'nen pädagogischen Joint.» Ich schaue ihn ungläubig an. «Was?» «Na, was so die Abhängigen nehmen, die Junkies. Meine Mutter ist schon richtig süchtig danach!» «Wonach?» «Sie müssen mal den Stapel von Erziehungsbüchern auf ihrem Nachttisch ansehen.» Er schüttelt den Kopf: «Mensch, muss ich schlimm sein. Und wenn Mama dann von Ihnen zurückkommt, probiert sie alles aus, was Sie gesagt haben!» Er sieht mich anerkennend an: «Manches ist wirklich gut. Sie können, glaube ich, wie einer von uns denken!» «Wie meinst du das?» Er lacht: «Na, wie ein Kind!» «Und wie ist das? Wie denken die?» Ich bin neugierig. «Ganz einfach und ein bisschen schlitzohrig!» Aber er sei mir ständig einen Schritt voraus: «Hat meine Mutter eine Lösung für einen Trick gefunden, habe ich schon was anderes auf Lager. Und dann sehe ich, wie sie nachdenkt. Was würde jetzt wohl Herr Rogge dazu sagen! Eigentlich müssten Sie mir 'n bisschen von dem Geld abgeben, das Sie von meiner Mutter bekommen.» Was er sich denn von seiner Mutter wünsche, frage ich. «Ach», meint er nach kurzem Nachdenken, «die ist schwer in Ordnung. Ich mag sie. Aber sie soll nicht alles so ernst nehmen. So alles richtig machen.» Er denkt nach: «Sehen Sie, irgendwie soll sie auch mal mit dem Bauch denken, mal was machen, was ich nicht erwarte. Oder auch nur mal Blödsinn machen. Und mal lachen, wenn es nicht klappt mit mir. Ich hab doch meine Macken und die mag ich!»

Auf meine Bücher bekomme ich die vielfältigsten Reaktionen. Viele Briefe sind von Kindern geschrieben. Der Tenor darin lautet: Die Eltern sind in Ordnung. Nur wollen sie alles richtig machen, so ganz ohne Fehler erziehen. Ihre Mama und ihr Papa seien wie eine «pädagogische

Maschine», schrieb mir einst die 12-jährige Janina, aber sie sorge dafür, dass «die ständig heiß lief». «Kommen Sie mal», lädt sie mich ein, «und sehen sich deren rauchende Köpfe an.»

Manchen Eltern ergeht es wie dem Hasen mit dem Igel, kaum haben sie eine Situation gelöst, steht schon die nächste Herausforderung da. Aber – so meine Beobachtung – Eltern wollen ein Problem nicht nur lösen. Sie wollen es *perfekt* lösen. Manche Eltern streben an, jeden Tag den pädagogischen Oscar verliehen zu bekommen – und nehmen dabei fast jede Anstrengung in Kauf, suchen nach *dem* Rezept für ihr Problem, verwechseln mithin Kindererziehung mit der gelungen Zubereitung einer Speise. «Sie sollten», rät mir eine Briefschreiberin, «bei der Neuauflage Ihrer Bücher ein Stichwortverzeichnis einbauen, z. B. Aufräumen Seite 71 bis 75. Dann kann man Ihre Bücher noch besser gebrauchen.»

Ein großes Problem von Eltern heute scheint zu sein, dass sie manchmal geradezu zwanghaft versuchen, keine Fehler zu machen, haben sie doch gelesen, ein Fehler in der Erziehung könne die Entwicklung des Kindes negativ beeinflussen. Die 11-jährige Susan bemerkt dazu: «Mama will immer nur mein Gutes!» Um fragend hinzuzufügen: «Und was bleibt dann für mich übrig?»

Kein Vater, keine Mutter können je vollkommen sein. Da viele diese Tatsache nicht aushalten, suchen sie nach Sündenböcken für ihr Scheitern – die Politik, die Gesellschaft, die Schule, die Lehrer, der Kindergarten, die Erzieherin ... bieten sich da an. Und sollten diese sich nicht als Sündenböcke eignen, weil sie offensichtlich förderliche Rahmenbedingungen bieten, bleibt doch jemand übrig, der den Eltern jeden Tag den Spiegel ihrer eigenen Unvollkommenheit vorhält: das Kind. Weil diese Konfrontation schlecht auszuhalten ist, projizieren sie die eigenen Fehler auf die Kinder – nach dem Motto: «Wenn du dich besser verhalten würdest, dann müsste ich dich nicht anschreien, bestrafen, reglementieren ...» Kinder, die einen Fehler gemacht haben, werden dann selbst zu Fehlern. Machtkämpfe und unwürdiges Gezerre, ein unsoziales Miteinander und kindliche Rachefeldzüge für erfahrenes Unrecht sind nicht selten die Folge.

Statt nach einem nicht umzusetzenden Perfektionismus zu streben, möchte ich Eltern dazu ermutigen, unvollkommen zu sein, denn Unvollkommenheit macht menschlich. «Ich bin unvollkommen, also bin ich», sagen die amerikanischen Autoren Howarth und Tras. Unvollkommenheit ermutigt, Neues auszuprobieren, spornt an, etwas Überraschendes zu machen, Unvollkommenheit lässt unverwechselbar werden, zeigt Kindern, wie Eltern an sich arbeiten, weil sie sich in ihren Persönlichkeits- und Handlungsmustern entwickeln wollen. Schließlich mögen sie ihre Eltern ja nicht selten gerade auf Grund ihrer Unvollkommenheit, die sie so einzigartig und unverwechselbar macht.

Wer den allgegenwärtigen Perfektionismus in der Erziehung als Hindernis durchschaut, der verabschiedet sich auch von der Idee, Erziehung sei ein planmäßig zu gestaltender Prozess, in dessen Verlauf man Kinder auf ein Ziel hin orientieren könne. Kinder lassen sich nicht nach Plänen erziehen, schon gar nicht nach jenen, die manche schlechten Ratgeber bereithalten – nach dem scheinbar Erfolg verheißenden Rezept: «Jedes Kind kann …»

Gleichwohl verlaufen Erziehungsprozesse nach bestimmten Regeln, die aber jederzeit in chaotische Strukturen umschlagen können: Wenn das Kind ins Trotzalter kommt, gilt es dies ebenso als Herausforderung anzunehmen wie später die Pubertät. Nichts stimmt dann mehr von dem, was einst passte. Hält man dann an früher gültigen Regeln fest, kann das Stillstand und Friedhofsruhe ebenso bedeuten wie Machtkampf und immer währender Streit.

Wer Kinder erzieht, der muss sich von der Idee verabschieden, alles sei pädagogisch machbar, und gleichzeitig Strukturen schaffen, die ständig hinterfragt werden können. Die Erziehungsbeziehungen zwischen Eltern und Kindern sind von Regeln und Chaos gleichermaßen geprägt. Oder anders formuliert: Erziehung ist eine gestaltende Kraft, mithin nicht sinnlos, aber zugleich verläuft sie nicht selten chaotisch. Dazu sind kulturelle, soziale oder politische Rahmenbedingungen eine genauso die Erziehung relativierende Kraft wie genetisch bedingte Persönlichkeitsmerkmale des Kindes. Für Eltern heißt das: Das Chaos anzunehmen, es zu beherrschen und damit leben zu lernen.

Das Leben mit Kindern ist voll von Spontaneität, die Intuition erfordert. Da jedes Kind, jedes Familienleben einmalig ist, bietet jeder Tag etwas Neues, Überraschendes, Nicht-Vorhersehbares. Und manchmal wirken pädagogische Handlungsmuster, ohne dass man weiß, warum. Ein anderes Mal greift das erprobte Rezept nicht, und die Wogen kochen hoch. Erziehung ist eine gestaltende Kraft, der eine Ordnung innewohnt. Aber nicht immer wissen wir, wie diese Ordnung funktioniert, wann pädagogische Maßnahmen bei einem Kind fruchten und bei einem anderen nicht. Wenn solch eine Ordnung das halbe Leben ist, dann ist die andere

Hälfte das Chaos. Und wie man lernt, die Ordnung zu akzeptieren, so kann man lernen, sich mit dem Chaos zu arrangieren. Das macht möglicherweise Angst, aber wer solche Unsicherheiten aushält, kann sich auf Neues einlassen und im Chaos Potenziale entdecken, die manches Mal überraschende Lösungen in festgefahrenen Situationen ermöglichen.

Pädagogisches Handeln strengt an. Erziehung ist für alle Beteiligten häufig Stress: Eltern und Erzieher stoßen ständig an Grenzen – «Was soll ich denn nur machen!» –, erleben Gefühle der Ohnmacht und Beschränkung – «Manchmal kann man doch nichts machen!», – oder überfordern sich – «Ich will alles richtig machen!». Kinder erleben die Erwachsenen dann als gereizt, unausgeglichen, inkonsequent, ständig «unter Strom stehend».

Für die Erziehenden kommt es darauf an, mit Stresssituationen so umgehen zu lernen, dass sie Achtung *für das Kind und den Erziehenden* gewährleisten. Die Zauberformel heißt «Mut zur Unvollkommenheit», so der Pädagoge Rudolf Dreikurs. Sich und anderen Fehler zuzugestehen, entkrampft das erzieherische Handeln, gestaltet die Erziehungsbeziehungen konstruktiver, menschlicher. «Mut zur Unvollkommenheit» bedeutet kein Plädoyer für gedankenlose Fahr- und Nachlässigkeit. Es gibt Erziehungspraktiken, die die Kinder in ihrer kognitiven und emotionalen Entwicklung behindern, die die Ausbildung von Selbstwert und Ich-Identität nicht zulassen, die mit sozialer Angst und Verunsicherung verbunden sind. Dazu zählen die Missachtung physischer Grenzen des Kindes in Form des sexuellen Missbrauchs und der körperlichen Gewaltanwendung als «Mittel» alltäglicher Erziehung, darunter fällt die psychische und seelische Erniedrigung des Kindes durch emotionale Leere, Liebesentzug, Abweisung, Über- und Unterforderung.

Niederlagen gehören zum Erziehungsalltag.

«Manchmal schreie ich doch», klagt Herr David. «Dann geht's mir schlecht, weil ich nicht so sein will. Und dann weiß ich, ich lerne es nie, ein richtiger Vater zu sein.» – «Manchmal rutscht mir die Hand schon aus», gibt Frau Schröder zu. «Vor allem mal abends nach der Arbeit. Dann bin ich müde, und wenn dann noch ein falsches Wort fällt, tja, dann kann es schon passieren.» Sie verleiht ihren Worten mit der Hand Nachdruck. «Aber dann mein ich auch, der Björn hat's so gewollt.»

«Mut zur Unvollkommenheit» heißt, seine persönlichen Energien darauf zu verwenden, Unvollkommenheit zu akzeptieren, den Umgang mit Fehlern als Chance zu begreifen. «Wenn ich mal ausgeflippt bin», sagt

Frau Schröder, «und ich mich beruhigt habe, gehe ich zu meinen Söhnen und entschuldige mich. Früher hab ich's ihnen auch erklärt, warum ich geschrien habe, aber dann haben sie nur gemeint, ist schon o. k.»

«Ich hab's ähnlich gemacht», meint Frau Frost. «Ich bin häufig auch geplatzt, manchmal hat's was gesetzt. Ehrlich! Dann war ich hier auf einem Elternabend, und Sie ...», sie deutet auf mich, «haben gesagt: Bitten Sie Ihre Kinder um Mithilfe. Auch die sind verantwortlich für die Atmosphäre in der Familie.»

«Und wie ging's weiter?»

«Ich hab dann zu den Kindern gesagt: Ihr müsst mithelfen, damit ich nicht so platze.»

«Und wie haben Sie's gelöst?»

«Stress gab's ja nur an bestimmten Tagen. Wenn ich nachmittags zur Arbeit musste. Aber auch nur manchmal. Tja, und dann hatte mein Jüngster, der war sechs, was von einem Erdbeben gehört, und zwar von einer ‹Richterskala›, die die Stärke anzeigt. Und er meinte: ‹Deine Ausbrüche sind wie ein Erdbeben.› Und dann hat er für mich eine ‹Mama-Skala› eingerichtet: Von eins, das war gut gelaunt, bis sechs, Vorsicht: absolute Gefahr! Ich hab darauf an den problematischen Tagen meine Stimmung angezeigt, und die wussten, woran sie waren. Manchmal konnten wir richtig darüber lachen.»

«Und hat's geklappt?»

«Meistens! Aber dann haben die mich so gereizt, dass ich völlig außer mir war. Dann brauchten die's auch. Heute erzählen sie, sonst wär's zu langweilig mit mir gewesen. Na ja.»

Diese Gespräche verdeutlichen den «Mut zur Unvollkommenheit» auf ganz anschauliche und ungewöhnliche Weise:

- Da ist zunächst das Eingeständnis: «Ich hab Mist gemacht», verbunden mit dem Wunsch, die Situation zukünftig anders zu gestalten. Das Problem nimmt man zum Anlass, über Veränderungen nachzudenken.
- Dann wird danach gefragt, *was* der Genervte bzw. die Gestresste macht oder *wann* sie es nicht macht. Eine solche Betrachtungsweise konzentriert sich auf die Lösung, und zwar auf eine: «Wie kann ich diese Situation verändern?»
- Die Lösung geht von *positiven Ausnahmen* aus, davon, was funktioniert, und verstärkt diese – «Tue mehr davon, was funktioniert!». Dadurch werden die Fähigkeiten aller Beteiligten zur Problemlösung in den Vordergrund gestellt.

- Das Problem und seine Lösung werden – z. B. in Form der vorgeschlagenen «Mama-Skala» – auf den Begriff gebracht. Man weicht den Problemen nicht aus.

«Wenn ich das hör, was Sie heute zum Grenzensetzen sagen, dann ist das für mich reine Theorie.» Herr Wolter ist Hauptschullehrer. «Ich hab 22 Schüler in meiner Klasse, eine achte Klasse, in einem viel zu engen und zu stickigen Raum. Die Schüler kommen aus einem sozialen Brennpunkt, sind ziemlich aggressiv, manche straffällig, absolut unmotiviert. Da sind Techniken, wie Sie sie entwickeln, absolute Theorie. Wenn ich meinem Schulleiter solche Vorschläge mache, dann zuckt der die Achseln oder will nichts von meinen Schwierigkeiten wissen. Alles hat bei ihm eben zu funktionieren.»

«An mir hängt alles», erklärt mir Frau Lempe, «alles. Mein Mann ist unterwegs auf Montage. Das Geld reicht hinten und vorne nicht. Da muss ich mitarbeiten, und dann die drei Kinder. Wenn ich das alles beherzigen will. Nein, das geht nicht, wirklich nicht! Alles gut gemeint. Aber mir hilft's nicht.» Ihre ganze Haltung drückt Abwehr aus.

Mir ist bewusst, dass viele der von mir entwickelten pädagogischen Handlungsmöglichkeiten und erzieherischen Techniken zum Grenzensetzen ihre eigenen Grenzen haben, die sich aus einer Vielzahl von Rahmenbedingungen gesellschaftlichen, sozio-kulturellen oder institutionellen Zwängen ergeben und die manche Vorschläge vordergründig als Theorie erscheinen lassen.

Zu viele Schüler, unzureichende Versorgung mit pädagogischen Fachkräften, Mängel in der Aus- und Fortbildung, Zeit- und Raumnot erschweren beispielsweise Beziehungsformen in der Schule, die gegenseitigen Respekt und gegenseitige Achtung ausbilden. Für viele Pädagogen ist der Umgang mit Heranwachsenden – Stichwort: Gewalt in der Schule! – Überlebenskampf. Umgekehrt sind viele Kinder und Jugendliche erniedrigenden Zurichtungstechniken, Angst machenden Gewaltformen in der Erziehung ausgeliefert.

Für manche erscheinen meine Denkansätze und Lösungsvorschläge deshalb vielleicht unrealistisch, weil zu weit von der erfahrenen Wirklichkeit und den lebbaren Alternativen entfernt. Aber: Erzieherische Wirklichkeit und pädagogisches Handeln entstehen im Kopf – und dies gilt auch für Lösungen. Es hilft, nach jenen produktiven Ausnahmen zu suchen, die selbst unter erschwerten Rahmenbedingungen funktionieren.

Aus meiner Tätigkeit in sozialen Brennpunkten weiß ich um das Bemühen, es «anders», «besser» oder «richtiger» zu machen, spüre ich den Widerspruch zwischen dem «eigentlich» Möglichen und den ganz real lebbaren bzw. praktizierbaren Erziehungsstilen. Ich erlebe Widersprüche, die Eltern häufig unzufrieden machen, das Gefühl der Minderwertigkeit und der Inkompetenz verstärken.

Gerade bei dieser Klientel haben Elternbildung und -beratung die Aufgabe, Selbstwertgefühl und vorhandene Kompetenzen zu fördern, mit den vorhandenen Kompetenzen zu arbeiten.

Da gibt es die «Zaubertage» – wie ich sie nenne, «Zaubertage», an denen vieles klappt, wie «man» es sich wünscht. Sie sind kein Patentrezept gegen Alltagsfrust, gegen Ärger, gegen materielle und emotionale Unterversorgung, aber sie ermöglichen einen ersten Schritt in eine andere Richtung, setzen ungeahnte Kräfte frei.

Frau Albert hatte sich auf einem Elternseminar über ihren Alltag beklagt, über den beruflichen Stress, die gefühlsmäßige Leere, vor allem über materielle Sorgen. Ihr Mann war wie sie ständig von Arbeitslosigkeit bedroht, was zu Reibereien und ständigen lautstarken Auseinandersetzungen führte. Auf meine Frage: «Und wenn dies alles nicht wäre?», antwortete sie spontan: «Das wäre zauberhaft.» «Dann zaubern Sie. Machen Sie sich Ihren Zaubertag.» Einige Zeit später erzählt sie mir: «Ich fand das einen ziemlichen Quatsch, wie Sie das damals auf dem Elternabend gesagt haben. Ich bin dann nach Hause gegangen und hab's meinem Mann erzählt. Der hat nur den Kopf geschüttelt. Tags darauf war wieder fix Stimmung bei uns, der absolute Stress. Mir sind schon fast wieder die Nerven durch, wie immer. Ich war drauf und dran zu schreien, da sagt mein Mann ganz plötzlich: ‹Jetzt wird das Schreien weggezaubert.› Ich war verblüfft, Marion und Barbara waren's auch. Die meinten: ‹Au ja.› Und dann war's still. Wir haben überlegt, wie man das Schreien wegzaubern kann. Die Kinder hatten tolle Ideen. Am Ende haben wir ein Krokodil gebastelt, das die Schreie frisst. Und immer, wenn einer nun laut war und zickig, war einer der Krokodilwärter. Das hieß dann: ‹Nun reicht's›. Das ging natürlich nicht jeden Tag. Aber so ein oder zwei Mal in der Woche war Zaubertag. Oder wenn die Kinder mal spürten, jetzt ist dicke Luft, dann wollten sie zaubern. Gut, der Stress ist immer noch stark. Aber ich hab gemerkt, ich bin nicht mehr ganz meinen Launen ausgeliefert. Irgendwie kann ich etwas erreichen, wenn ich will. Das tut gut.»

Es geht mir nicht darum, die soziale Armut und die gefühlsmäßigen

Problemkonstellationen, denen Familien ausgesetzt sind, zu verkennen oder gar zu verharmlosen. Es soll auch nicht der Eindruck erweckt werden, als sei jede krisenhafte Situation schnell und mit wenig Anstrengung «wegzuzaubern». Wichtig ist mir, dass komplexe Problemkonstellationen, die auf grundsätzliche psychosoziale, individuell meist nicht veränderbare Rahmenbedingungen zurückzuführen sind, durch die Konzentration auf ein Problem bzw. eine Zielperspektive viel von ihrer Ausweglosigkeit verlieren. Die Suche nach und das Durchspielen von Lösungen stärkt das Selbstwertgefühl, indem es Verantwortung für Handeln zurückgibt und gleichzeitig das Gefühl von Machtlosigkeit und Minderwertigkeit relativiert.

Die Einführung und das Durchleben eines «Zaubertages» bei der Familie Albert macht die Vorteile eines lösungsorientierten Vorgehens, wie es vom amerikanischen Therapeuten Steve de Shazer entwickelt wurde, deutlich:

- Der «Zaubertag» stand am Beginn des gemeinsamen Weges. Er wurde von den Familienmitgliedern gestaltet.
- Der «Zaubertag» ging nicht an die Ursache des Stresses, er setzte an die Stelle von erlebten und beklagten Unzulänglichkeiten eine veränderte Handlungsperspektive.
- Der «Zaubertag» erweist sich angesichts der komplexen materiellen Krise der Familie als kleine, wenn auch – und das ist entscheidend – lebbare und praktizierbare Perspektive.
- Was für die Familie Albert beim «Zaubertag» gilt, ist für andere Familien möglicherweise nicht praktikabel. Das Finden von Lösungen gelingt nur individuell auf dem Hintergrund der ganz spezifischen und besonderen Perspektive einer Familie.

Bei den ganzen Kontroversen und manchmal überzogenen Diskussionen, was die zentrale Einflussgröße in der Erziehung und Entwicklung von Heranwachsenden sei – Eltern, Gleichaltrige, die biologisch-genetische Ausstattung, kulturell-soziale Rahmenbedingungen –, wird ein wichtiger Gesichtspunkt übersehen. Das Lernen der Erwachsenen von Kindern. Dieses Lernen zeichnet sich durch spontane, intuitive, anarchische, manchmal auch chaotische Strukturen aus, die gleichwohl verdeckte Regeln besitzen oder ein nicht sofort erkennbares Ordnungssystem haben.

Am Kind orientierendes pädagogisches Handeln, wie es sich in den letzten zehn Jahren durchgesetzt hat, nimmt Kinder nur einseitig ernst: Es führte – mit Erfolg – zu mehr Aufmerksamkeit für kindliche Wünsche und Bedürfnisse; es mahnte – mit Nachdruck – kindliche Rechte ein. Zwar setzte man sich für die Heranwachsenden ein, deren Subjektivität zu verwirklichen, aber sie blieben zugleich Objekte pädagogischer Bemühungen von Erwachsenen. Nimmt man partnerschaftliche Beziehungen und Erziehung freilich ernst, dann sind Kinder nicht nur Lehrlinge, sie sind auch Lehrmeister, von denen Eltern lernen können. Kinder haben nicht selten einfache Mittel zur Hand, um komplizierte Situationen zu lösen. Doch so einfach sich die Mittel auch darstellen, sie sind nicht immer leicht zu handhaben. Ihren Gebrauch muss man sich von Kindern abschauen und hat dann möglicherweise wundersame Techniken zu Hand, um verfahrene Situationen zu lösen – ganz pragmatisch, manchmal sogar schnell und unkompliziert. Nur müssen Erwachsene dazu auf kindliche Äußerungen genauer hören, kindliche Handlungen und deren Hintersinn verstehen und sie nicht vorschnell als Phantasterei abtun.

Der 14-jährige Tom fragt seine Mutter, warum sie denn partout zu einem Vortrag mit dem Thema «Pubertät» wolle. «Du hörst dir das ja doch nur an, und es ändert sich nichts!», bemerkt Tom, als seine Mutter geht. In den folgenden Tagen wird das Thema nicht mehr angesprochen. Tom scheint gleichgültig, aber man könnte es auch abwartend nennen. Nach etwa drei Wochen meint er zu seiner Mutter beim Mittagessen, dass sich der Vortrag für sie und ihn ja doch gelohnt habe. Auf das erstaunte «Warum?» der Mutter antwortet er fast beiläufig: «Du fragst nicht mehr nach den Hausaufgaben, seit du dort warst!» Auf das etwas forsche: «Tja, ich lerne eben doch noch dazu!» der Mutter erwidert Tom: «Aber warum musstest du denn erst da hin! Ich hab dir dasselbe doch schon häufig gesagt!»

Einmal abgesehen davon, dass Eltern pädagogische Autoritäten brauchen und den Weisheiten des Nachwuchses weniger Glauben schenken, macht die Situation etwas deutlich, das der amerikanische Therapeut de Shazer als «Den Unterschied, der den Unterschied macht» bezeichnet hat. Wenn Eltern das immer wieder Gleiche unendlich wiederholen, ständig mehr von dem machen, was nicht funktioniert, dann besteht für Kinder kein Grund, sich in ihrem Handeln zu ändern. Aber zugleich reagieren Heranwachsende, wenn Eltern anders handeln als gewohnt. Diese Andersartigkeit, so beiläufig sie sich auch darstellen mag, kann erhebliche Auswirkungen auf die Beziehungen von Eltern und Heranwachsenden haben. Kinder besitzen ein Gespür für die Unterschiede im pädagogischen

Handeln der Eltern, sind dann bereit, darauf zu reagieren, wenn dieser Unterschied für das Problem passt. Und Eltern haben häufiger solche «Zauberschlüssel» zur Hand als sie ahnen.

Thomas Krüger, Vater der 4-jährigen Svenja, macht sich Sorgen um seine Tochter. Sie würde grundsätzlich keine Erwachsenen grüßen, sondern nur stumm herumstehen, vielleicht schüchtern lächeln. «Wenn sie nichts sagt, wirkt sie unhöflich! Aber wenn ich darauf insistiere, dass sie grüßt, lässt sie sich erst recht nicht darauf ein!» Auf meine Frage, ob nicht doch ein Fortschritt («Hat sie in den letzten Monaten häufiger gegrüßt als vorher?») festzustellen sei, antwortet er vorsichtig lächelnd: «Etwas besser ist es geworden!» «Was unterscheidet die Situationen, in denen ihre Tochter grüßt, von denen, in denen sie stumm bleibt?», will ich wissen. Der Vater ganz spontan: «Wenn ich sie nicht unter Druck setze, sie so annehme, wie sie ist, dann spricht sie. Zwar nicht sofort, aber irgendwann!» «Dann tun Sie mehr davon, was funktioniert!», fordere ich ihn auf. Er stutzt: «Aber sie muss doch irgendwann grüßen, spätestens, wenn sie in der Schule ist!»

Viele Eltern übersehen die positiven Ausnahmen, die sie bewusst oder unbewusst in ihrem erzieherischen Handeln herbeigeführt haben deshalb, weil sie zu ungeduldig sind, Kinder in ihrem Hier und Jetzt anzunehmen. Die Folgen sind Störungen: Kinder fühlen sich nicht angenommen. Und Eltern reagieren entmutigt: «Wird mein Kind denn nie …» Schuldvorwürfe gegen das Kind und gegen sich selbst («Warum habe ich nur so ein Kind, wo ich mir doch Mühe gebe!») können die Folge sein.

In jedem pädagogischen Handeln gibt es Ausnahmen, auf die Kinder anders reagieren als auf das Gewohnte. Sie liefern nicht selten den Zauberschlüssel, mit dem man manch komplizierte Situation knacken kann.

Julian beschwert sich über seine Mutter, die ihn immer mit demselben nervenden Blick empfängt, wenn er von der Schule nach Hause kommt. Und dann finge sie an, ihn auszufragen. «Dabei soll man noch ruhig bleiben?» Er schüttelt den Kopf: «Das macht sie nur, weil sie allein erziehend ist, ein schlechtes Gewissen hat und meint, für alles verantwortlich zu sein. Und das nervt!» «Stell dir vor», nehme ich seine Anklage auf, «während du in der Schule bist, geschieht ein Wunder und deine Mutter wird verzaubert sein. Woran würdest du das merken?» Julian denkt einen Moment nach. «Na», schmunzelt er, «sie wird lächeln und von allem Möglichen erzählen, nur nicht nach der Schule fragen!» Ich stelle Julians Mutter dieselbe Wunderfrage, die der amerikanische Therapeut de Shazer so wirkungsvoll bei viel komplexeren persönlichen Krisen einsetzt. Sie überlegt kurz: «Also, dass Julian lächelt, von sich aus erzählt. Ich nicht nachbohren muss. Daran würde ich es merken.» Sie stockt. «Und dass er nicht ständig meckert!» «Was soll er stattdessen tun?» «Freundlich und offen sein und von sich aus kommen», antwortet sie. Die Gespräche mit der Mutter und Julian haben getrennt stattgefunden. Der nächste Tag. Julian kommt von der Schule nach Hause, entspannt, sieht zu seinem Erstaunen eine lächelnde Mutter. Julian grinst sie an und ruft: «Na, Mama, wie war's heute?» Dann erzählt sie von ihrem Vormittag, über den Nerv, den sie im Büro hatte. Julian hört zu, fragt nach, die Mutter erzählt weiter. Als dann eine Pause entsteht, meint er: «Und von der Schule erzähl ich dir heute Abend. Wir haben uns genügend die Ohren abgekaut!» Julians Mutter wirkt zwar etwas frustriert, hätte sie doch gern etwas mehr von ihrem Sohn erfahren, kann sich aber auf seinen Plan einlassen. Ein paar Wochen später berichtet sie: «So hält man die Wundertage, an denen man sich so annehmen kann, wie man sich fühlt, nicht konsequent durch. Dann bricht das alte Chaos durch – aber nur Frieden, das ist ja auch fürchterlich!»

Mit diesen Geschichten will ich nicht den Eindruck erwecken, jedes Problem sei jederzeit mit pädagogischen Mitteln zu lösen. Aber mir wird bei der Problembewältigung zu sehr nach Ursachen geforscht, der Blick rückwärts gewendet, anstatt sich auf eine Lösung zu konzentrieren – die in der Zukunft und zugleich näher liegt, als man denkt, die man sogar schon in den eigenen Händen gehalten hat. Unterschiede im Verhalten des Kindes kann man dann ebenso feststellen wie Ausnahmen oder Zaubertage gestalten.

Diese Lösungswege setzen einen Grundgedanken voraus. Erziehung von Kindern und Jugendlichen hat mit Beziehung zu ihnen zu tun. Ohne eine feste Erziehungsbeziehung ist pädagogisches Handeln, sind manche Zumutungen, die erzieherische Prozesse mit sich bringen, nicht möglich. Ziehen sich Eltern oder andere Bezugspersonen aus der Erziehung zurück, dann entsteht für die Heranwachsenden ein Beziehungsvakuum, das einen Verlust an Halt und Orientierung mit sich bringt. Dies macht sie gleichermaßen ängstlich und unsicher.

Es ist mittlerweile schick geworden, Eltern die Schuld zu geben, wenn Erziehung misslingt. Und umgekehrt suchen die Eltern die Schuld bei sich, wenn ihre Kinder so ganz anders reagieren als beabsichtigt. In dem Gewirr von ganz verschiedenen, manchmal zuwiderlaufenden Einflüssen auf die Erziehungsbeziehungen, den vielfältigen, sich zum Teil widersprechenden Anforderungen an Erziehung möchte ich Eltern und Pädagogen zu mehr Gelassenheit und Humor im pädagogischen Handeln ermutigen. Erziehung kann niemals perfekt und vollkommen sein, weil sie sonst unmenschlich wird. Nur Eltern, die sich in ihrer Unvollkommenheit annehmen können, können Kinder annehmen, die uns jeden Tag aufs Neue beweisen, wie man mit Unvollkommenheit und Improvisationskunst das Leben, diese Mischung aus Ordnung und Chaos, meistert.

Literatur

Rudolf Dreikurs: *Kinder fordern uns heraus.* Stuttgart 1982
Jan-Uwe Rogge: *Kinder brauchen Grenzen.* Reinbek 1993 (rororo 19366)
Jan-Uwe Rogge: *Ohne Chaos geht es nicht.* Reinbek 2000
Steve de Shazer: *Der Dreh.* Heidelberg 1988

Jörg Tremmel

Die neue Generationenfrage – oder: Wie können wir die Rechte kommender Generationen sichern?

Vor gut vier Jahren diktierte ein junger Heidelberger Chemiestudent auf Nachfrage einem Stern-Journalisten den folgenschweren Satz ins Notizbuch: «Ich kündige den Generationenvertrag.»

Aber was ist das eigentlich: Der Generationenvertrag (den ich umfassend verstehe, nicht nur auf die Rente bezogen). Wer hat ihn geschlossen? Kann man ihn überhaupt kündigen? Und warum wollen dies einige Jüngere – niemals jedoch Ältere? Zunächst muss man unterscheiden zwischen der familiären und der gesamtgesellschaftlichen Ebene. Schon das Wort Generation enthält Bedeutungen auf beiden Ebenen:

Zunächst einmal bezeichnet der Begriff «Generation» die Altersspanne, bis aus Kindern Eltern und aus Eltern Großeltern werden. Dies ist ein intrafamiliäres Konzept, welches aber auf die Gesamtgesellschaft übertragen wird, indem man auch dort von der jungen, der mittleren oder der alten Generation spricht. Nicht ganz zu Recht übrigens:

In Deutschland gebären Frauen heute durchschnittlich das erste Kind mit etwa 28 Jahren, die durchschnittliche Lebenserwartung liegt bei 77 Jahren, aber schon neun Prozent der Bevölkerung sind über 80 Jahre alt. Während früher selten mehr als drei Generationen miteinander lebten, sind es heute nicht selten fünf. Es ist bloß sprachliche Nachlässigkeit, wenn man von der alten, der mittleren und der jungen Generation spricht.

Natürlich wurde zwischen diesen Generationen, zwischen Eltern und Kindern, nie explizit ein Vertrag geschlossen. Es gab aber die wechselseitige moralische Verpflichtung, füreinander einzustehen, solange oder sobald eine dieser beiden Parteien noch nicht oder nicht mehr selbst für sich sorgen konnte. Die Eltern versorgten die Kinder, bis diese nach und nach auf eigenen Beinen stehen konnten. Diese sorgten später als Erwachsene dafür, dass ihre in die Tage gekommenen Eltern gut versorgt waren. Diesen ursprünglichsten aller Verträge kündigen zu wollen wäre ein barbarischer, unmoralischer Akt der Kinder.

Aber inzwischen leben wir nicht mehr im agrarischen Zeitalter und der Generationenvertrag hat viele Verwandlungen und Abwandlungen erfahren. Warum wird er von vielen nicht mehr als gerecht empfunden und ist er das wirklich nicht? Mit anderen Worten: Was ist generationengerecht?

Was ist generationengerecht?

Der Begriff «Generationengerechtigkeit» hat gute Chancen, ein geistiges Leitmotiv des gerade angebrochenen Jahrhunderts zu werden. Seit den Anfängen der Ökobewegung werden die Rechte und Interessen künftiger Generationen als Argument beschworen. Inzwischen vergeht auch keine Haushaltsdebatte mehr im Bundestag, ohne dass der Finanzminister seinen Sparkurs mit Generationengerechtigkeit und «Nachhaltigkeit» rechtfertigt. In Talkshows benutzen Vertreter der jüngeren Generation moralische Fragen, um ihre Kontrahenten aus der älteren Generation ins Schwitzen zu bringen: Ist es gerecht, wenn junge Menschen Treibhauseffekt, Ozonloch und Atommüll als Hinterlassenschaften früherer Generationen erben? Ist es gerecht, wenn die Arbeitslosenquote von Jugendlichen höher ist als die der Gesamtbevölkerung? Ist es gerecht, wenn die jüngere Generation in der Rentenversicherung schlechter dasteht als die ältere? Wenn Jugendliche nicht ihre Volksvertreter wählen dürfen? Wenn die junge Generation einen hoch verschuldeten Staat erbt? Wenn mehr als doppelt so viele Jugendliche wie Rentner Sozialhilfeempfänger sind? Ist es gerecht, wenn im Parlament, in den Unternehmensetagen und in den Redaktionen der Zeitschriften kaum Untervierzigjährige zu finden sind?

Der Vertreter der älteren Generation mag kontern: Ist es etwa gerecht, dass Ältere in ihrer Jugend selten in Urlaub fahren und noch seltener studieren konnten? Dass junge Start-Up-Unternehmer schon mit 25 Multimillionäre werden können? Dass die Nachkriegsgeneration in Arbeitswochen von bis zu 80 Stunden die Trümmer wegräumen und aus dem Nichts wieder anfangen musste?

Was aber bedeutet denn nun «generationengerecht»? Eine vorläufige mögliche Definition folgt dem Gleichheitsgrundsatz und könnte lauten, dass es keine Generation besser oder schlechter haben soll als eine andere. Aber selbst bei einer Schlechterstellung sollte es eine Rolle spielen, ob – juristisch gesprochen – Fahrlässigkeit oder Vorsatz der Grund dafür war. Oft sind die Lebensumstände von Generationen schlicht das Ergebnis höherer

Gewalt, etwa wenn eine neue, unbekannte Krankheit ausbricht oder einige Jahrzehnte später geheilt wird. Dagegen ist z. B. in der Rentenversicherung sehr wohl berechenbar, welche Generation besser gestellt ist und es ist auch möglich, eine Gleichbehandlung herzustellen. Allerdings ist dies nicht immer politisch gewollt oder durchsetzbar. Diese Gerechtigkeitsdefinition lässt sich also einschränken auf: «Keine Generation soll bewusst gegenüber einer anderen bevorzugt oder benachteiligt werden.» Ein von dem Philosophen Hans Jonas formulierter sittlicher Imperativ besagt, dass das Handeln der Menschen heute den nachfolgenden Generationen so viel Freiheit lassen muss, dass auch sie zum Handeln noch fähig sind. «Genauso wie die Freiheit des Einzelnen dort endet, wo die Freiheit des Nächsten beginnt, so wird auch die Freiheit jeder Generation durch die Freiheit zukünftiger Generationen eingeschränkt.»

Generationengerechtigkeit kann jedoch auch weiter gehend definiert werden: Nicht nur eine Nicht-Schlechterstellung, sondern eine Besserstellung kommender Generationen sei ethisch geboten und deshalb anzustreben. Die bisherigen Generationen haben Wachstum und Wohlstandszunahme erfahren, sie sollten im Sinne der Gerechtigkeit dafür sorgen, dass dies auch für zukünftige Generationen möglich bleibt. Sollte das Motiv, dass die Kinder es einmal besser haben sollen, verloren gehen, so entfällt ein wesentlicher Handlungsanreiz für die jeweilige Elterngeneration. Ich definiere also im Einklang mit der Stiftung für die Rechte zukünftiger Generationen (SRzG) bzw. ihrer europäischen Partnerorganisation Youth for Intergenerational Justice and Sustainability (YOIS) Generationengerechtigkeit folgendermaßen: Eine generationengerechte Gesellschaft ist erreicht, wenn die Entfaltungsmöglichkeiten jeder Generation mindestens so groß sind wie die der vorherigen Generation waren.

Generationengerechtigkeit und soziale Gerechtigkeit

Es soll an dieser Stelle nicht verschwiegen werden, dass es durchaus ein Spannungsfeld bzw. Konflikte zwischen sozialer Gerechtigkeit und Generationengerechtigkeit gibt. Der Philosoph Vittorio Hösle unterscheidet drei Arten der Verteilungsgerechtigkeit: soziale Gerechtigkeit, internationale Gerechtigkeit und Generationengerechtigkeit. Die ersten beiden Formen umfassen Verteilungsfragen zwischen heute lebenden Menschen. Die Frage, wie groß der Abstand zwischen den reichsten und den ärmsten zehn Prozent der Bevölkerung in Deutschland werden darf, ist eine Frage der sozialen Gerechtigkeit. Die Frage, wie viel Entwicklungshilfe die ärmsten Länder der Welt bekommen sollen, ist eine Frage der internationalen Gerechtigkeit.

Nicht oft, aber manchmal gerät Generationen-Gerechtigkeit in Konflikt mit sozialer Gerechtigkeit. Denn das, was für kommende Generationen aufgehoben wird, kann nicht heute verteilt werden. Dies mag z. B. bei der Begrenzung der Staatsverschuldung der Fall sein, wenn man einseitig die Ausgaben, gerade auch für Soziales drosselt. Auch eine Erhöhung der Steuern für heutige Generationen hilft, die Schuldenlast für die zukünftigen zu reduzieren. Wer einzig und allein auf die finanzielle Seite schaut, der könnte tatsächlich auf den Gedanken des BDI-Chefs Hans-Olaf Henkel kommen, Nachhaltigkeit sei «konservativ». Aber Generationengerechtigkeit und Nachhaltigkeit entziehen sich einer solchen simplen Einordnung. Denn die ökologische Frage ist letztlich entscheidender als die finanzielle. Wendet man das Prinzip konsequent auf alle Politikbereiche an, so kommt man zu Lösungen, die sich nicht in das Rechts-Links-Schema einordnen lassen. Im Übrigen muss eine gute Politik beide Ziele gleichberechtigt verfolgen: Generationengerechtigkeit und soziale Gerechtigkeit.

Zukünftige Generationen

Können politische Forderungen mit den Rechten zukünftiger Generationen begründet werden?

Das fürsorgliche Sprechen über Rechte und Interessen kommender Generationen muss in zweifacher Hinsicht präzisiert werden:

Erstens sollte man von «nachrückenden» statt von «zukünftigen» oder «künftigen» Generationen sprechen. Die Bezeichnung «nachrückende Generationen» umfasst im Gegensatz zum Begriff «zukünftige Generationen» nicht nur die noch nicht geborenen Generationen, sondern darüber hinaus auch die heutigen Kinder und Jugendlichen. Es macht im vorliegenden Zusammenhang keinen Unterschied, ob ein Kind gerade geboren wurde oder morgen geboren wird. Je jünger ein Bürger ist, desto eher ist sein Schicksal das Gleiche wie das der ersten künftigen Generation. Auch die Jugendlichen haben ihr Leben (größtenteils) noch vor sich. Die Minderjährigen, vom Wahlrecht ausgeschlossen, sind fast ebenso machtlos wie kommende Generationen. Zudem gehören die Entscheidungsträger in Politik, Wirtschaft und Gesellschaft fast ausschließlich der mittleren und älteren Generation an. Die Angehörigen der jungen Generation sind von den Entscheidungen der Entscheidungsträger betroffen, ohne (von Ausnahmen abgesehen) dieser Gruppe anzugehören. Zu den nachrückenden Generationen gehören also auf jeden Fall alle bereits lebenden Menschen im Alter bis zu 17 Jahren. Daneben zählen alle diejenigen Menschen zur nachrückenden Generation, die auf Grund ihres Alters ein besonderes Interesse an einer ökologisch nachhaltigen und damit vorausschauenden Politik haben. Interessengerecht dürfte es sein, darunter alle Personen bis 30 Jahre zu fassen. Die Zusammenfassung der heute jungen Generation mit zukünftigen Generationen ist vor allem juristisch bedeutend, da bereits geborene Menschen juristisch gesehen Rechtssubjekte sind und einklagbare Grundrechte haben.

Zweitens können Generationen als Gruppen keine Rechte haben, daher ist die Rede von den Rechten zukünftiger Individuen sinnvoller.

Um die Rechte zukünftiger Individuen bzw. Generationen zu schützen, ist es notwendig, ein Bewusstsein dafür zu schaffen, dass sie benachteiligt werden. Dazu muss das Konzept der Generationengerechtigkeit als ethisches Leitbild in der Gesellschaft verankert werden.

Direkte und indirekte Generationenvergleiche

Offensichtlich werden im Konzept der Generationengerechtigkeit Vergleiche zwischen Generationen gezogen, häufig geschieht dies in der öffentlichen Debatte jedoch unsachgemäß. Obwohl das Konzept der Generationengerechtigkeit in aller Munde ist, machen sich viele nicht die Mühe, den Begriff zu klären, bevor sie ihn verwenden. Grundsätzlich ist zwischen direkten und indirekten Vergleichen zu unterscheiden. Im direkten Vergleich werden heutige «Junge» und «Alte» verglichen, z. B. indem man den Prozentsatz von Rentnern und von unter Dreißigjährigen, die Sozialhilfe beziehen, im Jahr 2000 vergleicht. Bei einem indirekten Vergleich wird dagegen Jugend mit Jugend verglichen. Dabei untersucht man den Anteil der Jugendlichen an der Sozialhilfe im Jahr 2000 und im Jahr 1970 – also dem Jahr, in dem die heute ältere Generation jung war. Wenn vor dreißig Jahren deutlich weniger junge Menschen von der Sozialhilfe lebten als heute, so ist dies ein Indiz dafür, dass damals weniger junge Menschen zu den relativ Armen der Gesellschaft gehörten. Allerdings muss man auch dann noch fragen, ob es wirklich das Gleiche bedeutet, damals und heute Sozialhilfeempfänger zu sein.

Solche Vergleiche und Evaluierungen unter dem Aspekt der Generationengerechtigkeit beziehen sich auf alle Elemente des kollektiven Erbes. Zu diesen Elementen gehören nicht nur die ökologischen

Lebensgrundlagen, sondern auch die Infrastruktur, das Sach- und Bildungskapital, die Ersparnisse und Schulden, auch die Arbeitsplätze und sozialen Institutionen, die Tatsache, ob in Familien die Kinder geschlagen werden etc. etc.

Generationengerechtigkeit als neuer Maßstab für die Politik

Sieht man einmal von der familiären Ebene ab und schaut sich die Politik an, so ist in mindestens sechs Bereichen das «Prinzip Generationengerechtigkeit» unmittelbar relevant: Umweltpolitik, Finanzpolitik, Rentenpolitik, Arbeitsmarktpolitik, Bildungspolitik und Jugendpolitik. Man könnte noch mehr Politikfelder anführen, aber ich möchte mich auf diese beschränken.

Ökologisch kann eine Gesellschaft als generationengerecht gelten, wenn sie ökologisch nachhaltig ist, d. h. kommenden Generationen mindestens so viel Naturkapital zur Verfügung steht wie früheren.

In einem umlagefinanzierten Rentenversicherungssystem kann als generationengerecht gelten, wenn das Beitrags-Leistungsverhältnis jeder Generation zumindest ungefähr gleich ist. Das Beitrags-Leistungs-Verhältnis (interne Rendite) berechnet sich aus sämtlichen Einzahlungen und Auszahlungen, die ein Mensch im Laufe seines Lebens an die Rentenversicherung macht bzw. von ihr erhält.

Im Bereich der Finanzpolitik bedeutet eine generationengerechte Politik, dass der Staat zumindest im Durchschnitt und auf Dauer nicht mehr Geld ausgibt, als er einnimmt. Jede spätere Generation sollte höchstens so viel Geld für den Schuldendienst unproduktiv aufwenden müssen wie ihre Vorgängergeneration (indirekter Vergleich).

In der Arbeitsgesellschaft konkurrieren Jung und Alt ganz direkt auf dem Erwerbsarbeitsmarkt miteinander, nicht immer auf generationengerechte Weise: So bilden z. B. die Älteren in vielen Berufen (Kassenärzte, Notare, Handwerksmeister) «Wagenburgen», obwohl Jüngere häufig besser qualifiziert sind. An dieser Stelle lassen sich direkte Vergleiche anstellen, indem man z. B. die Arbeitslosenquote der bis zu 30-Jährigen mit der Arbeitslosenquote der 30- bis 65-Jährigen im Jahr 2000 bilanziert. Eine weitere erhellende Frage wäre, ob die Zahl der jungen Menschen in lukrativen Berufen ihrem Anteil an der Gesamtbevölkerung entspricht, oder ob Ältere überrepräsentiert sind. Bei einem indirekten Vergleich ließe sich fordern, die heutige Jugend nicht schlechter gestellt sein zu lassen, als es die heute älteren Generationen in ihrer Jugend waren. Die Jugendarbeitslosigkeitsquote im Jahr 2000 wird z. B. mit der Jugendarbeitslosigkeitsquote im Jahr 1970 verglichen. Da sich Verzerrungen ergeben würden, wenn in beiden Jahren die allgemeine Arbeitslosenquote unterschiedlich war, zieht man jeweils die Jugendarbeitslosigkeitsquote als Verhältnis der allgemeinen Arbeitslosigkeitsquote zum Vergleich heran.

Eine generationengerechte Bildungspolitik fördert nachrückende Generationen, vor allem die gerade junge Generation, bei der freien Entfaltung ihrer schöpferischen und kreativen Talente und Potenziale und hilft ihnen dadurch, ihr Leben innerhalb der gerade für sie geltenden gesellschaftlichen und wirtschaftlichen Rahmenbedingungen zu meistern (indirekter Vergleich). Dies betrifft den Anteil, den die Ausgaben für Bildung am BIP einnehmen. Aber noch wichtiger sind veränderte und langfristig orientierte Bildungsinhalte. In der «New Economy» zählen andere Qualitäten als in der Arbeitsmarktsituation des Jahres 1970. Zwar gibt es heute nicht mehr so viele offene Stellen, aber die Chancen auf Beschäftigung steigen proportional zu Qualifizierung, Praxiserfahrung und lebenslangem Lernen. Daher muss auch eine Erneuerung der Bildungspolitik betrieben werden, damit die jungen und älteren Generationen sich die künftig relevanten und Erfolg bringenden Fähigkeiten aneignen oder diese fortentwickeln.

In der Jugendpolitik ist z. B. zu fragen, mit welchem Recht unter Achtzehnjährigen gegen deren ausdrücklichen Wunsch das Wahlrecht vorenthalten wird.

Ist nicht auch Geburtenpolitik ein Thema der Generationengerechtigkeit? Nach Hans Jonas besteht eine Pflicht einer Generation, für die Generationenfolge zu sorgen. Damit wird aber keineswegs gesagt, dass jedes Mal das Bestandsniveau gesichert werden muss. In Deutschland variiert die Bevölkerungsgröße stark. Man kann trefflich darüber streiten, ob die optimale Bevölkerungsgröße in Deutschland 80 Mio. oder eher 40 Mio. ist. Letzteres bringt zwar die Rentenversicherung in Schwierigkeiten, kann aber für die Umwelt sogar von Vorteil sein. Das Dilemma allerdings bleibt bestehen: Solange es noch sicher ist, dass es eine Folgegeneration gibt, lässt sich mit dem Argument der Generationengerechtigkeit keine Geburtenpolitik rechtfertigen. Und eine Folgegeneration gibt es auch noch, wenn z. B. nur 20 Mio. Menschen die Fläche des heutigen Deutschlands bewohnen würden.

Die Voraussetzung für eine generationengerechte Politik ist Transparenz.

Mit diesem Ziel werden von verschiedener Seite heute «Generationenbilanzen» gefordert, welche die finanziellen Belastungen im Steuer- und Sozialversicherungssystem zwischen den Generationen abbilden. Dies ist besser als nichts, aber über Generationengerechtigkeit lässt sich mit einer solchen Bilanz noch nicht allzu viel sagen, da dazu alle Facetten des Themas integriert werden müssten. Für solche Gesamtgenerationenbilanzen – die z. B. auch Veränderungen des Naturkapitals einbeziehen – existieren heute nur Ansätze. Trotzdem ist auch eine rein finanzielle Generationenbilanz wünschenswert. Sie ist ein geeignetes Instrument, um finanzielle Generationengerechtigkeit zu ermitteln.

Ich habe anhand von Umweltpolitik, Rentenpolitik, Finanzpolitik, der Arbeitsmarktpolitik, der Bildungspolitik und der Jugendpolitik skizziert, wie sich das «Leitprinzip der Generationengerechtigkeit» operationalisieren lässt. Nun kann man anhand von empirischen Daten ermitteln, ob ein Verstoß gegen Generationengerechtigkeit vorliegt. Diese Überprüfung der heutigen Politik auf ihre Generationengerechtigkeit soll im nächsten Abschnitt geleistet werden.

Ist die heutige Politik generationengerecht?

Ökologisch – Nach uns die Sintflut ...

Erstmals in der Geschichte der Menschheit ist das Recht zukünftiger Generationen gefährdet, ihr Leben auf einem ökologisch gesunden, biologisch vielfältigen Planeten zu verbringen. Die Freiheit der zukünftigen Generationen, ihr Schicksal selbstbestimmt zu gestalten, nimmt vor allem durch die Umweltzerstörung drastisch ab. Als exemplarisches Beispiel für nicht-nachhaltiges, nur an der Gegenwart orientiertes Handeln im Umweltbereich soll der Treibhauseffekt herausgegriffen werden:

Unsere heutige Form der Energiegewinnung mit dem Schwerpunkt auf fossilen Energieträgern ermöglicht zwar derzeit in den Industrieländern einen einmalig hohen Lebensstandard, dafür werden aber gravierende Nachteile in der mittelfristigen Zukunft von zwanzig bis dreißig Jahren in Kauf genommen. Nach heutigem Wissensstand kommt es durch die Energiepolitik der herrschenden Politikergeneration zu einer Kohlendioxidanreicherung in der Atmosphäre mit der Folge, dass der natürliche Treibhauseffekt verstärkt wird und die Temperaturen weltweit ansteigen.

Überschwemmungen, Flüchtlingsströme und neue Konflikte sind – wie wir heute schon wissen – die in der Zukunft anfallenden Nachteile dieser kurzsichtigen Politik.

Auch durch den irreversiblen Ressourcenverbrauch, die Überfischung der Meere, die Lagerung atomarer Abfälle, die Überdüngung der Böden und die Abholzung der Urwälder nehmen die Zukunftschancen kommender Generationen ab.

Die «Futurisierung» ökologischer Probleme bedeutet, dass das Glück heutiger Generationen mit dem Unglück zukünftiger Generationen erkauft wird. Pointiert gesagt: Wir Jungen werden die Tier- und Pflanzenarten nicht mehr lebendig machen können, die durch das Handeln der Alten ausgerottet werden. Dafür werden wir aber auf die radioaktiven Müllhalden aufpassen müssen.

Leben auf Kosten späterer Generationen

Auch im wirtschaftlichen Bereich ist die Gegenwartspräferenz der Politiker zu beobachten. Die Staatsverschuldung hat in den letzten Jahren eine neue Höchstmarke erreicht. Heute belaufen sich die Kredite des Staates inklusive Sozialversicherung auf etwa 2300 Milliarden oder 58 000 DM für jeden Arbeitnehmer, bzw. 29 000 DM je Einwohner, vom Kleinkind bis zum Greis. Und die Staatsverschuldung steigt weiter, jede Sekunde um 3171 DM.

Längst lebt die herrschende Generation nicht mehr im Rahmen ihrer Mittel, sondern bürdet die Kosten für ihren Konsum den nachfolgenden Generationen auf. Mit «Wahlgeschenken» versuchen sich Politiker ihre Wiederwahl zu erkaufen, ohne auch an die nächste Generation zu denken. Dieser Missstand muss unverzüglich gestoppt werden. Es sollte Konsens darüber bestehen, dass keine Generation über ihre Verhältnisse leben darf. Auch finanzielle Nachhaltigkeit (Schranken für die Staatsverschuldung) muss im Grundgesetz festgeschrieben werden. Zu fordern ist, dass die Nettoneuverschuldung die Summe der staatlichen Investitionen nicht übersteigt, wobei der Investitionsbegriff anders in Artikel 115 GG präzisiert und restriktiv interpretiert werden sollte.

Die Rente ist ganz sicher – weg

Zurück zur Rente: Wenn Politiker gebetsmühlenartig wiederholen: «Die Renten sind sicher!», so können sie damit nur noch ihre eigene Altersversorgung meinen. Die staatliche Rentenversicherung, in die Politiker nicht einbezogen sind, steckt in der Krise. Angesichts von Arbeitslosigkeit und demographischem Wandel droht eine Überlastung der aktiven Generation. Die Sozialbeiträge werden erhöht, ohne dass die heute Jüngeren aus der Sozialversicherung in heutigem Umfang Leistungen erwarten können, wenn sie selbst alt sind. Es geht nicht darum, den Alten einseitig die Renten zu kürzen, es geht vielmehr darum, die Lasten, die durch den demographischen Übergang entstehen, solidarisch zwischen Jüngeren und Älteren aufzuteilen. Es ist schlicht ungerecht, wenn in der Rentenversicherung allein der jüngeren Generation über steigende Beiträge Mehrbelastungen zugemutet werden, während den heutigen Rentnern ihre Besitzstände garantiert bleiben. Das System muss unter dem Aspekt der Generationengerechtigkeit – keine Generation soll bevorzugt oder benachteiligt werden – reformiert werden.

Jugend ohne Arbeit

«Selten zuvor ist eine Generation so schamlos um ihre Zukunftschancen betrogen worden und hat es gleichzeitig so klaglos hingenommen!», mit diesen Worten beschrieb der Berliner Politologie-Professor Peter Grottian einmal die Ausgrenzung der jungen Generation aus dem Arbeitsmarkt. Von 100 Jugendlichen sind heute zwölf arbeitslos, fünf leben von der Sozialhilfe, davon wahrscheinlich zwei auf der Straße. Ältere sichern dagegen ihre Jobs und Besitzstände ab. Ein Beispiel: Das Beamtentum verhindert eine obligatorische Altersteilzeit für ältere Lehrer. Dabei hätte eine zwangsweise Drei-viertel-Teilzeit nicht nur den segensreichen Effekt, den überalterten Lehrkörper auszudünnen, sie würde auch Tausende junge arbeitslose Lehrer von der Straße holen, ohne dass es den Staat einen Pfennig kosten würde. Jung und Alt müssen einen neuen Generationenvertrag in der Arbeitswelt abschließen, um durch intelligente Lösungen, jedem der arbeiten will und kann, einen Arbeitsplatz anzubieten.

Von den jungen Menschen unter 25 sind derzeit 450000 arbeitslos. Dies macht deutlich, dass das von der rotgrünen Bundesregierung gestartete Sofortprogamm «100000 Jobs für Junge» nur ein erster Schritt sein kann. Immerhin wurden im Haushalt 1999 zwei Milliarden DM dafür zur Verfügung gestellt.

Jedem Jugendlichen einen Arbeitsplatz zu besorgen, wird allerdings nicht durch solche Job-Programme gelingen (die dennoch notwendig bleiben), sondern durch einen Paradigmenwechsel. Eine Politik zur Integration von Jugendlichen erfordert die Verbindung von Gemeinschafts-

und Selbsthilfe, von Solidarität und Flexibilität, von Fordern und Fördern. Tony Blair hat diese Politik des sozialen Einschlusses auf den Begriff der «inclusive society» gebracht. Ihr Ziel sei nicht die Wohlfahrt, sondern Teilnahme und Teilhabe an den Chancen der Gesellschaft. Der Wohlfahrts- und Versorgungsstaat muss sich dazu in einen «aktivierenden Sozialstaat» verwandeln, der die eigenen Kräfte von jungen Menschen aktiviert, statt ihnen Krücken zu geben. Die Glücksforschung geht davon aus, dass Glück vor allem durch das Gefühl entsteht, seine eigenen Kräfte nutzen zu können und dadurch zu Erfolgserlebnissen zu gelangen.

Dazu kann auch gehören, vom Arbeitsmarkt ausgegrenzten und trotz vieler Bewerbungen erfolglosen Jugendlichen eine gemeinnützige Arbeit von Staats wegen zuzuteilen – und damit eine «Sozialhilfementalität» gar nicht aufkommen zu lassen. Warum gibt man nicht einerseits jedem arbeitsfähigen Jugendlichen statt Sozialhilfe- oder Arbeitslosenunterstützung ein Grundgehalt (in vergleichbarer Höhe) und verpflichtet ihn andererseits, dafür a) eine staatlich organisierte oder vermittelte Arbeit im gemeinnützigen Bereich anzunehmen, b) sich selbst eine sinnvolle Beschäftigung zu suchen, die der Gesellschaft zugute kommt, c) in einem Betrieb seiner Wahl anwesend zu sein und mitzuarbeiten bzw. (falls ihm die nötigen Qualifikationen fehlen), einfach durch Zuschauen zu lernen? Die Kosten würden sich im Vergleich zu heute um keinen Pfennig erhöhen, die Jugendarbeitslosigkeit wäre vollständig beseitigt. Zukünftige Diskussionen würden sich dann vielleicht noch darum drehen, wie man die Gewichte zwischen erstem und zweitem Arbeitsmarkt verschiebt, aber nicht mehr darum, wie man eine Generation zum nutzlosen Herumsitzen verdammt, was sie in den Augen der Öffentlichkeit aus untätig und schmarotzerhaft erscheinen lässt und verheerende Auswirkungen auf das Selbstwertgefühl hat.

Ohne Bildung keine Zukunft

Im internationalen Vergleich schneiden bei der altersmäßigen Beteiligung der jungen Generation Frankreich, England oder die USA wesentlich besser ab. Jüngere werden dort früher gefordert, bekommen mehr Verantwortung und erhalten in ihren besten Jahren die Chance zu gesellschaftlicher und ökonomischer Mitverantwortung. Auch wenn die Apologetik deutscher Politiker oftmals die Vorzüge deutscher Verhältnisse verteidigt: Es lohnt ein Vergleich der Altersstrukturen zwischen Deutschen und Nicht-Deutschen in internationalen Organisationen, in europäischen Institutionen, ausländischen Universitäten, an denen Deutsche arbeiten, und des Einstiegsalters in Wirtschaft, Verwaltung und Politik im Vergleich zwischen z. B. Berlin, Tokio, Paris, London, Amsterdam und New York. Ergebnis: In Deutschland wird die junge Generation zunehmend ausgebremst. Dieses Ausbremsen muss jedoch nicht ein unbedingt absichtsvolles Handeln, sondern kann vielmehr ein strukturelles Ausbremsen sein: Hohe Jugendarbeitslosigkeit, ein unzureichend strukturierter Arbeitsmarkt, überalterte und innovationsfeindliche mentale Strukturen in Unternehmen und Verwaltungen, verpasster inhaltlicher und funktionaler Strukturwandel im Bildungssystem etc. etc. Zunehmend verteidigen diejenigen, die im Besitz von Ausbildung und gut bezahlter Arbeit sind, diese gegen diejenigen, die keine oder diese noch nicht haben (und dazu gehört per se erst einmal die junge Generation). Hierbei wird auch gewerkschaftliches Handeln entgegen der offiziellen Bekenntnisse zu generationenungerechtem Verhalten, da es nicht langfristig durchdacht ist. Leider stehen nun einmal die Generationen der Zukunft in einem harten europäischen und internationalen Wettbewerb.

Wir brauchen neue Generationenverträge!

Fazit: In zahlreichen Politikbereichen wird rücksichtslos auf Kosten nachrückender Generationen gelebt – und die junge Generation, meine Generation, wird später einmal die Zeche dafür zahlen müssen. Besonders enttäuscht ist die Jugend von den so genannten 68ern. Es gab wohl kein Wort, das diese Generation in ihrer Sturm- und Drangperiode vor nun fast 30 Jahren so gerne in den Mund nahm wie «Solidarität». Heute ist sie die alte und wir sind die junge Generation. Und immer mehr zeigt sich, dass das Lieblingswort der 68er nur eine Farce war. Denn wenn heute die Jugend von den Meinungsmachern in Politik, Wirtschaft und Gesellschaft Solidarität fordert, sei es durch Entlastung der Jüngeren bei der Rente, durch eine Verringerung der Staatsschuld oder durch Kürzungen bei den Beamtenpensionen, haben die 68er nur ein Achselzucken übrig. So viele Vorwürfe und kein Hoffnungsschimmer am Horizont? Eines ist klar: So wie bisher kann es nicht weitergehen!

Die Geschäftsgrundlage für die bisherigen Generationenverträge ist weitgehend weggefallen. Deshalb müssen Jung und Alt in einen neuen Dialog treten, um gemeinsam neue Verträge – also eine neue Grundlage für das Zusammenleben auszuhandeln. Aber besteht dazu überhaupt eine Chance?

Nach der mittleren Schätzung des Bundesinnenministeriums wird bis zum Jahr 2030 der Anteil der über 60-jährigen an der Gesamtbevölkerung von heute 20,7 Prozent auf 35,5 Prozent ansteigen. Dies bedeutet in absoluten Zahlen: Die Zahl der Alten wird von heute 17 auf 27 Millionen steigen, die Zahl der unter 20-Jährigen von heute 20 auf 15 Millionen sinken. Es besteht die Gefahr, dass die Alten eine zahlenmäßig unschlagbare Lobby bilden, gegen die jüngere Teile der Gesellschaft nichts mehr durchsetzen können.

Dies wäre dann tatsächlich eine Diktatur der Alten. Doch die Zahlen allein sagen nichts darüber aus, ob es wirklich zu einer altenorientierten oder zukunftsorientierten Politik kommen wird. Es liegt in der Hand der älteren Generation, ihren Nachkommen noch genügend Chancen zu geben und dadurch einen Generationenkonflikt zu vermeiden.

Johannes Goebel/Christoph Clermont

Neue Werte und Orientierungslosigkeit

In ihrem viel beachteten Buch «Die Tugend der Orientierungslosigkeit» unternehmen die beiden Autoren den Versuch einer verblüffenden Alltagssoziologie und Werteumdeutung der so genannten Generation @. In einer Welt unscharfer Raster und überkommener Vorgaben kommt es nach ihrer Überzeugung darauf an, jenseits der Gutbürgerlichkeit die Übersicht zu behalten, das ist das Credo.

Der folgende Text stammt aus der Einführung des o. a. Buches (Reinbek 1999).

Bindung und Emanzipation – die Aporien der Moderne

Die Debatte um einen Werteverfall, als dessen Ursache man Egoismus, «bindungslosen Individualismus» oder, aktuell, «Ellenbogenmentalität» auszumachen glaubt, begleitet die abendländische Geschichte vermutlich seit ihren Ursprüngen. Dabei brachte erst die industrielle Revolution jene «Masse» hervor, die das Denken des 19. Jahrhunderts so nachhaltig beeinflusste. Die Voraussetzung für das Entstehen einer solchen Masse jedoch war Individualisierung.

Moderne bedeutete die massenhafte Freisetzung von Individuen aus traditionellen Lebenszusammenhängen. Aus Familien und Gemeinden waren im 19. Jahrhundert städtische Massen geworden. Und so stellte sich auch vor hundert Jahren die recht vertraute Frage, wie eine Gesellschaft auszusehen habe, die sich aus «bindungslosen Individuen» in großer Zahl zusammensetzt. Nach dem Scheitern der liberalen bürgerlichen Gesellschaften im Fiasko des Ersten Weltkriegs sahen die Protagonisten der klassischen Moderne die Lösung vor allem darin, die «Massen» in Massenorganisationen zu ordnen. Trotz aller Unterschiede haben die kollektivistischen Gemeinschaftskonzepte des 20. Jahrhunderts, Kommunismus und Faschismus, ein Gesellschaftsbild als Basis, das den einzelnen als Rädchen der großen Maschine, wenn nicht gar als Soldat im Gesellschaftsglied betrachtet. Die Großindustrie und ihre Organisationsmodelle standen dabei Pate für die Gesellschaft als Ganzes. In milder Form sind diese Ideen auch im sozialpartnerschaftlich-korporativen Modell der alten Bundesrepublik lebendig geblieben. Doch die Anziehungskraft einer solchen Gesellschaftsvorstellung ist, wie nicht zu übersehen, seit den sechziger Jahren sehr viel schwächer geworden.

In der Bundesrepublik etwa fällt es heute den Parteien immer schwerer, Nachwuchs zu rekrutieren. Auch eigens inszenierte Jugendparteitage und jugendliches Führungspersonal scheinen da wenig zu helfen. Gewerkschaften klagen über Mitgliederschwund, und die Kirchen haben das Rennen um den Nachwuchs schon lange aufgeben müssen. Selbst Gesangsvereine haben Schwierigkeiten, ihre gelichteten Reihen wieder zu schließen. Einzig der Sport scheint vorerst verschont zu bleiben. Doch auch hier mehren sich die Anzeichen, dass der gute alte Verein seine führende Rolle an individualisierte Fun-Sportler abgeben muss.

Die klassischen Organisationsmodelle der «Deutschen AG» sind zu rituellen Schattentänzen degeneriert. Das alljährliche «Tarifpoker» wird von Millionen nurmehr als Spektakel aus einer fremden Welt wahrgenommen, und so manche «Sozialleistung» wird erst anlässlich ihrer Abschaffung einem breiteren Publikum bekannt. Doch die Krise von Gewerkschaften und Parteien ist nur ein sanftes Nachbeben jener Individualisierungsprozesse, die einen grundsätzlichen Paradigmenwechsel in den Gesellschaften der westlichen Welt ausgelöst haben. Paradox genug nämlich, wird die verbreitete Unlust auf die «großen Organisationen» begleitet von einem ungebrochenen Trend zu ehrenamtlichem Engagement, zu subpolitischem Handeln.

Wenn die klaren Orientierungslinien fehlen, sich das Handeln des Einzelnen ganz offensichtlich nur noch schwer mit den althergebrachten Zuordnungen der Akteure zu einer gesellschaftlichen Großgruppe erklären lässt, liegt auch heute der Rückgriff auf den Begriff *Masse* nahe. Bilden die nicht mehr in den klassischen Organisationsformen erfassbaren, «postmodernen» Individualisten etwa, wie Villem Flusser nahe legt, eine neue «Masse»? Stehen wir somit an einer ähnlichen Stelle wie die Denker der klassischen Moderne, die ebenso fasziniert wie abgestoßen auf ihre «vermassten» Mitmenschen blickten?

Das Bedürfnis nach Übersichtlichkeit ist groß. Und wenn Modelle, die die allfällige Orientierungslosigkeit in Fragen des Sozialen zumindest für eine Zeit lang in die Bahnen vermeintlicher Berechenbarkeit lenken konnten, so offensichtlich ihre Relevanz eingebüßt haben wie die heroischen Gesellschaftskonstrukte der Moderne, steigt der Bedarf nach gleichwertigem Ersatz ins Unermessliche. Die Postmoderne hat im Bereich des Politischen nur Leerstellen hinterlassen, Marktwirtschaft ist mehr Praxis als welterklärende Ideologie. Das Feld der Moral ist von Kirchen und Weltanschauungsparteien in ungeordnetem Rückzug preisgegeben worden.

Und doch leben die Aporien der Moderne fort. Die Sehnsucht nach Bindung und das Streben nach Emanzipation ist das Spannungsfeld, in dem sich der Industrieberater von 1920 ebenso bewegte wie die Angehörigen der konsumverwöhnten «Generation X» der neunziger Jahre.

Ein Comeback der Werte

1996 reiste der amerikanische Soziologe Amitai Etzioni durch Deutschland. Er traf sich mit Helmut Kohl ebenso wie mit Rudolf Scharping und Joschka Fischer. Guido Westerwelle und Gregor Gysi traf er nicht. Was treibt unsere ansonsten ja wenig an akademischen Auseinandersetzungen interessierten Spitzenpolitiker zum Gespräch mit einem Mann, der «den dritten Weg zwischen einem ausufernden staatlichen Sozialsystem einerseits und einer ungezügelten Marktwirtschaft andererseits» (Sunday Times) predigt?

Stand wirklich eine fundamentale Neuordnung des bundesdeutschen Nachkriegsmodells auf der Tagesordnung, für die sich das politische Deutschland intellektuelle Rückendeckung bei einem angesehenen Sozialwissenschaftler holen wollte? Oder hatte die schwelende Moraldebatte, das stetig anschwellende Lamento über den allgemeinen Werteverfall auch die Bonner Chefetagen erreicht? Amitai Etzioni ficht für «die Stärkung der moralischen Grundlagen unserer Gesellschaft», er möchte die «Wiederherstellung der Bürgertugenden, die Rekonstruktion der Gemeinschaft, der Community» erreichen und hält zumindest das theoretische Rüstzeug dafür bereit.

Seine Vorschläge, wie dem modernen Dilemma von Bindung und Emanzipation, Selbstverwirklichung und Gemeinsinn beizukommen sei, füllen ein theoretisches Vakuum, das durch die offensichtliche Unbrauchbarkeit marxistisch inspirierten Denkens einerseits und das zunehmende Unbehagen an der geringen Bindungskraft neoliberaler Praxis andererseits entstanden ist. Der Kommunitarismus, als dessen wichtigster Kopf Etzioni gilt, hat zumindest in den USA beinahe den Rang einer Staatsphilosophie eingenommen. Angesichts der wachsenden Schwierigkeiten, die die Bürger der westlichen Demokratien mit der globalen Unübersichtlichkeit haben, ist die Beschwörung von Gemeinschaft, Solidarität und Familienwerten offensichtlich höchst attraktiv. Denn Politik wird hier endlich wieder einmal im Zusammenhang mit der Frage von Ethik und Moral diskutiert, das scheinbar Vertraute, Nahe, Familiäre gegen eine Welt in Stellung gebracht, in der die Gewissheiten des eigenen Lebensmodells Tag für Tag in Frage gestellt werden. Und gerade die Nachfrage nach moralischer Orientierung scheint in der letzten Zeit enorm gestiegen zu sein.

Kommunitarismus ist ein Retro-Trend. Er evoziert die Jugenderinnerungen der Sechzigjährigen an eine heile Welt des gemeinschaftlichen Aufbaus in den goldenen Fünfzigern, an den aufopferungsvollen Dienst an der Gemeinschaft im Kibbuz, an das moralisch unterfütterte «Big-Government» der New-Deal-Ära. Ein milder Sozialdemokratismus, der auch für Konservative verdaubar ist, und das Plädoyer für die kleinen nachbarschaftlichen Gemeinschaften, das alles aufgeladen mit Appellen zur sozialen Besserung, eröffnet der Politik zumindest die Chance, den Anforderungen der zyklisch auftretenden Moraldebatten gerecht zu werden. Der Bürger sorgt sich um seine Rente, hat Angst vor Kriminellen und beklagt den allgemeinen Mangel an Moral. Zukunftskongresse beschäftigen sich mit «Ethik und Moral im 21. Jahrhundert», Beiträge zur Wertdebatte können sich einer breiten öffentlichen Aufmerksamkeit sicher sein.

Kein Zweifel, Moraldebatten dienen nicht zuletzt dem Lustgewinn. Denn unmoralisch sind meist die anderen. Und die Rezepte ethischer Besserung müssen in der Regel nicht von ihren Erfindern ausgebadet werden.

Family Values

Einige Besonderheiten der amerikanischen Diskussion verdienen allerdings spezielle Aufmerksamkeit. Die Debatte um die sogenannten Family Values ist in Deutschland noch nicht entbrannt. Dabei ist angesichts der Anziehungskraft kommunitaristischer Ideen damit zu rechnen, dass diese Kategorie sich auch hierzulande in Zukunft allgemeiner Beliebtheit erfreuen könnte.

Family Values, Familienwerte, werden gerne als Grundlagen einer sozialeren und gerechteren Ordnung beschworen. Ist die Familie intakt, so sind es auch Staat und Gesellschaft. Hohe Scheidungsraten, wilde Ehen, der ganze unübersichtliche Wirrwarr postfamiliärer Beziehungs- und Erziehungskonstrukte sind dem Anhänger von Family Values natürlich ein Greuel. Das Ende der Kleinfamilie wird nicht nur als Symptom, sondern als Ursache einer allgemeinen sozialen Katastrophe gewertet. Zerrüttete Familienstrukturen sind Ursache von Kriminalität und Drogensucht, und staatliche Hilfe führt in solchen Fällen lediglich zur Bestätigung des asozialen Verhaltens. Wenn es mehr Familiensinn gäbe, so die Vorstellung, mehr Gemeinsinn und nachbarschaftliche Unterstützung, gäbe es auch weniger Ehescheidungen, Teenegerschwangerschaften und Sozialhilfeempfänger. Soziale Probleme werden also mit Familienproblemen gleichgesetzt, Familienprobleme aber mit dem Verschwinden der intakten Dorfgemeinschaft.

In Deutschland zumindest gab es in den fünfziger Jahren, einer Zeit, die im allgemeinen Bewusstsein als Ära der heilen Kleinfamilie verankert ist, so viele Teenegerschwangerschaften wie niemals danach. Vor dem Beginn der Urbanisierung wimmelte es auf den Dörfern von unehelichen Kindern, und die Gefahr des Kindesmissbrauchs ist in der Kleinfamilie prozentual höher als in unehelichen Gemeinschaften. Doch wenn die verbreitete Ansicht «Es wird doch alles schlimmer» lautet, dann muss «früher» natürlich auch einfach alles besser gewesen sein! Und «früher», so die feste Überzeugung nicht nur unter Konservativen, gab es eben mehr Familien- und Gemeinsinn, Nachbarschaftlichkeit und Solidarität. In der glücklichen Rama-Familie gab es Halt, Geborgenheit und Wärme. Die milde Verklärung eigener Jugenderinnerungen gibt dabei dem Familiären die besondere Aura einer weltabgewandten Ruhezone, in der alles intim ist, Kälte und Bösartigkeit einer rauen Welt ein für alle Mal ausgeschlossen sind.

Die Attraktivität einer solchen Idylle ist selbst bei der sogenannten Generation X und ihren jüngeren Nachfolgern ungebrochen. Mit der Verwirklichung dieses Modells allerdings tun sich die heute 18- bis 35-Jährigen bezeichnenderweise ausgesprochen schwer.

Im amerikanischen Dorf

In der deutschen Frauenzeitschrift «Allegra» beschreibt eine sechsundzwanzigjährige Studentin ihre Zukunftsträume. Sie sehnt sich nach «innerem Gleichgewicht», träumt vom Leben auf dem Bauernhof, von Pferden, Weiden und Sonnenschein. Die Wünsche dieser angehenden Akademikerin und Bewohnerin einer deutschen Metropole sind nicht unrepräsentativ. Millionenfach in den Medien verbreitet, treffen Visionen wie die vom «guten Landleben» in den urbanisierten Gesellschaften des Westens auf große Akzeptanz.

Die zeitgenössische Mischung aus Landidylle, Kommunitarismus und Family Values hat das Zeug zu einer populären Ideologie. Ob sie irgendetwas mit der realen Welt zu tun hat, ist dabei zweitrangig. Was zählt, ist, dass die populären Mängeldiagnosen auf dem Feld der Moral angemessen bedient werden. Auch wenn jede Statistik dagegen spricht, das Gefühl von Unsicherheit und Bedrohung durch Verbrechen ist mittlerweile allgegenwärtig, Skandale, Korruption und wachsende Armut sind alltägliche Begleiter des fernsehenden Bürgers geworden. Die Mega-Metropole des 21. Jahrhunderts, durchzogen von ethischem Hass und endemischer Umweltverschmutzung, in der eine Kultur des Faustrechts und des rücksichtslosen Individualismus herrscht, ist die negative Utopie, die am Horizont eines verunsicherten Westens dräut. Also zurück aufs Dorf!

Auch Hillary Clinton möchte uns dekadente Weltbürger mit ihrem Buch «Eine Welt für Kinder» zurück in die funktionierende Dorfgemeinschaft führen. Selbst wenn unsere Generation durch zu viel Libertinage ein für alle Mal verdorben ist, sollten wir immerhin um unserer Kinder willen die Rückkehr in die fürsorgliche Gemeinde kommunitaristischer Prägung erwägen. Um Kinder richtig zu erziehen, brauche es, so Clinton, ein ganzes Dorf. Wer Kindererziehung bisher für eine Privatangelegenheit gehalten hatte, wird eines Besseren belehrt. Gütige Tanten und hilfsbereite Nachbarn wachen in dieser pastoralen Idylle über Wohl und Wehe der Familie. Sie stehen jederzeit bereit, mögliche Familienprobleme zu kompensieren. Natürlich weiß auch die Autorin, dass in der egoistischen Welt der urbanen Nomaden Bindung und Traditionen, übersichtliche Gemeinschaften und fürsorgliche Verwandtschaften rar gesät sind. Deshalb muss der von Kommunitariern sonst eher kritisch betrachtete Staat noch einmal ran. Ein «Home Instruction Program For Premature Youngsters» (abgekürzt HIPPY!) bringt unsere Jüngsten zur Räson, «Healthy Start» ebnet den Weg ins Leben. Für die Schule empfiehlt Clinton-Freund Etzioni ein Fach namens Charakterbildung, und wenn gar nichts mehr geht, stehen die Kirchengemeinden Weihwasser bei Fuß, um den gefährdeten Mitmenschen auf dem kommunitaristischen Pfad der Tugend zu halten. Den Einzelnen umgibt ein engmaschiges Netz kontrollierender Fürsorglichkeit, in einem Wettlauf der Tugendhaftigkeit eifern die Bürger um ein möglichst harmonisches Gemeinwesen.

Von hieraus ist der Weg zu «*Mach mit*» Bewegungen, «freiwilligen Arbeitseinsätzen» und «Goldenen Hausnummern» wohl nicht weit. Die «kommende Erziehungsdiktatur» mit aufmerksamen Abschnittsbevollmächtigten, die den Einzelnen, sollte er doch einmal über die gemeinschaftlichen Stränge schlagen, nachdrücklich auf seine Verpflichtungen gegenüber dem Kollektiv hinweisen, ist die deutsche Variante dieser gemeinschaftlichen Utopie. Mag der in Amerika tiefverwurzelte Individualismus, die ausgeprägt liberale Tradition, als ausreichendes Korrektiv für derartige Gemeinschaftsideen funktionieren, welche Ergebnisse der Import solchen Gedankengutes in Deutschland hervorrufen wird, ist keineswegs sicher.

Kein Zweifel, die Utopie des «amerikanischen Dorfes» ist attraktiv. Doch ist die Rückkehr zu Gemeinsinn, zu familiärer Dorfgemeinschaft, zu Kirche und Küche wirklich ein erfolgversprechender Weg? Müssen wir uns entschleunigen, Eindeutigkeit, Wärme und Überschaubarkeit in die zugige Welt der Globalisierung bringen?

Oder eröffnen vielleicht gerade die gern beklagten vermeintlichen Verfallserscheinungen wie Orientierungslosigkeit, Bindungslosigkeit und Ego-Gesellschaft einen gangbaren Weg ins dritte Jahrtausend?

Jörg Maywald

Kinder sind unschlagbar – oder: Gewaltfrei erziehen, geht das?

Kinder sind die einzige gesellschaftliche Gruppe in Deutschland, gegen die außerhalb des staatlichen Gewaltmonopols bisher noch rechtmäßig körperliche Gewalt ausgeübt werden durfte. Grund dafür war das bis vor kurzem bestehende gewohnheitsmäßige Züchtigungsrecht der Eltern. Dieser Zustand wurde nun geändert, nachdem der Gesetzgeber sich nach jahrelangem Zögern dazu durchgerungen hat, das Recht von Kindern auf gewaltfreie Erziehung ausdrücklich gesetzlich zu verankern.

Anläufe dazu gab es seit mehr als 20 Jahren, denn schon im Rahmen der Beratungen über das Gesetz zur Neuregelung des Rechts der elterlichen Sorge wurde 1997 im Rechtsausschuss des Deutschen Bundestages über ein ausdrückliches Züchtigungsverbot debattiert. Eine Mehrheit dafür fand sich damals wie auch bei späteren Versuchen in den 90er-Jahren allerdings nicht.

Der bislang letzte und nun zum Erfolg gekommene Versuch datiert vom 23. Juni 1999, als die Regierungsfraktionen SPD und BÜNDNIS 90/ DIE GRÜNEN den Entwurf eines Gesetzes zur Ächtung der Gewalt in der Erziehung einbrachten.

Am 6. 7. 2000 hat der Bundestag mehrheitlich beschlossen, den § 1631 Abs. 2 des Bürgerlichen Gesetzbuchs wie folgt zu ändern: «Kinder haben ein Recht auf gewaltfreie Erziehung. Körperliche Bestrafungen, seelische Verletzungen und andere entwürdigende Erziehungsmaßnahmen sind unzulässig» (BT-Drucksache 14/ 1247). In der Begründung für die Initiative heißt es ausdrücklich, dass mit dem Gesetz keine Kriminalisierung der Familie beabsichtigt ist. Nicht die Strafverfolgung oder der Entzug der elterlichen Sorge sollen in Konfliktlagen im Vordergrund stehen, sondern Hilfe für die betroffenen Kinder, Jugendlichen und Eltern. Ergänzend wurde daher im § 16 Abs. 1 des Kinder- und Jugendhilfegesetzes (KJHG) die Pflicht der Jugendbehörden angefügt, «Wege aufzuzeigen, wie Konfliktsituationen in der Familie gewaltfrei gelöst werden können.»

Nachdem die parlamentarischen Hürden genommen sind, genügt Deutschland endlich auch den in der UN-Kinderrechtskonvention formulierten internationalen Ansprüchen. In Artikel 19 Abs. 1 der von Deutschland 1992 ratifizierten Konvention heißt es: «Die Vertragsstaaten treffen alle geeigneten Gesetzgebungs-, Verwaltungs-, Sozial- und Bildungsmaßnahmen, um das Kind vor jeder Form körperlicher oder geistiger Gewaltanwendung, Schadenszufügung oder Misshandlung, vor Verwahrlosung oder Vernachlässigung, vor schlechter Behandlung oder Ausbeutung einschließlich des sexuellen Missbrauchs zu schützen, solange es sich in der Obhut der Eltern oder eines Elternteils, eines Vormunds oder anderen gesetzlichen Vertreters oder einer anderen Person befindet, die das Kind betreut.»

Die ausdrückliche gesetzliche Benennung des Leitbildes einer Erziehung ohne Gewalt bezeichnet einen Wendepunkt im Verhältnis zwischen Eltern und Kindern. Das Recht des Kindes auf gewaltfreie Erziehung bedeutet, dass das Kind als Person mit eigener Würde anerkannt wird und als Träger eigener Rechte die Achtung seiner Persönlichkeit auch von den Eltern erwarten kann. Nach dem Verbot körperlicher Züchtigung der Herrschaft gegenüber dem Gesinde, des Lehrherren gegenüber seinen Lehrlingen, des Lehrers gegenüber den Schülern und des Ehemannes gegenüber seiner Ehefrau, beseitigt das Recht auf gewaltfreie Erziehung das letzte Refugium gesetzlich legitimierter körperlicher Gewaltanwendung.

Nach Erreichen dieses Ziels ist zu fragen: In welchem Umfang und mit welchen Folgen leiden Kinder unter der von Eltern ausgeübten Gewalt? Warum hat es so lange gedauert, den Schutz der Menschenwürde und das Recht auf körperliche Unversehrtheit auch für Kinder uneingeschränkt gelten zu lassen? Was sind die Argumente der Befürworter und Gegner dieser längst überfälligen Reform und wie sind diese zu beurteilen? Wie könnte ein neues Verhältnis zwischen Erwachsenen und Kindern aussehen, in dem Gewalt immer weniger Chancen hat? Schließlich: Was müsste praktisch geschehen, um Gewalt gegen Kinder in der Familie zurückzudrängen?

Umfang und Folgen von Gewalt gegen Kinder

Auf Grund des Dunkelfeldes und der Schwierigkeit einer einheitlichen Definition lässt sich das Ausmaß von Gewalt gegen Kinder nur schwer ermitteln. Allerdings gibt es deutliche Belege dafür, dass körperliche Züchtigung in der Familie auch heute noch weit verbreitet ist.

In einer Untersuchung von Bussmann (1996) unter 2400 Jugendlichen aus Ost und West gaben 81,5 % der befragten Jugendlichen an, geohrfeigt worden zu sein. 43,5 % berichteten über deftige Ohrfeigen und 30,6 % über eine Tracht Prügel. In einer ergänzenden Umfrage unter 3000 Erwachsenen äußerten 61,2 % der Befragten, bei ihren Kindern leichte und deftige Ohrfeigen einzusetzen. 20,6 % berichteten, schon einmal eine Tracht Prügel verabreicht zu haben.

Die Schwelle zur Kindesmisshandlung wird ebenfalls in einem Umfang überschritten, der beunruhigen muss. Die Sachverständigenkommission des 10. Kinder- und Jugendberichts geht auf Grund einer Studie von Wetzels (1997) davon aus, dass jährlich rund 150000 Kinder von ihren Eltern körperlich misshandelt werden. Entsprechende Untersuchungen zur psychischen Misshandlung und Kindesvernachlässigung liegen nicht vor. Nach vorsichtigen Schätzungen (Johns 1999) ist davon auszugehen, dass insgesamt etwa 20 % aller Erwachsenen in ihrer Kindheit mit schwer wiegenden bzw. häufigen Formen der körperlichen oder sexuellen Gewalt konfrontiert waren. Die entsprechenden Daten bei Kindesvernachlässigung werden auf 5 % bis 10 % geschätzt.

Die Folgen der Gewalt sind für die Kinder gravierend. Leichte Formen wie Klapse oder Ohrfeigen beeinträchtigen das Selbstbewusstsein des Kindes. Das Verhältnis zwischen Eltern und Kindern wird getrübt, und die Kinder werden daran gehindert, eigene Lernerfahrungen zu machen. Schwere Formen der Gewalt können neben den körperlichen Wunden zu Entwicklungsrückständen, Leistungs- und Verhaltensstörungen, psychosomatischen Beschwerden und Angstsyndromen führen. Die Spätfolgen reichen von Delinquenz über Suchtprobleme bis hin zu sexuellen Störungen, Depressionen und Suizid.

Das Bild vom Kind wandelt sich

«Die Geschichte der Kindheit ist ein Albtraum, aus dem wir gerade erst erwachen. Je weiter wir in der Geschichte zurückgehen, desto unzureichender wird die Pflege der Kinder, die Fürsorge für sie, und desto größer die Wahrscheinlichkeit, dass Kinder getötet, ausgesetzt, geschlagen, gequält und sexuell missbraucht wurden», heißt es bei Lloyd deMause in seiner psychogenetischen Geschichte der Kindheit unter dem Titel «Hört ihr die Kinder weinen» (1977). An anderer Stelle fährt er fort: «Bei antiken Autoren (gibt es) Hunderte von eindeutigen Hinweisen darauf, dass das

Umbringen von Kindern eine allgemein akzeptierte alltägliche Erscheinung war. Kinder wurden in Flüsse geworfen, in Misthaufen und Jauchegräben geschleudert, in Gefäßen eingemacht, um sie darin verhungern zu lassen, auf Bergen und an Wegrändern ausgesetzt als Beute für Vögel, Futter für wilde Tiere, die sie zerreißen würden.»

Auch wenn es Zeugnisse dafür gibt, dass Eltern in der Antike durchaus zu Mitgefühl fähig und ihnen die Kinder nicht gleichgültig waren, ist doch festzustellen, dass Kinder damals nicht als vollwertige Menschen galten. Bezeichnend ist, dass im Griechischen und Lateinischen die Wörter für «Kind» (pais bzw. puer) zugleich auch «Sklave» und «Diener» bedeuten. Im patriarchalischen Römischen Recht lag es in der Hand des Vaters, ein neu geborenes Kind anzunehmen oder dem Tode auszusetzen (ius vitae et necis). Bis zum 4. nachchristlichen Jahrhundert galt der Kindermord weder vor dem Gesetz noch in der öffentlichen Meinung als etwas Unrechtes.

Tief greifende Änderungen ergaben sich durch das Aufkommen des Christentums. Es ist vermutlich kein Zufall, dass es erst eines Massenmordes an Kindern durch den römischen Statthalter Herodes bedurfte, das Bild vom Kind nachhaltig zu verändern und Kinder als den Erwachsenen vor Gott gleich gestellte Menschen anzuerkennen. Im Markus-Evangelium wird berichtet, wie Jesus sich gegen die Missachtung der Kinder wendet und sie mit den Worten segnet: «Lasset die Kindlein zu mir kommen und wehret ihnen nicht; denn solcher ist das Reich Gottes. Wahrlich ich sage euch: Wer das Reich Gottes nicht empfängt wie die Kinder, der wird nicht hineinkommen.» In Folge der sich allmählich durchsetzenden christlichen Fürsorgepflicht (Caritas) wurden Kindesaussetzungen verboten und es kam zur Gründung von Kinderschutzeinrichtungen. In Mailand wurde 787 n. Chr. das erste Asyl für ausgesetzte Kinder eröffnet.

In der Aufklärung wandelte sich das Bild vom Kind erneut. Neben die Anerkennung eines eigenständigen Lebensrechts des Kindes trat die Auffassung, dass Kinder einer besonderen Förderung bedürfen. Die Kindheit als «Erfindung der Moderne» (Philippe Ariès) – als Lebensabschnitt mit eigenen Bedürfnissen – wurde geboren. Neben der Familie etablierte sich die Schule als öffentlicher Ort der Erziehung. Im 18. und vor allem im 19. Jahrhundert wurden Arbeitsschutz- und Misshandlungsverbotsgesetze erlassen, nicht zuletzt unter dem Eindruck, dass durch die massenhafte Ausbeutung und Misshandlung von Kindern die Bereitstellung eines gut funktionierenden Nachwuchses für Wirtschaft und Militär gefährdet war.

Das Recht der Eltern und Lehrer auf körperliche Züchtigung blieb davon allerdings vorerst unberührt. Als im Jahre 1900 das Bürgerliche Gesetzbuch (BGB) in Kraft trat, wurde zwar das bis dahin bestehende Züchtigungsrecht des Ehemannes gegenüber seiner Ehefrau aufgehoben; im Verhältnis zu den Kindern hatte der Vater jedoch gemäß der ursprünglichen Fassung des § 1631 Abs. 2 weiterhin ausdrücklich das Recht, «kraft des Erziehungsrechts angemessene Zuchtmittel gegen das Kind anzuwenden».

Es dauerte fast sechzig Jahre, bis diese Regelung im Zuge des Gleichberechtigungsgesetzes 1958 ersatzlos gestrichen wurde. In der Praxis änderte sich dadurch kaum etwas. Denn während das Jugendarbeitsschutzgesetz aus dem Jahre 1960 ein ausdrückliches Züchtigungsverbot im Lehr- und Arbeitsverhältnis enthält, fehlte eine solche Norm für das Eltern-Kind-Verhältnis. In der öffentlichen Meinung und auch in der Rechtsprechung wurde die körperliche Züchtigung weiterhin als Gewohnheitsrecht der Eltern betrachtet. So schlossen sich im Jahre 1970 einer Umfrage des Instituts für Demoskopie Allensbach zufolge fast 40 % der Erwachsenen der Meinung an: «Schläge gehören zur Erziehung, das hat noch keinem Kind geschadet.» Noch Ende der 80er-Jahre verkündete der Bundesgerichtshof in einer Entscheidung, dass die Verwendung eines stabilen Wasserschlauches als Schlaggegenstand als solches nicht als entwürdigende Behandlung anzusehen sei (BGH JZ 1988, 617).

Allmählich allerdings setzte ein Stimmungsumschwung ein. Im Jahre 1998 waren nur noch knapp 15 % der Erwachsenen in Ost und West der Ansicht, dass Schläge zur Erziehung gehören, während der Anteil derer, die es grundsätzlich verkehrt finden, ein Kind mit Schlägen zu bestrafen, von 28 % im Jahre 1970 auf immerhin fast 40 % im Jahre 1998 angestiegen ist. Parallel hierzu gab es wichtige Veränderungen in Rechtsprechung und Gesetzgebung. Bereits 1968 stellte das Bundesverfassungsgericht (BVerfG) in einer Grundsatzentscheidung fest, dass das Kind «ein Wesen mit eigener Menschenwürde und einem eigenen Recht auf Entfaltung seiner Persönlichkeit im Sinne der Art. 1 Abs. 1 und 2 Abs. 1 Grundgesetz (GG) ist» (BVerfG 24, 119, 144). In der Folge dieses Urteils wurde das Elternrecht als ein ausdrücklich pflichtgebundenes Recht verstanden, das seine Begrenzung im Wohl des Kindes findet. Im Zuge der großen Sorgerechtsreform kam dann 1980 der Übergang von der elterlichen Gewalt zur elterlichen Sorge und mit ihr eine neue Formulierung des § 1631 Abs. 2 BGB, die lautete: Entwürdigende Erziehungsmaßnahmen sind unzulässig. Die Verabschiedung und zunehmende Verbreitung der UN-Kinderrechtskonvention schließlich gab der öffentlichen und rechtspolitischen Debatte zusätzlichen Schwung. In den letzten Jahren setzte sich immer mehr durch, das Kind von Beginn an als Person mit eigenen Rechten zu betrachten und das Elternrecht vor allem als Elternverantwortung zu verstehen.

Argumente für eine Erziehung ohne Gewalt

Wenn es in Diskussionen um gewaltfreie Erziehung geht, finden sich immer wieder Menschen, die Gewalt als Erziehungsmittel rechtfertigen oder der Ansicht sind, ohne Gewalt nicht auskommen zu können. Auch wenn bei näherem Hinsehen viele Rechtfertigungen als eine Rationalisierung eigener Schuldgefühle erscheinen, lohnt es doch, diese Meinungen einer genaueren Betrachtung zu unterziehen. Die am häufigsten vorgebrachten Argumente lauten: Im Alltag jedes Elternteils gäbe es Situationen, in denen das Kind nur durch einen Klaps von seinem unerwünschten oder gefährlichen Tun abzubringen sei. Als Beispiele werden häufig der Griff des kleinen Kindes auf die heiße Herdplatte oder eine Selbstgefährdung im Straßenverkehr genannt. Weiter wird angeführt, dass im Vergleich zu einer angeblich heilsamen Tracht Prügel seelische Verletzungen für das Kind viel schwerer zu verkraften seien. Schließlich wird die Ansicht vertreten, auf Grund der engen Bindung zwischen Kind und Eltern sei Gewalt im familiären Nahraum für das Kind weniger schädigend als im Kontakt mit weiter entfernt stehenden Personen.

Dem ist entgegenzuhalten: Auch wenn das Kind nach einem Klaps kurzfristig von dem unerwünschten Verhalten Abstand nimmt, wird dadurch langfristig keine Verhaltensänderung erreicht. Die entstehende Angst vor Strafe bewirkt vielmehr, dass eine freie Entscheidungs- und Handlungsmöglichkeit für das Kind nicht gegeben ist. Bestenfalls lässt sich erreichen, dass Kinder sich anpassen, um Strafe zu vermeiden, nicht aber zum Beispiel aus Einsicht oder Rücksichtnahme auf andere. Der erzieherische Zweck wird dadurch regelmäßig verfehlt, zumal Erwachsene vielfältige andere Möglichkeiten haben, ein Kind von seinem gefährlichen Tun abzubringen. Nicht immer wird zu vermeiden sein, dass Eltern in einer Schrecksituation oder weil sie sich anders nicht zu helfen wissen, die Hand ausrutscht. Verkehrt und für das Kind verwirrend wäre es allerdings, eine solche Überforderung als gelungene Erziehung ausgeben zu wollen.

Vielmehr sind nach einer Kurzschlussreaktion normalerweise Gefühle von Scham und Schuld zu erwarten, die dem Kind zusammen mit einer Entschuldigung auf altersgemäße Weise verständlich gemacht werden können.

Eine weitere Gefahr ergibt sich dadurch, dass der häufig gegebene Klaps zur gewohnten Reaktion werden und im Falle einer regelmäßig zu erwartenden Widerspenstigkeit des Kindes leicht zu heftigeren Körperstrafen führen kann. Jede körperliche Bestrafung birgt ein hohes Risiko der Eskalation in sich. Untersuchungen haben ergeben, dass Eltern, die ihr Kind auch in späteren Jahren noch schlagen, nicht mehr nur die Hand benutzen, sondern zu härteren Körperstrafen übergehen. Viele Kindesmisshandlungen haben mit leichten Formen der Gewalt begonnen und stellen lediglich eine graduelle Verschärfung einer grundsätzlich gebilligten Haltung dar.

Der Ansicht, seelische Verletzungen seien für das Kind schwerer zu verkraften als eine heilsame Tracht Prügel, ist entgegenzuhalten, dass jede körperliche Gewalt mit einem Angriff auf die Würde des Kindes verbunden ist. Kinder spüren diese seelische Verletzung, die mit der Körperstrafe einher geht. Die Tatsache, dass bestimmte Formen seelischer Verletzungen wie zum Beispiel Einsperren, Bloßstellen, Belügen oder Erpressen schwerwiegende Folgen haben können, darf nicht dazu führen, Körperstrafen in ihrer Bedeutung für die Psyche des Kindes zu verharmlosen.

Auch die Vorstellung, auf Grund einer engen Bindung zwischen Kind und Eltern sei Gewalt im familiären Nahraum für das Kind weniger schädigend, erweist sich als Irrtum. Das Gegenteil ist der Fall. Die Bindung des Kindes an seine Eltern bewirkt, dass Kinder – vor allem solange sie noch klein sind – dazu neigen, die Schuld für ihnen angetane Gewalt bei sich selbst zu suchen. Sie hoffen auf diese Weise, die Liebe der Eltern, die ihnen verloren zu gehen droht, doch noch erhalten zu können, und sei es um den Preis der Selbstverleugnung. Folgen dieser Verarbeitung sind als Identitätsprobleme und narzisstische Störungen häufig noch im Erwachsenenalter zu spüren.

Neben diesen gibt es weitere gewichtige Argumente für die ersatzlose Streichung des elterlichen Züchtigungsrechts. Viktimologische und kriminologische Forschungen zeigen eindeutig, dass ein enger Zusammenhang besteht zwischen der Gewalt, der Kinder und Jugendliche seitens ihrer Eltern ausgesetzt sind oder waren, und den verschiedenen Formen der Jugendgewalt. Die Untersuchungen von Pfeiffer u.a. (1998) belegen, dass die Gewalt, der junge Menschen seitens ihrer Eltern ausgesetzt sind, wesentlich häufiger geschieht als Jugendgewalt. Junge Gewalttäter waren in aller Regel zunächst Opfer innerfamiliärer Gewalt, bevor sie zu Tätern wurden. Die gefährlichen waren zunächst vor allem gefährdete Kinder. Die meisten von ihnen haben zu Beginn ihres Lebens von denjenigen Erwachsenen, die zu ihrem Schutz da sein sollten, Gewalt, Lieblosigkeit oder Vernachlässigung erfahren. Gewalt in der Familie ist daher ein Nährboden für spätere Gewalttätigkeit. Es gibt Belege dafür, dass geschlagene oder seelisch verletzte Kinder ihren Eltern, wenn diese alt geworden sind, die Gewalt zurückzahlen. Oder die Eltern einfach links liegen lassen, wenn diese Unterstützung und Zuspruch brauchen.

Familie ist aber auch der Ort, an dem der Kreislauf der Gewalt am ehesten durchbrochen werden kann. Das Leitbild der gewaltfreien Erziehung ist dafür eine wichtige Orientierung. Was Eltern zusätzlich brauchen, sind Ermutigung, Unterstützung in schwierigen Situationen und überzeugende Vorbilder, die zeigen, dass Erziehung ohne Gewalt für alle ein Gewinn ist. Solange jedoch unsere Gesellschaft signalisiert hat, dass das Schlagen von Kindern vom Gesetz gedeckt wurde, machte sie sich mitschuldig am Teufelskreis der Gewalt, der viele Familien über Generationen belastet.

Für ein neues Verhältnis zwischen Erwachsenen und Kindern

Die gesetzliche Einführung eines Rechts von Kindern auf gewaltfreie Erziehung ist sichtbarer Ausdruck für einen tief greifenden Wandel im Verhältnis zwischen Erwachsenen und Kindern. Hier zeigt sich das Ende des traditionellen und der Übergang zu einem neuen Generationenverhältnis. An die Stelle der Unterordnung des Kindes unter Wille und Macht der Eltern tritt eine gleichberechtigte Beziehung, in der die Würde und die Rechte des Kindes einen selbstverständlichen Platz neben denen der Erwachsenen einnehmen.

Dieser Perspektivenwechsel darf aber nicht zur Folge haben, die bestehenden Unterschiede zwischen Erwachsenen und Kindern einzuebnen. Kinder sind keine kleinen Erwachsenen. Auf Grund ihres Alters und der sich entwickelnden körperlichen und geistigen Reife bedürfen sie des besonderen Schutzes und der besonderen Fürsorge. Über die allgemeinen Menschenrechte hinaus brauchen Kinder Kinderrechte. Sie brauchen ein Recht auf Kindheit, das Recht auf einen Spiel- und Übungsraum, in dem

Verantwortlichkeit wachsen und eingeübt werden kann. Neben die Akzeptanz der Gleichberechtigung zwischen Kindern und Erwachsenen muss daher der Respekt vor dem Altersunterschied (Prengel 2000) treten. In dieser Spannung zwischen Gleichheit auf der einen – Kinder sind Menschen – und Differenz auf der anderen Seite – Kinder haben altersbedingte spezifische Bedürfnisse – liegt der Kern des neuen Verhältnisses zwischen Erwachsenen und Kindern.

Immer wieder gibt es Versuche, dieses Verhältnis aus der Balance zu bringen und Kinder entweder ihres Menschseins zu berauben oder sie den Erwachsenen zuzuschlagen.

Man denke nur an die verbreitete Rede vom dummen ersten Vierteljahr im Leben eines Säuglings, in dem angeblich keine Rolle spielt, wer sich um das Kind kümmert. Hauptsache, gut versorgt, heißt es. Das Kind wird auf diese Weise gleich am Beginn seines Lebens zu einem passiven Bedürfnispaket reduziert, zu einem Wesen, das als Noch-nicht-Mensch gilt. Dabei wissen wir, wie feinfühlig Neugeborene den Geruch der Mutter oder die Stimme des Vaters wahrnehmen und wie kompetent und aktiv sie Kontakt aufnehmen und Kommunikation in Gang halten können.

Oder man denke an den Schüler, der auf Missstände aufmerksam macht und mit untrüglicher Sicherheit auf Widersprüche zwischen Reden und Handeln bei Erwachsenen hinweist. Und der dann zu hören bekommt: Du bist hier gar nicht gefragt. Dabei wissen wir, welche genaue Beobachtungsgabe Jugendliche haben. Wir wissen, mit welcher Konsequenz sie Schlüsse ziehen können, die in der Diskussion für alle eine Bereicherung sein können.

Auf der anderen Seite stehen bedrohliche Tendenzen, die Grenzen zwischen Kindheit und Erwachsenenwelt zu verwischen oder gar auszuhebeln. Jung sein, Kind sein ist zum Ideal vieler Erwachsener geworden. Und so brechen diese Erwachsenen – ausgestattet mit ihren erwachsenen Bedürfnissen – massenhaft in die Kinderwelten ein, auf der Suche nach dem neuesten Kick. Infantilisierung der Erwachsenenwelt, Sexualisierung und Brutalisierung der Kindheit sind die Folge. Jungen plaudern wie selbstverständlich über die neuesten Horror-Videos der vergangenen Nacht, Mädchen mit acht oder neun Jahren stylen sich wie Models und benutzen Parfums, die denen der Erwachsenen nachempfunden sind. Kinder haben Terminkalender wie Jungunternehmer und leiden folgerichtig unter deren Berufskrankheiten: Dauerstress und Bewegungsmangel führen zu Kopf- und Magenschmerzen, Schlafstörungen und

Konzentrationsproblemen, die dann wiederum mit den Methoden der Erwachsenen – Aufputsch- und Beruhigungsmitteln – bekämpft werden.

Vom Ende der Kindheit ist bereits die Rede, und tatsächlich besteht die Gefahr, die zivilisatorische Errungenschaft, Kinder eben nicht wie kleine Erwachsene zu behandeln, erneut – diesmal unter modern klingenden Vorzeichen – auf's Spiel zu setzen.

Demgegenüber brauchen wir ein Verständnis, das im Kind den Gleichen wahrnimmt und das zugleich die Unterschiede zwischen Erwachsenen und Kindern nicht leugnet. Ein Verständnis, das von wechselseitigem Respekt geprägt ist, der die Grundlage dafür bildet, dass der Mensch nicht des Menschen Wolf ist.

Gewaltfreie Erziehung fördern

Kinder ohne Gewalt zu erziehen ist zunächst die Aufgabe der Eltern. Aber die Eltern dürfen damit nicht alleine gelassen werden. Die Gesellschaft insgesamt und die Politik sind gefordert, Rahmenbedingungen zu schaffen, unter denen gewaltfreie Erziehung leichter möglich wird. Hierfür bedarf es eines Bündels von Maßnahmen.

Festschreibung des Leitbilds der gewaltfreien Erziehung

Die Ächtung von Gewalt gegen Kinder muss in einem klaren Leitbild zum Ausdruck kommen. Die gesetzliche Festschreibung des Rechts von Kindern auf gewaltfreie Erziehung war daher überfällig. Jedem muss deutlich werden, dass es einen gesellschaftlichen Konsens gibt, Gewalt als Mittel der Erziehung nicht zu akzeptieren. Die eindeutige Botschaft muss lauten: Wer sein Kind schlägt, erzieht nicht.

Aufklärung der Eltern

Eltern müssen über die gesetzlichen Grundlagen informiert werden. Hierzu gehört auch, dass eine Kriminalisierung elterlichen Verhaltens durch das neue Gesetz nicht beabsichtigt ist. Die Aufklärung muss frühzeitig, d.h. bei der Geburtsvorbereitung und dem Übergang zur Elternschaft, einsetzen und Informationen über Ursachen und Folgen von Gewalt in der Familie sowie über die zur Verfügung stehenden Hilfsangebote umfassen.

Information der Kinder über ihre Rechte
Kinder, die ihre Rechte kennen, sind besser vor Gewalt geschützt. Die Information über die Rechte der Kinder muss Teil des Bildungsauftrags in Kindergarten und Schule werden.

Werbung durch Vorbilder
Stars aus Kultur und Sport haben großen Einfluss auf Einstellung und Verhalten von Kindern und Erwachsenen. Öffentliche Äußerungen bekannter Persönlichkeiten, die sich für eine Erziehung ohne Gewalt stark machen, können eine Signalwirkung bekommen.

Verbesserung der Hilfsangebote
Hilfen bei Gewalt müssen dort zu finden sein, wo Kinder und Eltern ihren Alltag verbringen: in Kindertagesstätten, Schulen, Stadtteil- und Freizeiteinrichtungen. An diesen Orten sollte es kompetente Ansprechpartner geben, die ohne Schwellenangst zu erreichen sind.

Qualifizierung der Fachkräfte
Im Umgang mit Gewalt sind auch viele Fachkräfte überfordert. Anti-Gewalt-Trainings und der professionelle Umgang mit Familienkrisen muss Bestandteil der Fachausbildungen werden.

Strukturelle Gewalt abbauen
Die Politik ist gefordert, die in vielen Bereichen bestehende strukturelle Rücksichtslosigkeit gegenüber Kindern abzubauen und die Rahmenbedingungen für Familien zu verbessern. Das Eintreten der Politik für ein Recht von Kindern auf gewaltfreie Erziehung ist erst dann glaubwürdig, wenn die Brücke zum Abbau der strukturellen Gewalt geschlagen wird.

Es liegt an uns, der Würde des Kindes auch im Bereich der Familie uneingeschränkt Geltung zu verschaffen und Gewalt gegen Kinder immer mehr zurückzudrängen. Damit wäre am Beginn dieses noch jungen Jahrhunderts endlich deutlich: Kinder sind unschlagbar.

Literatur

Bussmann, Kai-D., in: Frehse u. a. (Hg.): *Family Violence Against Children*, Berlin 1996

Entwurf eines Gesetzes zur Ächtung der Gewalt in der Erziehung; Gesetzentwuf der Fraktionen SPD und BÜNDNIS 90/DIE GRÜNEN, BT-Drucksache 14/1247 vom 23. 6. 1999

Johns, Irene: *Gewaltfreie Erziehung – geht das überhaupt?*, in: Zeitschrift *frühe Kindheit* (4/1999)

deMause, Lloyd: *Hört ihr die Kinder weinen.* Eine psychogenetische Geschichte der Kindheit, Frankfurt/M. 1977

Pfeiffer, Christian u. a.: *Ausgrenzung, Gewalt und Kriminalität im Leben junger Menschen.* Sonderdruck der Deutschen Vereinigung für Jugendgerichte und Jugendgerichtshilfen e.V., Hannover 1998

Prengel, Annedore: *Gewaltfreies Erziehen in Familien – Widerspruch von Freiheit und Strukturierung.* Vortrag auf der Tagung des Bundesministeriums für Familie, Senioren, Frauen und Jugend «Gewaltfreies Erziehen in Familien», Berlin 2000

Übereinkommen über die Rechte des Kindes (UN-Kinderrechtskonvention); hgg. vom Bundesministerium für Frauen und Jugend, Bonn 1993

Wetzels, Peter: *Zur Epidemiologie physischer und sexueller Gewalterfahrungen in der Kindheit.* Forschungsbericht Nr. 59 des Kriminologischen Forschungsinstituts Niedersachsen, Hannover 1997

Thomas Feibel **Generation @ allein zu Haus – Der beste Schutz ist Vertrauen**

Wer im Internet surft, so stellte kürzlich eine amerikanische Analyse fest, hat viel weniger Zeit für die Familie. Lähmt also der Computer das familiäre Alltagsleben? Hat der Computer überhaupt die Macht, eine Familie «auseinander» zu bringen?

Das sind Fragen, die hauptsächlich durch die Medien aufgeblasen werden.

Dabei hält nur eins vom Familienleben ab: das exzessive Betreiben. Nur gilt dies eben auch für das Inline-Skaten, Essengehen, Kino, Rumgammeln oder Lesen ... Oder wie war das in den 70er-Jahren, als viele Kinder vor den drei Sendern rumhingen und sich mit Abendserien den Verstand aus den Augen glotzten?

Mit anderen Worten: Der Computer befindet sich, wie alles Neue, immer zwischen Hysterie und Hype. Aber noch immer sind die Eltern einigermaßen ratlos. Zwar haben sie jetzt den Rechner als Spielkameraden akzeptiert, noch aber weigern sich viele, auch ins Internet zu gehen. Zaghaft wagen sich einige gerade mal zu AOL, aber das ist ja nicht das Internet.

Wenn die Deutschen das Internet erfunden hätten, würde es vermutlich aussehen wie AOL. Ordentlich, sauber und übersichtlich. Aber das World Wide Web besitzt eine unlenkbare Eigendynamik, und genau das macht seinen Charme aus.

Es trifft den Geschmack jener Kids, die sich täglich in den öffentlichen Bibliotheken und Internet-Cafés treffen, um mit Freunden neue Webseiten zu entdecken oder mit Kindern in anderen Städten und Ländern zu kommunizieren. Manche gestalten sogar eine eigene Website mit ihren Vorlieben und Hobbys, die sie am liebsten der ganzen Welt mitteilen würden. Diese Webbegeisterung ist jedoch vielen Erwachsenen suspekt.

So echauffieren sich ausgerechnet renitente Nichtsurfer am meisten über die «bösen» Seiten im Web. Das Internet besteht jedoch nicht nur aus Pornografie, Kindesmisshandlung und Naziparolen. Vielmehr ist es vermutlich die größte Bibliothek im Universum, in der unzählige Nachrichten, Informationen, Geschäfte, Treffpunkte und herunterladbare Programme, Musikstücke und Bilder angeboten werden. Die ganze Welt steht der jungen Surfgemeinde offen. Die Kids befriedigen ihre Neugier, schlagen nach, stellen Fragen oder kommunizieren in den verschiedenen Chatrooms mit Gleichaltrigen, die sie im Gegensatz zu ihren Eltern nicht mit einem «jetzt nicht» vertrösten. So kann es schon vorkommen, dass die Kids jemanden als «Freund» bezeichnen, den sie noch nie gesehen haben.

Doch die an sich reichen Möglichkeiten des neuen Mediums werden im deutschen Angebot für Kinder noch lange nicht ausgeschöpft. In Deutschland wird lieber laut über Verbote und Schutzprogramme nachgedacht, anstatt kontinuierlich das deutsche WWW-Angebot auszubauen. Tatsächlich richten Schutzprogramme, wie zum Beispiel Netnanny oder CyberPatrol, nur wenig aus. Denn geraten Worte wie «Sex» in den Filter, mögen zwar die Pornoseiten nicht mehr zugänglich sein, aber viele wichtige Seiten, die sich zum Beispiel um sexuelle Aufklärung für Kinder bemühen, etwa die Seite von Pro Familia (www.profa.de/sextra.htm), fallen auf diese Weise auch weg. Außerdem lassen sich die Filter relativ leicht austricksen, und wen hätte das als Jugendlicher nicht gereizt? Der beste Schutz vor schlimmen Seiten ist Vertrauen. Wer mit seinen Kindern gemeinsam surft und mit ihnen spricht, kann mitunter mehr erreichen als ein Tool.

In Deutschland wird einiges für die Akzeptanz des Webs getan, allen voran die Aktion «Schulen ans Netz». 1996 wandte das Bundesministerium für Bildung, Wissenschaft, Forschung und Technologie (BMBF) zusammen mit der Deutschen Telekom fast 60 Millionen Mark auf, um 10000 Schulen ans Internet anzuschließen. 1999 wurden noch einmal 100 Millionen Mark investiert, «um in den kommenden Jahren alle Schulen ins Netz zu bringen.» In der Diskrepanz zu den mangelnden deutschen Inhalten verhält sich diese Politik ungefähr so, als würde man 50000 Toaster nach Ghana schicken und für ein Jahr den Strom bezahlen – nur zum Toasten ist kaum etwas da.

Immerhin hat sich die deutsche Industrie der Netkids bereits angenommen. Die Gründe, weshalb die Firmen schon früh die digitalen Weichen zu ihren potenziellen Kunden von morgen stellen, liegen auf der Hand: Zum einen dient eine Jugendseite der Aufpolierung des eigenen Images und zum anderen gilt das Netzkind als überdurchschnittlich gebildet – es geht selbstbewusst mit moderner Technologie um und hat Geld. Oder weiß zumindest, wie es an Geld herankommt. Da gilt es früh, Bindungen herzustellen, und sei es wie bei Milka (www.milka.de), um die Patenschaft einer Web-Kuh zu übernehmen. Auch Miele und die Hypobank haben ihre Fühler per Jugendsite bereits ausgestreckt. Grafisch und inhaltlich allerdings nicht immer auf der Höhe der Zeit. Dazu kommen die verlockenden Gewinnspielseiten, der Webauftritt der Jugendmagazine – und Fußball. Kein Wunder also, dass es vorwiegend sozial engagierte Einrichtungen wie Greenpeace (www.greenpeace.de), oder private und öffentliche Institutionen sind, die ansprechende und pädagogisch wertvolle Seiten für Kinder und Jugendliche im Netz einrichten. Federführend ist derzeit das Kindernetz (www.kindernetz.de) des Südwest-Rundfunks, das den Kindern eine virtuelle Stadt anbietet. Doch noch gehört nicht sehr viel dazu, zu den besten Anbietern für ein Kinderprogramm im WWW zu gehören. Es gibt kaum zu wenig Vergleichsmöglichkeiten. Knapp 7000 Kids haben sich inzwischen im Kindernetz ihre eigene Website eingerichtet. Ein ähnliches Konzept verfolgt die Egmont-Gruppe mit Fun Online (www.funonline.de). Von dem Versuch, das Angebot in einem geschlossenen System gegen monatliche Grundgebühren anzubieten, musste Egmont mangels Beteiligung wieder Abstand nehmen. Auf der inzwischen kostenfreien Website halten sich vorwiegend Kinder auf, denen das Kindernetz zu kindisch ist. Und so dreht sich dort mit Kontaktanzeigen und Fotolove-Storys alles um Teenies und deren Wünsche oder Probleme.

In Chaträumen werden die unterschiedlichsten Themen erörtert. Wie auch bei den Erwachsenen-Chats besteht ein großer Teil aus purem Schwachsinn, auf der anderen Seite finden hier Kinder endlich eine Plattform, in der sie sich unbeobachtet und befreit von Zwängen in ihrer eigenen Sprache mitteilen können.

Die jugendlichen Profis bevorzugen dagegen das Internet Relay Chat (IRC), das allerdings auf reiner Textbasis stattfindet. Davon abgesehen, lässt das E-Mail die gute, alte Brieffreundschaft von anno dazumal wieder auferstehen. Mit einem entscheidenden Vorteil: Die Mails nach Amerika kommen sekundenschnell an und können so meistens gleich beantwortet werden. Dieses Mitteilungsbedürfnis erstreckt sich inzwischen auch auf die täglich zunehmenden Online-Schülerzeitungen (http://www.schuelerzeitung.com/), in denen die Jugendlichen in Eigenregie schreiben, gestalten und programmieren. Das Internet räumt also mit einem Vorurteil auf: Wer am Computer sitzt, liest nicht mehr. Von wegen. Ohne Lese- und Schreibfähigkeiten haben Kids im Web überhaupt keine Chance.

Kindersoftware – Segen oder Fluch?

Die meisten Erwachsenen zucken schon bei dieser Stimme ernsthaft zusammen. «Huhu, ich bin Addy», ruft der Außerirdische mit Fistelstimme und winkt. Die Kinder sind sofort Feuer und Flamme. Sie folgen dem Alien überall hin – selbst zu komplizierten Algebra-Aufgaben und lästigen Grammatikübungen. Knapp 500 000-mal ging inzwischen die schulbegleitende Lernsoftware über die Ladentheke.

Der Markt für Kindersoftware boomt zweifellos wie nie zuvor. Edutainment heißt das Genre und steht für spielerisches Lernen. Die Zeiten der drögen und bedienerunfreundlichen Abfrageprogramme sind vorbei: Mühelose Installation, Illustrationen in Bilderbuchqualität und viel Witz überzeugen viele Eltern. Immer mehr greifen dafür tief in die Tasche. Ein gutes Edutainmentprodukt kostet im Durchschnitt knapp 70 Mark, ein neuer Computer mit Multimediafunktionen ist schon ab knapp 1500 Mark zu haben.

Über 1,8 Millionen PCs für den Homebereich brachte die Industrie im letzten Jahr unters Volk. Etwa 45 Prozent der Rechner heute werden nur der Kinder wegen gekauft. Den Eltern ist klar: Computerkenntnisse sind für Schule, Studium und Beruf unerlässlich, und wer möchte schon seinen Kindern die digitale Zukunft verbauen?

Gerade Erwachsene, die zuweilen recht unerfreuliche Erfahrungen mit dem Computer in den letzten zehn Jahren gemacht hatten, werfen ihre Vorurteile nun über Bord. Sie haben erkannt, dass sich der Rechner von der einst besseren, aber durchaus störrischen Schreibmaschine zum Informationsvermittler gewandelt hat, der sich nun mit CD-ROM und Internetzwischen Zeitungen, Buch und Fernsehen drängt. Und der Umgang mit neuen Medien muss erlernt sein. Wer zum Beispiel im Internet einmal mit einer Suchmaschine gearbeitet hat, muss wissen, wie er die relevante Information von all dem Müll und der Redundanz unterscheidet. Wenn also ein Vierjähriger an Papis Rechner nach gelben Socken für Willy, das Schlossgespenst, sucht, übt er bereits früh, seine «Informationen» zu finden. Auch ohne Vokabeltraining ist das ein echter Lernprozess.

Doch noch immer wird der Kaufanreiz in erster Linie durch reine Lernsoftware geprägt. Ende der 1980er-Jahre, Anfang der 1990er eroberten hauptsächlich die Schulbuchverlage den eher schläfrigen Nachmittagsmarkt und wollten Erziehungsberechtigten glaubhaft machen, dass die Kids mit diesen kostspieligen Produkten ihre schulischen Leistungen verbessern könnten. Hauptsache, die Software passte zum entsprechenden Schulbuch – das reichte schon als Kaufgrund. Dabei ist bis heute noch gar nicht bewiesen, dass die Kinder durch Lernsoftware tatsächlich bessere Noten nach Hause bringen. Ganz zu schweigen von der Problematik, dass viele Eltern den Rechner als willkommenen Nachhilfelehrer einsetzen. Spätestens bei der nächsten schlechten Note stellt sich das dann als Irrtum heraus.

Heute bieten alle Schulbuchverlage auch multimediale CD-ROMs an. Der Stuttgarter Klett-Verlag überzeugte schon 1998 mit dem Musikadventure «Opera Fatal», und Cornelsen in Berlin lieferte mit dem Deutschprogramm «Fürst Marigor und die Tobis» sein multimediales Gesellenstück ab.

Neben den schulischen Themen gibt es ein reiches Angebot: Spielgeschichten, Vorschulübungen, mehr oder weniger gelungene Malprogramme, geistreiche Knobel- und Rätselspiele, Krimis, Nachschlagewerke und Sachthemen zu Geographie, Biologie, Geschichte, Politik, Technik, Wissenschaft, Religion oder gar sexueller Aufklärung.

Nur, wie lassen sich in diesem unübersichtlichen Markt die guten CD-ROMs vom Schrott unterscheiden, der übrigens prozentual kaum höher ausfällt als auch bei den anderen Medien wie Buch, CD oder Film? Oft mangelt es in den Läden an Vorspielmöglichkeiten für CD-ROMs. Die meisten Multimedia-Verlage bieten deshalb Demos kostenlos oder für fünf Mark an, die dem Kunden einen ersten Eindruck vermitteln können. In aktiven Demos lässt sich immerhin schon etwas anklicken, während passive Demos oft noch langweiliger als ein Urlaubs-Diaabend ausfallen. Wenn aber schon die Demo nichts taugt, wird das Vollprodukt kaum besser sein.

Eine gute CD-ROM ist selbst erklärend, die Zeit der fetten Handbuch-Kladden ist vorbei. Während Romane und Filme eine vorgegebene Reihenfolge besitzen, funktionieren CD-Roms nach den Gesetzen der Non-Linearität. Ähnlich wie ein Lexikon. Wer etwas über «Moränen» nachlesen möchte, liest ja auch nicht den ganzen Brockhaus von A–Moräne. Zudem bietet bei einer guten Konzeption die Silberscheibe eine Einführung. Danach sollte es unerheblich sein, in welchem Raum oder Kapitel die Kids beginnen. Entscheidungen selbst zu treffen, ist das wichtigste Merkmal für Interaktivität.

In Amerika wurden bereits CD-ROMs für Säuglinge gesichtet. Bei uns können, je nach Reife, schon Drei- bis Vierjährige für eine knappe halbe Stunde an den Rechner. Eltern sollten sich allerdings dazusetzen und mit den Kindern über das Geschehen am Bildschirm sprechen. Mit sechs oder acht Jahren darf es auch schon mal eine Stunde sein. Zeitliche Begrenzungen sind unter anderem auch deshalb sinnvoll, weil viele Produkte schon nach zwei, drei Stunden durchgespielt sind. Es muss aber auch nicht immer alles gekauft werden. Mittlerweile bieten immer mehr Bibliotheken Computerarbeitsplätze und neue Medien in ihrem Bestand an. Das kommt gerade den Kindern und Jugendlichen zugute, deren Eltern sich überhaupt keinen Computer leisten können.

Eltern und Pädagogen können also eine Menge tun, um aus den angeblichen Verblödungsmaschinen eine echte Bereicherung für ihre Kids (und für sich) zu machen. Und wenn sie sich darauf einlassen, können sie eine Menge von den Jüngeren lernen.

Kriterien für Kindersoftware

- denkbar einfache Installation
- selbst erklärend sein
- leicht navigierbar sein
- über einen «Zurück»-Button verfügen
- eine sinnvolle Einführung anbieten, die auf alle Möglichkeiten hinweist
- einfach zu bedienen sein
- eine ansprechende Grafik besitzen
- professionelle Sprecher sind Pflicht
- atmosphärische Geräusche (z. B. Wald)
- notfalls Hilfe anbieten
- Feedback geben
- die Musik sollte auch über einen längeren Zeitraum erträglich sein

Margrit Jansen

Der Arbeitsplatz Kind qualifiziert für die moderne Arbeitswelt

Der große Hörsaal der Marburger Universität ist gut gefüllt. Rund 250 Mütter aus ganz Hessen sind mit ihren Kindern zum dritten Hessischen Mütterkongress, organisiert vom Hessischen Mütterbüro*, Langen, angereist. Kinderwagen und Buggys füllen die Gänge, Fernsehkameras surren. Hin und wieder ist auch ein Vater zu sehen. «Gerade mal jeder hundertste Vater geht in den Erziehungsurlaub», hat die hessische Familienministerin den Zuhörerinnen zur Begrüßung vorgerechnet und zugleich vermerkt, dass Frauen fast doppelt so viel unbezahlte Arbeit leisten wie Männer. Die Hälfte aller Mütter sei inzwischen in Deutschland erwerbstätig, erwirtschafte aber lediglich 14 % des Familieneinkommens.

Wer den unbezahlten, weitgehend unsichtbaren Arbeitsplatz Haushalt und Kind mit einem Erwerbsarbeitsplatz kombinieren will, der Geld einbringt, muss nach wie vor Abstriche machen. Meist ist die Kombination Familie und Job hierzulande auch heute noch nur dann zu schaffen, wenn ein Teilzeitarbeitsplatz zu finden ist. Denn bedarfsgerechte Kinderbetreuung – besonders für die Kleinen unter drei und die Großen über sechs – ist immer noch Mangelware. Und Ganztagsschulen muss man in Deutschland mit der Lupe suchen – das übrige Europa schüttelt über so viel verbissenes Festhalten an alten Zöpfen verwundert den Kopf. Teilzeitarbeit aber hat ihre Tücken. Sie drückt empfindlich aufs Einkommen, nachdrücklich aufs Fortkommen und letztendlich auch massiv aufs Auskommen, und zwar nicht nur im Alter, wenn es um die Rente geht. Ein Teufelskreis, das bestätigte beim Mütterkongress auch Dr. Elisabeth von Drücker vom Hamburger Museum für Arbeit. Sie stellte fest: «Zeitverschwendung ist ein wichtiges Mittel, wenn das Produkt Kind gelingen soll.» Elternarbeit – genauer gesagt Mütterarbeit – sei Schattenarbeit – daher wäre es erforderlich, dass sich hier z. B. auch die Gewerkschaften zu einem anderen Blickwinkel entschlössen.

Welche Exponate sind im Hamburger Museum für Arbeit unter der Überschrift «Arbeitsplatz Kind» zu sehen? Z. B. ein Pinkeltöpfchen als Symbol für die Reinlichkeitserziehung; ein Pappschuh zum Erlernen des Schleifebindens als Symbol zur Vermittlung von Kulturtechniken, ein Glas Johannisbeermarmelade steht für den genussvollen Anteil lebenslanger Versorgungsarbeit … Damit kranke und behinderte Kinder nicht unsichtbar bleiben, findet sich in der Vitrine der Neurodermitisanzug eines sechsjährigen Jungen. Die Kakaoflasche erinnert an die «Milchmütter», die ehrenamtlich an Hamburger Schulen in Pausen Schulmilch verkaufen. Für das sich immer wiederholende Aushandeln der Arbeit am Kind zwischen beiden Elternteilen läuft ein Tonband und die Wortfetzen sind niemandem im Saal unbekannt:

Er:	*Sie:*
Wer geht einkaufen?	Falls du das vergessen haben solltest,
Elternsprechtag	mache ich das doch lieber gleich selber
Diktat üben	
Fahrrad reparieren	Schatz, vergiss bitte nicht …
Wickeln	
Nase putzen	
Trösten, toben	da kann ich lange reden
Streiten, verbessern	
Zuhören	bevor ich gegen die Wand rede
Zurechtweisen	
Geburtstag vorbereiten	ach, denk doch bitte dran
Vokabeln abhören	
Ferien vorbereiten	da mach ich es lieber selber …

Während feststeht, dass Frauen durch Kinder und eine eigene Familie in ihren Berufs- und Karrierechancen stark eingeschränkt werden, manche sprechen vom Karriereknick, zahlt sich das Kinderhaben für verheiratete Männer so richtig aus. Es wird zum Karrierekick, denn Familie bringt Männer auf der Karriereleiter nur noch besser voran. Das ergab eine Studie des Bundesfamilienministeriums «Familie an der Schwelle zum neuen Jahrtausend». Verheiratete Väter gehören zu fast 50 % zu den Aufsteigern im Beruf, ledige Männer nur zu 32 %, so wurde ermittelt. Bei den verheirateten Müttern sieht das Bild ganz anders aus. Lediglich 27 % konnten sich beruflich verbessern. Ledige und kinderlose Frauen hingegen erweisen sich als beruflich ähnlich erfolgreich wie verheiratete Familienväter. Aber – Kinder hin, Kinder her – es ist außerdem Fakt, dass in den oberen Management-Etagen großer deutscher Unternehmen nur 6 % Frauen zu finden sind. Ganz anders in den USA. Dort sind 46 % und in Kanada 42 % Frauen in Führungspositionen. Deutschland ist also auch hier ein Entwicklungsland, das Wettbewerbsvorteile verschenkt, weil es Frauen im Beruf behindert und ihre vielfältigen Potenziale ungenutzt lässt.

Auch das Klima in den Familien selbst wird belastet. Eine Bauingenieurin, Mutter von zwei Kindern: «Ich kann die Jahre, die ich der Kinder wegen aus dem Beruf raus war, nie mehr einholen. Wenn ich meinen Mann sehe, wie er Karriere machen konnte, weil er niemals raus war und durch mich den Rücken frei hatte, das ärgert mich manchmal doch.»

Während Männer also Familie gut brauchen können, um beruflich weiterzukommen, brauchen Frauen, die Familie und Job vereinbaren wollen, Entlastung. Beim Mütterkongress trug die Arbeitsgruppe «Kinder und Job» zusammen, was nötig ist:

- Mehr Kinderfreundlichkeit
- flexible und kostengünstige Betreuungsangebote für Kinder ab dem ersten Lebensjahr
- Ganztagsschulen mit Mittagstisch
- Betriebe, die sich verantwortlich fühlen
- mehr Teilzeitarbeitsplätze mit Aufstiegschancen für Frauen und Männer
- mehr mutige Frauen, die Entlastung einfordern und ihre Wünsche nach außen tragen
- mehr Männer, die sich zuständig fühlen für Hausarbeit und Kinder
- mehr Frauen, die sich ihrer Stärken bewusst sind
- mehr Frauen, die ihren Männern bei der Hausarbeit und Kinderbetreuung mehr zutrauen
- mehr Fürsorglichkeit für alle Mütter
- mehr Solidarität unter den Frauen
- mehr Fürsorglichkeit für sich selbst – die eigenen Grenzen der Belastbarkeit benennen und akzeptieren

Wir wissen, dass der Arbeitsmarkt immer enger wird. Wir wissen, dass die Zukunft der Arbeit meist von Männern ausgehandelt wird. Wir wissen, dass die Arbeitswelt sich immer schneller verändert. Viele Frauen, die der Kinder wegen ihre Berufstätigkeit unterbrechen, erfahren: Je länger die Berufsunterbrechung dauert, umso schwieriger wird der Wiedereinstieg. Denn es ist mehr als wahrscheinlich, dass sich der ehemalige Beruf verändert hat, dass neue Technologien Einzug gehalten haben – der Computer mit seinen vielfältigen Anwendungs- und Entwicklungsmöglichkeiten ist nur ein Beispiel. Außerdem werden viele Wiedereinsteigerinnen feststellen müssen, dass der frühere Arbeitsplatz inzwischen an andere vergeben worden ist. Für das Suchen nach einem neuen Arbeitsplatz muss Zeit und Energie eingeplant werden. Möglicherweise muss ich meine Ansprüche zurückschrauben. Und es ist ziemlich sicher, dass frau sich auch selbst verändert hat: «Ich will heute gar nicht mehr in meinen alten Beruf zurück. Ich war im Büro. Heute würde ich viel lieber einen sozialen Beruf haben, mit Menschen arbeiten» oder «Als ich meine Ausbildung gemacht habe, wusste ich eigentlich gar nicht, was ich wirklich werden wollte. Heute würde ich gerne nochmal etwas ganz Neues lernen.»

Trotz allen Könnens in den eigenen vier Wänden – am Arbeitsplatz Kind – ist immer wieder auch das verloren gegangene Selbstbewusstsein ein Problem. Nicht nur in Orientierungskursen ist zu hören: «Irgendwie bin ich richtig raus. Ich habe nach so langer Zeit einfach nicht den Mut, mich zu bewerben. Was habe ich denn schon zu bieten, nach den vielen Jahren zu Hause.» Dabei haben wir doch in der Zeit zu Hause bei den Kindern nicht nur Däumchen gedreht. Dazu eine Hausfrau, Mutter von drei Kindern: «Ich ärgere mich fürchterlich, wenn ich von anderen gefragt werde, ob ich denn nicht arbeite. Als sei nur Beruf Arbeit und sich um Kinder kümmern und Hausarbeit machen das reinste Freizeitvergnügen. Am wenigsten gefällt mir, wenn die Mütter selbst auch in diese Abwertung der eigenen Leistung einstimmen. Wenn sie mir ganz stolz erzählen, dass sie vormittags wieder arbeiten, dann frage ich, was sie denn nachmittags machen, wenn sie die Wohnung putzen, das Essen kochen und die Kinder versorgen.»

Wir mögen uns ärgern. Wir mögen es beklagen, wie schwer wir es als Frauen haben, und wie langsam Reformen vorankommen. Aber, wenn Mütter ein eigenes Einkommen haben wollen und damit finanzielle Unabhängigkeit – wenigsten ein Stück davon – und Selbständigkeit sichern wollen, bleibt nur der Einstieg in die Erwerbsarbeit und das Abgeben von Familienarbeit.

Warum vergessen wir so leicht, dass wir es selbst sind, die Verantwortung für unsere Lebensplanung und unsere Entscheidungen übernehmen müssen und dürfen? Darauf weiß die amerikanische Psychotherapeutin Harriet Goldhor Lerner eine Antwort: «Frauen werden durch ihre spezifische Sozialisation entmutigt, ihre Probleme selbst zu lösen, ihre Entscheidungen selbst zu treffen und über die Werte und Zielrichtungen ihres Lebens selbst zu bestimmen. Dadurch, dass man uns beibringt, auf Eigenverantwortung zu verzichten, entwickeln wir vielmehr die Neigung, andere für schuldig zu erklären, dass sie unser Leben nicht ausfüllen und nicht für unser Glück sorgen – was natürlich auch nicht ihre Aufgabe ist. Gleichzeitig fühlen wir uns für alles verantwortlich, was um uns her vorgeht. Wir lassen uns leicht die Schuld für die Probleme anderer zuschieben und nehmen die Schuldzuweisung ohne weiteres an. In unserem Sozialisationsprozess entwickeln wir außerdem die Überzeugung, dass wir Konflikte abwenden können, wenn wir uns nur genug bemühen. Schuldgefühle und Selbstvorwürfe sind wirklich ‹Frauenkrankheiten› – und zwar von epidemischem Ausmaß.»

Woher soll Heilung kommen? Wir wünschen uns ein Leben wie im Märchen. Aber *Aschenputtel, Schneewittchen und Dornröschen sind schlechte Vorbilder für selbstbewusste Frauen.* Oder nehmen wir die Geschichte vom Froschkönig? Nicht nur für Frauen wäre es hilfreich, diese Märchen würden von den «Schwestern Grimmig» endlich umgeschrieben, z. B. so: Da saß er und rief: «Heb mich herauf zu dir.» Sie zauderte, bis es endlich die Königin befahl … und als er endlich dasaß, sprach er: «Nun schieb mir dein goldenes Tellerlein näher, damit wir zusammen essen.» Das tat die Tochter der Königin zwar, aber man sah wohl, dass sie's nicht gerne tat. Er ließ sich's gut schmecken, aber ihr blieb fast jedes Bisslein im Halse stecken … Als sie aber im Bett lag, kam er gekrochen und sprach: «Ich bin müde, ich will schlafen so gut wie du. Heb mich herauf, oder ich sag's deiner Mutter.» Da ward die Tochter der Königin bitterbös, holte ihn herauf und warf ihn mit allen Kräften wider die Wand. «Nun wirst du Ruhe haben, du garstiger Märchenprinz.» Als er herabfiel, war er kein Märchenprinz, sondern ein niedlicher Frosch mit schönen freundlichen Augen. «Adieu, Märchenprinz», flüsterte die Prinzessin liebevoll, «ich bin auf der Suche nach meinem eigenen Glück und lasse dir auch deine Freiheit.»

Frauen dürfen allein herausfinden, was sie wollen. Lassen wir die Märchenprinzen unserer Phantasie frei. Wir wissen doch längst, dass es sie in Wirklichkeit gar nicht gibt. Träume werden wahr, wenn wir mutig genug sind, uns selbst und selbstbewusst an die Umsetzung zu wagen. Natürlich heißt das nicht, dass wir von nun an gegen den Rest der Welt anrennen und die Interessen und Wünsche anderer Menschen in unserem Leben keine Rolle spielen. Es heißt, dass wir uns auf die Suche nach unseren eigenen Wünschen und Interessen machen. Und das steht jedem Menschen zu.

«*Wenn wir an den Strukturen nicht gestaltend mitwirken, dann sind wir immer Hinterherhoppelnde*», rief Rita Süssmuth, Bundestagspräsidentin a.D. den Frauen beim vierten Hessischen Mütterkongress in Langen zu. «Was uns als Frauen aufgetragen ist, ist, dass wir nicht verharren in einer Politik, die uns oft aufgezwungen wird: Kümmert euch um das Problem Familie, Vereinbarkeit und Gewalt. Das ist eine zu enge Frauenpolitik. *Es hat sich die Tüchtigkeit der Frauen erwiesen.* Sie werden fragen, zu welchem Preis? Ja, der Preis war und ist hoch. Aber es gibt keinen Fortschritt, ohne dass wir als Menschen dafür einen Preis zahlen. Man muss sich dessen nur bewusst sein, damit man den Preis nicht schon als Gewinn darstellt.»

Geschenkt wird uns nichts. Und die Bretter sind dick, die gebohrt werden müssen. «Theoretisch sind Vater und Mutter fürs Kind zuständig. In der Regel aber der Mann fürs Geld und die Frau für die Versorgung. Dieses Bild ist tief eingefressen mit allen Konsequenzen. Darum sind auch junge Frauen davon mitbetroffen. Wenn sie nämlich eine Lehrstelle suchen oder einen Arbeitsplatz, sind sie für den Arbeitgeber potentielle Mütter. Wenn wir es hinkriegen – z. B. mit dem Erziehungszeitgesetz – de facto das Wissen für die Personalabteilungen zu verbreiten, dass auch Männer potentielle Väter sind, dann wäre das toll», so Margot von Renesse, Bundestagsabgeordnete und Familienrichterin a.D. bei derselben Veranstaltung.

Es ist auch die Politik gefragt: Bundesfamilienministerin Christine Bergmann z. B. In einem Interview mit dem Hessischen Rundfunk sagte sie: «Wir haben viele sehr gut qualifizierte Frauen. Deshalb sind wir ja auch so dran zu fragen, was kann man in der Privatwirtschaft tun, wie kann man in der Wissenschaft die beruflichen Karrieren von Frauen fördern. Und wir müssen an die Rollenbilder ran. Es kann nicht weiter so sein, dass für Kindererziehung und Familienarbeit allein die Frauen zuständig sind. Kinder haben auch Väter, und die haben Verpflichtungen ihren Kindern gegenüber. Auch das ist ein Stück Lebensqualität.»

Wie aber lassen sich Männer und Väter zu einem partnerschaftlichen Miteinander motivieren? Können Männer sich überhaupt ein «fifty-fifty» zwischen den Geschlechtern vorstellen? Antworten darauf fand der Bochumer Sozialwissenschaftler Rainer Volz. Die Studie «Männer im Aufbruch?», an der er mitgearbeitet hat, verdeutlicht, wie Männer sich selbst, aber auch wie Frauen Männer sehen. *Der Anteil der «neuen Männer» hierzulande liegt laut Studie bei 19 %.* Das sind diejenigen, die sich z. B. vorstellen können, eine Frau als Boss zu haben, die Erziehungsurlaub nicht als reine Mütterangelegenheit ansehen, sondern ihn für sich selbst auch als Bereicherung empfinden würden, die es begrüßen, wenn auch frau Karriere macht.

Mit der Studie wurde auch gefragt, wie gerecht oder ungerecht Haus- und Erziehungsarbeit aufgeteilt sind. *Es gibt demnach ein knappes Drittel von Paaren, bei denen Haus- und Erziehungsarbeiten wirklich ausgeglichen aufgeteilt sind. Aber bei gut zwei Drittel ist eine mittlere bis sehr große Schieflage festzustellen.* Wo liegen die Ursachen in bestimmten überkommenen Einstellungen, Rollenbildern oder gesellschaftlichen und politischen Rahmenbedingungen? Rainer Volz meint, dass es an beidem liegt: «*In unserer Untersuchung empfindet mehr als ein Drittel der deutschen Männer Erziehungsurlaub als Bereicherung.* Bei den neuen Männern sind es sogar 60 %. Wir haben auch keinen Anlass, das für Wortgeklingel der befragten Männer zu halten. In eine ähnliche Richtung geht auch der Kinderwunsch der Männer. Entgegen landläufiger Meinung, was man oder frau so denkt, ist der Kinderwunsch bei Männern stärker als bei Frauen und bei den neuen Männern besonders stark ausgeprägt.»

Wie könnte man die Situation verbessern? Ein Vorbild könnte Schweden sein. Dort liegt der Anteil der Männer am Erziehungsurlaub bei 34 %. Es gibt nach Meinung von Volz «eine ganz gut ausgewogene Mischung von finanziellem Anreiz dazu – das Erziehungsgeld ist deutlich höher als in Deutschland und es gibt dort auch so etwas wie einen sanften Druck auf die Männer, in Erziehungsurlaub zu gehen. Denn in Schweden wird die Zahlung des Erziehungsgeldes daran geknüpft, dass der Mann in Erziehungszeit geht. Das sollte man auch in Deutschland erwägen.»

Ein Silberstreif am Horizont? Bei aller Belastung, die dieses Arrangieren mit sich bringt, es führt zu Qualifikation, wenn Frauen stets aufs Neue die vielfältigen Facetten und Anforderungen des Alltags in eine brauchbare Form weben. Hier sind die meisten Frauen wahre Meisterinnen ihres Fachs. Allerdings machen sie von dieser Meisterschaft nur selten Aufhebens oder schlagen gar öffentlich «Kapital» daraus. Das muss sich ändern, denn: Positive Vorbilder braucht die Frau. Sollen es unsere klugen und gut ausgebildeten Töchter nicht endlich einmal besser haben?

Vorbildliche Frauen stellen ihr Licht nicht unter den Scheffel. Sie halten Hauptrollen für sich und andere Frauen für angemessen. Deshalb: Reden wir mit anderen Frauen offen über unseren Alltag. Suchen wir Kontakt zu erfolgreichen Frauen, die es geschafft haben, ihre Ziele zu erreichen, zu Frauen, die ein glückliches, zufriedenes Leben führen. Vorbildliche Frauen jammern nicht. Jammern ist die Garantie für Misserfolg. Vorbildliche Frauen sind stolz auf ihre Leistungen und Stärken. Aber sie sind auch ehrlich sich selbst und anderen gegenüber. Sie übertreiben nicht und machen weder sich selbst noch anderen ein schlechtes Gewissen und sie machen uns nicht vor, dass Beruf und Familie ohne Entlastung «mit links» erfolgreich zu meistern ist.

Vielleicht tut es überlasteten Frauen gut, wenn sie hören, was ihre heranwachsenden Kinder zu ihrem doppelten und dreifachen Einsatz zu sagen haben. Deutschunterricht in der 9. Klasse eines Gymnasiums in einer Kleinstadt bei Münster. Es geht um Rollenbilder. Was ist typisch Frau oder Mann? Es geht auch um den Blick in die eigene Zukunft. Was will ich mal werden? Wie will ich mal leben? Welche Vorbilder habe ich? Was die Lehrerin erstaunt: «Auch Kinder finden es eher toll von ihrem Vater, wenn er im Haushalt hilft. Dann sind sie bereit, ihn zu loben – wie gering sein Beitrag zum Tagtäglichen auch sein mag. Berufstätige Mütter hingegen werden nicht selten als zerrissene, überlastete Dazuverdienerinnen wahrgenommen.»

Die Mütter werden von dieser Klasse aber auch als Freundinnen und Zuhörerinnen erlebt: «Meine Mutter ist immer aktiv, meistens da und hört zu.» Dennoch, grundsätzlich wird die klassische Rollenverteilung von der Mehrheit der Klasse als wünschenswert eingestuft, denn: «Damit gibt es weniger Ärger.»

Bundesweite Umfragen belegen: Kinder haben und eine Familie gründen gehört zu den wichtigsten Perspektiven der meisten jungen Menschen von heute. Die Mehrheit der jungen Frauen will nicht Kind oder Beruf, sondern beides. Familie ist für zwei Drittel der Frauen und Männer hierzulande eine Voraussetzung für ein glückliches Leben. Familienforscher stellen fest: Der Wunsch nach Familie spiegelt die Sehnsucht nach Stabilität, Verlässlichkeit, Berechenbarkeit und Intimität wider.

Die Lehrerin hat zur Diskussionsvertiefung einen Text mitgebracht. Darin erzählt eine 15-jährige Schülerin, wie sie ihre Mutter sieht. Diese ist erfolgreich als Journalistin, hat drei Kinder und versucht, Beruf und Familie unter einen Hut zu bringen. «Meine Mutter fühlt sich für alle verantwortlich und nimmt ihren Beruf unheimlich ernst – aber sie hat dauernd ein schlechtes Gewissen. Sie will sich am liebsten teilen, in eine Berufshälfte und in eine Familienhälfte. Weil das aber nicht geht, will sie es wieder gutmachen – mit Geld. Und wenn sie merkt, dass ich traurig bin, strengt sie sich wahnsinnig an. Dann fragt sie auch immer, mach ich was falsch? Und kümmert sich doppelt und dreifach um uns. Dabei finden wir das gar nicht nötig. Das ist's ja, was ich eigentlich an meiner Mutter auszusetzen hätte, dass sie nicht hart genug ist mit uns allen. Sie lässt sich zu leicht unterbuttern im Beruf und überall. Ich finde, man sollte die Kinder ruhig mal etwas vernachlässigen – so lange, bis sie eben selbständig sind. Nicht alles immer so ernst nehmen … so problematisch.»

Psychologinnen und Pädagogen bestätigen, dass sich eine unentschlossene Haltung auf die Kinder überträgt. «Kinder brauchen klare Entscheidungen, um sich sicher zu fühlen». Das bedeutet, ein sicheres «Ja» von Müttern zum Beruf wirkt sich ebenso positiv aus wie ein sicheres «Nein». Ängstliches Hin- und Herschwanken mit schlechtem Gewissen hilft niemandem und macht zuletzt alle Beteiligten unglücklich.

Frauen haben gelernt, vieles gleichzeitig zu tun und dabei auf die Interessen und Bedürfnisse von anderen Menschen Rücksicht zu nehmen. Nicht nur zu Hause, auch im Arbeitsleben sind soziale Kompetenzen immer stärker gefragt. Menschenkenntnis, Einfühlungsvermögen, Kontaktfähigkeit, Stressstabilität sind Fähigkeiten, die das Institut der deutschen Wirtschaft bei einer großen Unternehmens-Umfrage als das Entscheidende im Arbeitsalltag ermittelt hat. Das beweist auch ein Blick in die Stellenanzeigen: Mitarbeiterinnen und Mitarbeiter sollen teamorientiert, kooperativ, dynamisch, kreativ, sehr engagiert sein und Erfahrung haben. Oft wird Organisationstalent gefordert, gepaart mit der Fähigkeit: «Sie verlieren auch dann nicht die Ruhe, wenn es hoch hergeht.» Das heißt, Alltagsintelligenz – ein Frauentalent – ist mehr denn je gefragt. Und vielleicht sollten wir uns die Erkenntnis des Managementtrainers Bertold Ulsamer als aufbauende Kritik zu Herzen nehmen: «Wie gut, dass viele Frauen nicht wissen, wie stark sie eigentlich sind. Wehe sonst den Männern …»

Nein, drohen wollen wir ihnen nicht, den Männern. Es gilt vielmehr, die weiblichen Stärken bekannter zu machen. Es gilt, neue Brücken zu bauen zwischen Familie und Beruf. Das Hessische Mütterbüro z. B. schlägt vor, modellhaft *Familienkommunikationszentren in Betrieben* einzurichten, und zwar nach dem Vorbild der Mütterzentren. Davon gibt es inzwischen 400 in Deutschland. Sie alle tragen seit 1998 das weltweit renommierte UN-Gütesiegel «Best Practice». Und zwar für ihren Vorbildcharakter zur nachhaltigen Verbesserung der Lebensqualität in Städten und Gemeinden. Das Programm in den Familienkommunikationszentren soll – wie in den Mütterzentren auch – aufgrund der Bedürfnisse und der Kompetenzen der beteiligten Mitarbeiterinnen und Mitarbeiter entstehen. So können dort z. B. familiengerechte Weiterbildungs- und Beratungsangebote entwickelt werden. Aber auch neue Ideen und Konzepte für Problemlösungen am Arbeitsplatz und Entlastungsangebote wie etwa betriebliche Kinderbetreuung. Notelterndienste oder Mittagstische für Familien in Betriebskantinen.

Die Mitarbeit im Familienkommunikationszentrum soll zum Bestandteil der betrieblichen Weiterbildung und der Qualifizierung werden, auch für Führungskräfte. In der Schweiz, aber auch in den USA hat man mit ähnlichen Projekten bereits gute Erfahrungen gemacht. Für Mitarbeiterinnen und Mitarbeiter, die z. B. ihre Arbeitszeit reduzieren, können sich in einem betrieblichen Familienkommunikationszentrum ebenso neue Aufgaben und Angebote bieten, wie für all jene, die einen Telearbeitsplatz zu Hause haben. Die Familienkommunikationszentren werden sich zu Trainingseinheiten für Teamgeist und positives Sozialverhalten entwickeln. Und davon können wir gerade in Zeiten der global Players überall mehr gebrauchen.

* Das Hessische Mütterbüro wurde 1990 als erstes Mütterbüro bundesweit von Mütterzentrumsfrauen aus Langen gegründet und in den ersten drei Jahren als Modellprojekt vom Bund und vom Land Hessen gefördert. Es berät Mütterzentren bei Aufbau und Betrieb und bietet Weiterbildung für Mütter. Dazu gehörten u. a. Projekte wie «Mütter besuchen Betriebe» oder das Coaching «Mütter starten erfolgreich in die Selbständigkeit». Die Veranstaltung von Mütterkongressen und die Herausgabe des Mütter-Magazins Stiefmütterchen sind weitere Arbeitsschwerpunkte.

Angela Fauth-Herkner / Elke Schleypen

Betriebe brauchen Mütter – oder: Wie Kinder und Karriere zusammenpassen

«Noch vor zwei Jahren hätte ich nie gedacht, dass ich nun mit Kind und als Teilzeitkraft weiterhin als Abteilungsleiterin arbeiten kann», schwärmt Brigitte Volkert. Nach ihrem Studium fing die Diplom Betriebswirtin als Projektassistentin an und arbeitete sich im Laufe der Jahre bis zur Abteilungsleiterin nach oben. «Viel Zeit und Energie steckte ich in Weiterbildungsseminare, auch am Wochenende», erinnert sie sich. «Tja, und dann stand die Entscheidung bevor – Kinder oder doch lieber ungebunden bleiben? Mir war klar, wenn mein Mann und ich Kinder haben, möchte ich auch viel Zeit mit ihnen verbringen. Das heißt Vollzeit wollte ich nicht mehr arbeiten, aber mir graute es vor der Vorstellung, als Teilzeitkraft wieder die Karriereleiter herunterzusteigen.»

Viele Frauen, und auch immer mehr Männer, erleben Ähnliches. In unserer Gesellschaft ist oft noch die Meinung weit verbreitet, dass Familie und Kinder gleichbedeutend sind mit dem Ende der eigenen Karriere, wenn nicht sogar mit dem Ausstieg aus dem Berufsleben. Das muss nicht sein. Immer mehr Unternehmen bieten ihren Mitarbeitern neue Wege an, damit diese Beruf und Familie besser vereinbaren können. So wurde beispielsweise der Fall von Brigitte Volkert gelöst, indem sie sich nun mit einer Kollegin die Stelle der Abteilungsleiterin teilt. «In einer Teambesprechung», berichtet die Mutter mit dem eineinhalbjährigen Sohn, «hatten wir damals verschiedene Möglichkeiten diskutiert. Die zündende Idee kam von Maria Gruber, die vorschlug, doch eine Job-Sharing-Stelle daraus zu machen, das bedeutet einen geteilten Arbeitsplatz, bei dem beide Partner gleichberechtigt sind. So wäre immer eine Abteilungsleiterin für das Team ansprechbar. Nachdem wir nun einige Anlaufschwierigkeiten ausgemerzt haben, beispielsweise uns besser abzusprechen, klappt es jetzt sehr gut und auch das Team findet sich prima mit einer *doppelten* Abteilungsleiterin zurecht.»

Hilfestellungen für Unternehmen, neue Wege einer familienfreundlichen Personalpolitik zu gehen, bietet das Audit Beruf & Familie®. Ziel ist es, Unternehmen Impulse dieser Art zu geben und Möglichkeiten aufzudecken, damit die Vereinbarkeit von Familien- und Erwerbsleben gefördert wird. Ein Prozess wird initiiert bzw. personalpolitische Strategien optimiert, um Familienbewusstsein langfristig im Unternehmen zu verankern und zu leben.

«Familie» ist in diesem Zusammenhang als ein sehr weit gefasster Begriff anzusehen. Er umfasst die traditionelle Familie bestehend aus Vater, Mutter und Kindern, aber auch allein Erziehende und nicht eheliche Lebensgemeinschaften mit Kindern oder Personen, die Familienangehörige pflegen. Nicht zu vernachlässigen sind allerdings auch Paare ohne Kinder und der alleinlebende Single, denn auch sie haben ein Privat- bzw. Familienleben.

1. Gesellschaftliche Entwicklungen

Warum ist es nötig, dass sich unsere Gesellschaft, insbesondere Unternehmen, mit der Thematik «Vereinbarkeit von Familie und Erwerbsleben» beschäftigen?

Die gesellschaftlichen und wirtschaftlichen Rahmenbedingungen haben sich in den letzten Jahrzehnten grundlegend verändert. In diesem Zusammenhang sind zu nennen die strukturelle Veränderung der Märkte, die soziodemographischen Entwicklungen, der Wandel der Werteorientierung und die Veränderung sozialer Sicherungssysteme. Insbesondere die zunehmende Erwerbsorientierung und das gestiegene Qualifikationsniveau sowie der Wunsch nach größerer finanzieller Unabhängigkeit von Frauen sind in diesem Kontext von Bedeutung. Die Erkenntnis, dass durch die Entwicklung der Frau wesentliche Veränderungen auf unsere Gesellschaft zukommen werden, wurde schon zu Anfang des 20. Jahrhunderts gewonnen, wie ein Zitat aus der Modezeitschrift «Neue Linie» von 1930 zeigt: «Hausfrau, Mutter und Berufsfrau. Die Synthese dieser drei Lebenstypen ist das Problem der Zeit.»

Das traditionelle Allein-Ernährer-Modell aus dem Industriezeitalter – der Mann sorgt allein für die finanzielle Sicherheit des Haushalts und die Frau beschränkt sich auf familiäre und häusliche Aktivitäten – gehört immer mehr der Vergangenheit an. Für junge Frauen ohne Kinder ist es inzwischen ebenso selbstverständlich wie für Männer, Vollzeit zu arbeiten. Die Erwerbsquote der verheirateten Frauen (Anteil der Erwerbspersonen an allen verheirateten Frauen im Alter von 15 bis 64 Jahren) stieg von 25

Prozent im Jahr 1950 über 41 Prozent 1972 auf 60 Prozent 1997. Das traditionelle «Drei-Phasen-Modell» – Berufstätigkeit, Aufgabe des Berufs bei Geburt eines Kindes für eine längere Zeit, spätere Wiederaufnahme der Erwerbstätigkeit – verliert weiter an Bedeutung. Dies gilt insbesondere für jüngere Frauen (unter 35 Jahren) mit Kindern, die seltener und kürzer den Beruf unterbrechen und zunehmend das Modell der «Gleichzeitigkeit» praktizieren. 1997 waren 46 Prozent der Frauen mit Kindern unter sechs Jahren erwerbstätig. Die Neigung, nach der Geburt eines Kindes für den restlichen Teil des Lebens ganz zu Hause zu bleiben, nimmt tendenziell ab.

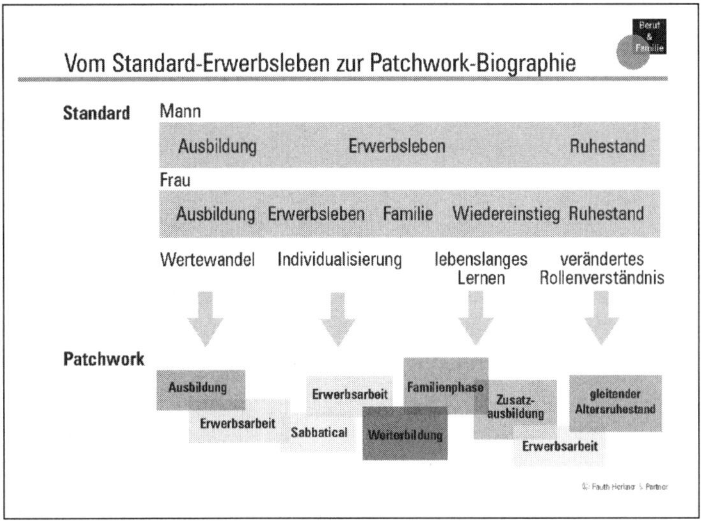

Auch die Vaterrolle hat sich in unserer heutigen Zeit gewandelt. Die «neuen» Väter nehmen intensiver am Familienleben teil. Immer mehr Väter nehmen die Möglichkeit in Anspruch, Erziehungsurlaub zu nehmen oder versuchen ihre Arbeitszeit zu reduzieren, um mehr Zeit mit ihren Kindern verbringen zu können.

Durch diese grundlegenden gesellschaftlichen Veränderungen sind Familie und Erwerbsarbeit in ein Spannungsfeld geraten, das in vielen Fällen nicht mehr alleine auf individuelle Weise gelöst werden kann. Es werden zusätzliche arbeitsmarkt- und familienpolitische Maßnahmen erforderlich. Unternehmer müssen neue Wege gehen und die öffentliche Meinung muss sich hinsichtlich der gewandelten Erwerbs- und Lebensformen der heutigen Familien ändern. Das Audit Beruf & Familie® ist eine Möglichkeit, diesen Prozess inner- und außerbetrieblich zu fördern.

2. Familienfreundlichkeit unter der Lupe

Derzeit werden Familie und Erwerbsleben noch überwiegend als zwei völlig getrennte Lebensbereiche angesehen, die nichts miteinander zu tun haben (sollen). Allerdings tangieren Erfolg oder Misserfolg in einem Lebensbereich ganz wesentlich auch das Geschehen im anderen. Zudem ist nicht zu unterschätzen, dass viele in der Familie erworbene Sozialkompetenzen auch im Unternehmen genutzt werden können, beispielsweise Organisations- und Kommunikationsfähigkeiten.

Von einer tragfähigen Balance zwischen Unternehmensinteressen und Mitarbeiterbelangen profitieren beide Seiten. «Seit bei der Einsatzplanung auf meine familiären Bedürfnisse mehr Rücksicht genommen wird», schildert die 35-jährige Krankenschwester Tanja Freitag, «ist mein Tagesablauf wesentlich entspannter. Ich kann ohne Probleme meine Tochter zur Kinderbetreuung bringen und abholen. Nachdem jetzt das Krankenhaus mir eine hohe Flexibilität entgegenbringt, bin ich auch gerne bereit, wenn es mal brennt, schnell einzuspringen.» Diese positive Einstellung zur Arbeit und zum Unternehmen wird von vielen Erwerbstätigen geteilt, die von einer familienfreundlichen Arbeitsumgebung profitieren. Mitarbeiter und Mitarbeiterinnen haben ein erfüllteres und zufriedeneres Leben, da

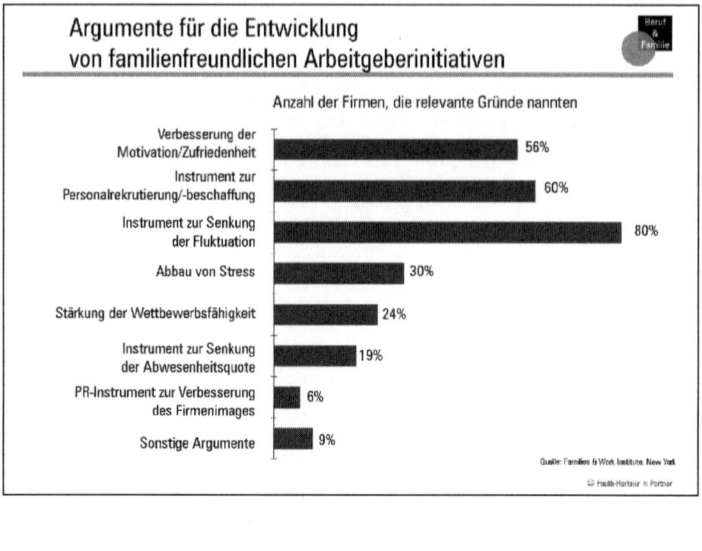

sie sich beiden Lebensbereichen widmen können, ohne schlechtes Gewissen, einen zu vernachlässigen.

Befragt man Unternehmer nach ihrer Motivation, sich für familienbewusste Maßnahmen zu engagieren, so werden folgende drei Hauptgründe genannt: Gesteigerte Motivation und Arbeitszufriedenheit der Beschäftigten, leichtere Personalrekrutierung sowie eine niedrigere Fluktuationsquote. Daneben versprechen sich Unternehmen einen Abbau von Stress, eine Stärkung der Wettbewerbsfähigkeit, eine niedrigere Abwesenheitsquote und ein verbessertes Firmenimage.

Da die Umsetzung und Entwicklung familienbewusster Maßnahmen laut Meinung vieler Unternehmen oft ein großes Hemmnis, verbunden mit einem Kostenrisiko darstellt, bietet sich eine externe Hilfestellung an. Die Einführung eines Audits Beruf & Familie® sollte daher als eine «Umsetzungshilfe» gesehen werden, die Unternehmen und seine Beschäftigten bei ihren Vorhaben in diese Richtung anregt, begleitet und unterstützt.

3. Was ist das Audit Beruf & Familie®?

Der Begriff «Audit» stammt aus dem Latein-Englischen und bedeutet Überprüfung, Untersuchung, Prüfung (Bibliographisches Institut & F. A. Brockhaus AG, 1999).

Das Audit Beruf & Familie® ist ein multifunktionales Instrument, das in allen Branchen und Betriebsgrößen sowie in Wirtschaftsunternehmen und im öffentlichen Dienst einsetzbar ist. Es dient der Bewertung, Förderung und kontinuierlichen Verbesserung einer familienbewussten Personalpolitik.

Anhand eines umfangreichen Kriterienkatalogs werden die familienbewussten Maßnahmen in Unternehmen in zehn Handlungsfeldern systematisiert und anschließend bewertet. Es wird eingeschätzt, ob die Maßnahmen die Vereinbarkeit von Erwerbsarbeit und Familie fördern, und ob sie wirklich in die Tat umgesetzt werden. Es entsteht dadurch ein «Checkup», ein Spiegelbild der tatsächlich gelebten Unternehmenskultur. Weitere Details werden unter Punkt sechs: «Der Kriterienkatalog» näher ausgeführt.

Die Vereinbarkeit von Erwerbsarbeit und Familie wird nicht als Zustand, sondern als ein Ziel angesehen, dem man sich durch eine Prozessoptimierung nähert, denn die Bedingungen verändern sich stetig und Werte und Normen unserer Gesellschaft wandeln sich diesbezüglich.

Folglich wird mit Hilfe des Audits angestrebt, einen Prozess in Gang zu setzen und zu fördern, der Unternehmen die Möglichkeit schafft, kontinuierlich auf veränderte Bedingungen einzugehen und an der Verbesserung zu arbeiten.

4. Entwicklung des Audits

Das Audit Beruf & Familie® lehnt sich an die Idee des «family-friendly-index» aus den USA an. Der «family-friendly-index» wurde Mitte der 80er-Jahre durch das Families & Work Institute New York ins Leben gerufen und ist ein Bewertungsschema, das als Grundlage für eine Bestandsaufnahme und Bewertung familienfreundlicher Maßnahmen in den Unternehmen dient. Er bewirkte einen wichtigen «Kickoff-Effekt» in US-amerikanischen Unternehmen und hat die Debatte über die Vereinbarkeit von Erwerbsarbeit und Familie etabliert.

Auf Initiative und im Auftrag der Gemeinnützigen HERTIE-Stiftung Deutschland wurden die Maßnahmen und Empfehlungen von Fauth-Herkner & Partner weiterentwickelt und auf die Bedingungen in Deutschland zugeschnitten und teilweise komplett neu erarbeitet.

In einer Entwicklungsphase (1994–1998) wurden zahlreiche Praxisbeispiele erfasst und strukturiert. Hierbei flossen Beispiele aus der Bundesrepublik Deutschland sowie aus anderen europäischen Ländern mit ein, insbesondere über die europäischen Aktivitäten von Angela Fauth-Herkner als nationale Expertin des EU-Netzwerkes Family & Work.

Die erste Version des Kriterienkataloges des Audits Beruf & Familie® wurde unter der Projektleitung von Fauth-Herkner & Partner, Neue Wege für die Arbeitswelt, mit einem Expertenteam entwickelt. Praxisbeispiele aus dem Wettbewerb «Der familienfreundliche Betrieb» 1995 wurden angewendet und getestet. In zahlreichen Workshops mit Unternehmensvertretern und Institutionen wurden der Kriterienkatalog an die Bedingungen in den Unternehmen angepasst und das Bewertungsraster weiterentwickelt.

An der Pilotphase (1995–1998) des Audits Beruf & Familie® nahmen etwa 30 Unternehmen unterschiedlichster Branchen und Betriebsgrößen in Deutschland teil. Parallel dazu wurde das Audit Beruf & Familie® an österreichische Verhältnisse angepasst und dort in zehn Unternehmen pilotiert.

Seit 1998 befindet sich das Audit in der so genannten Startphase. Bis zum heutigen Zeitpunkt wurden an die 60 Unternehmen verschiedenster Branchen und Betriebsgrößen auditiert und grundzertifiziert, darunter viele namhafte Unternehmen.

Ferner wurde das Audit im Sommer 1999 von Experten wissenschaftlich begutachtet und dementsprechende Anregungen eingearbeitet. Gewonnene Erfahrungen aus Unternehmen und gesellschaftliche Entwicklungen fließen in das Audit ein. Das Instrumentarium wird beständig mit praxiserprobten Beispielen ergänzt, um stets den aktuellsten Stand widerzuspiegeln.

Eine Vernetzung innerhalb ausgewählter EU-Länder und die Ausweitung des Audits Beruf & Familie® auf EU-Ebene ist geplant, um das Audit auch über die Grenzen von Deutschland bekannt zu machen und umzusetzen.

5. Nutzen des Audits

Das Audit Beruf & Familie® ist entwickelt worden, um mit einer familienbewussten Personalpolitik die Produktivität von Unternehmen zu erhalten und aufzubauen sowie ihre Wettbewerbsfähigkeit zu fördern. Beschäftigten soll es zu besseren Arbeitsbedingungen verhelfen, damit im Leben Beruf und Familie besser vereinbart werden kann. Ziel ist es, eine optimale Balance zwischen Unternehmens- und Mitarbeiterinteressen zu finden. Ferner hat es auch den Anspruch, in unserer Gesellschaft zur Veränderung der gängigen Meinung beizutragen, dass Familie und Kinder gleichbedeutend sind mit dem Ende der eigenen beruflichen Karriere.

Mit Hilfe eines Kriterienkataloges, der umfangreiche Praxisbeispiele in Form von entsprechenden Fragen beinhaltet, werden Stärken und Schwächen der Unternehmenspolitik im Zusammenhang mit der Thematik «Vereinbarkeit von Erwerbsarbeit und Familie» analysiert. Dabei werden im Unternehmen auch vorhandene familienunterstützende Maßnahmen aufgezeigt, die vom Unternehmen selber bisher noch nicht in diesen Kontext gebracht wurden. So sind sich Unternehmen teilweise gar nicht bewusst, was sie bereits an unterstützenden Maßnahmen anbieten. Durch das Audit Beruf & Familie® werden alle familienfördernden Maßnahmen und Angebote in einem Gesamtkonzept miteinander vernetzt. Es liefert Unternehmen vielfältige Informationen über innovative Strategien einer familienbewussten Personalpolitik anhand ausführlicher Praxisbeispiele. Impulse für Diskussionen, um Lösungsmöglichkeiten und

Handlungsstrategien zu entwickeln, werden gegeben. Ein wichtiger Nutzen ist ebenfalls die anschauliche Darstellung der tatsächlichen Unternehmenskultur. Ferner trägt das Instrumentarium wesentlich zur Motivation der Beschäftigten bei. Das Familienbewusstsein des Unternehmens wird nach innen und außen dokumentiert und erhält eine bedeutende Wirksamkeit in der Öffentlichkeit.

6. Der Kriterienkatalog

Der Kriterienkatalog besteht aus zehn Handlungsfeldern. Er listet eine Vielzahl in den Unternehmen praktizierter oder wünschenswerter Instrumente, Maßnahmen und Programme auf, die die Vereinbarkeit von Beruf und Familie unterstützen können. So wird beispielsweise in Handlungsfeld 1 Arbeitszeit abgefragt: «Ist es in Ihrem Unternehmen möglich, Teilzeit in gewissen Lebensphasen zu praktizieren?» Oder: «Gibt es eine flexible kurzfristige Befreiung für Ereignisse im Leben der Kinder?»

Wichtig ist für viele Unternehmen, dass sie über Arbeitszeitflexibilisierung hinaus noch weitere Möglichkeiten familienfreundlicher Maßnahmen kennen lernen. So wird beispielsweise in Handlungsfeld 3 Arbeitsort das Thema dezentralisiertes Arbeiten durchleuchtet, in Handlungsfeld 6 Personalentwicklung Fortbildungsangebote während der Familienphase oder in Handlungsfeld 8 innovative Wege der Kinderbetreuung.

Audit Beruf & Familie

Handlungsfelder

1 Arbeitszeit
2 Arbeitsabläufe und Arbeitsinhalte
3 Arbeitsort
4 Informations- und Kommunikationspolitik
5 Führungskompetenz
6 Personalentwicklung
7 Entgeltbestandteile und geldwerte Leistungen
8 Service für Familien
9 Personalpolitisches Datenmodell
10 Betriebsspezifika

Weder kann noch soll ein einzelnes Unternehmen alle dargestellten Maßnahmen realisieren. Wichtig ist es, mit Hilfe des Audits einen Prozess im Unternehmen in Gang zu setzen sowie konkrete Ziele und Maßnahmen für eine familienbewusste Personalpolitik zu definieren und umzusetzen.

Der Kriterienkatalog erlaubt pro Frage Bewertungen auf vier Ebenen:

Die erste Ebene «Institutionalisierung» und die zweite Ebene «Zielgruppe» beschreiben den betrieblichen Rahmen der einzelnen Maßnahmen, die dritte Ebene «Nutzung und Umsetzung» sowie die vierte Ebene «Tatsächliche Unterstützung» die gelebte Kultur.

1. Die Ebene «Institutionalisierung»

Hier wird erfasst, wie die Maßnahmen im Unternehmen verankert sind, z. B. nur informell als individuelle mündliche Absprache, oder als Bestandteil einer (Gesamt-) Betriebsvereinbarung.

2. Die Ebene «Zielgruppe»

Diese Ebene gibt an, für wen diese Maßnahme gedacht ist, für Angestellte, gewerblich Beschäftigte, einzelne Unternehmensbereiche oder für das gesamte Unternehmen.

3. Die Ebene «Nutzung und Umsetzung»

Diese Ebene beschreibt, welche Beschäftigungsgruppe und wie viele Mitarbeiter der jeweiligen Gruppe die Angebote des Unternehmens zur Vereinbarkeit von Familie und Beruf nutzen. Da traditionelle gesellschaftliche Rollenvorstellungen es oft erschweren, die Maßnahmen überhaupt in Anspruch zu nehmen, werden Nutzung und Umsetzung von Frauen, Führungskräften und Männern getrennt erfragt.

4. Die Ebene «Tatsächliche Unterstützung»

Der letzte Indikator überprüft, ob Beschäftigte, wenn sie eine betriebliche familienfördernde Maßnahme in Anspruch nehmen, von MitarbeiterInnen, Kollegen, Vorgesetzten und Betriebsräten unterstützt werden. Im betrieblichen Alltag ist die aktive Unterstützung aus dem direkten Umfeld der Beschäftigten eine wichtige Voraussetzung.

7. Durchführung des Audits

Wichtigstes Element bei der Durchführung des Audits Beruf & Familie® ist die Projektgruppe. Mit ihr werden der Kriterienkatalog ausgefüllt und anschließend Ziele gemeinsam erarbeitet. Sie besteht aus Vertretern der Unternehmensführung, der Personalleitung, des Betriebs- bzw. Personalrates, aus Führungskräften sowie aus Mitarbeitern und

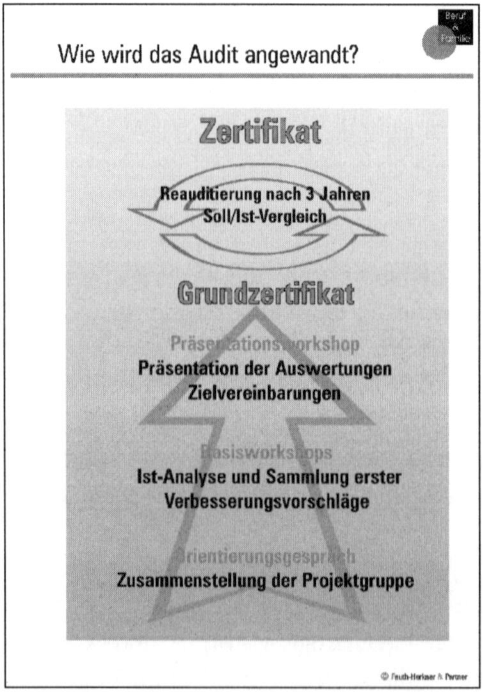

Mitarbeiterinnen. Somit entscheiden alle relevanten Unternehmensangehörige gemeinsam, was getan werden kann, um die Vereinbarkeit von Beruf und Familie zu fördern.

Im ersten Workshop, dem Basisworkshop, der von einem Auditor moderiert wird, wird der Kriterienkatalog ausgefüllt. Die Istsituation im Unternehmen wird diskutiert und erste Verbesserungsvorschläge werden gesammelt.

Der Auditor wertet anschließend die Ergebnisse des Kriterienkataloges aus. In Anlehnung an die ersten im Basisworkshop definierten Verbesserungsvorschläge werden weitere Handlungsempfehlungen von Seiten des Auditors gegeben.

Im folgenden Präsentationsworkshop werden der Projektgruppe die Handlungsempfehlungen zusammen mit den Ergebnissen des Audits vorgestellt. Anhand dieser Basis legt die Projektgruppe Ziele und gegebenenfalls weitere Maßnahmen fest, die in den folgenden drei Jahren umgesetzt werden sollen. Dabei ist es wichtig, realistische Ziele zu finden, die auch im Unternehmen umzusetzen sind und die Thematik «Vereinbarkeit von Familie und Erwerbsarbeit» langfristig in der Unternehmenskultur verankern.

8. Beispiele familienunterstützender Maßnahmen

Beispiele familienfreundlicher Maßnahmen sind zahllos. In den meisten familienfreundlichen Betrieben sind flexible Arbeitszeiten zu finden. Gerade die Auflösung von starren Arbeitszeiten und die Einführung von flexiblen Regelungen durch Absprachen im Team helfen Müttern und Vätern, ihren familiären Bedürfnissen besser gerecht zu werden. Auch tragen flexible Pausenregelungen wesentlich zur besseren Vereinbarkeit bei.

«Durch die Möglichkeit, erst um ein Uhr Pause und vor allem eine verlängerte Pause zu machen, kann ich jetzt problemlos meine Tochter vom Kindergarten abholen, mit ihr erzählen, was sie heute Vormittag so alles erlebt hat, bevor ich sie zu meiner Mutter oder einer Freundin bringe», bemerkt erfreut Susanne Kellerer.

Oder der Projektleiter Anton Wittenstein: «Seitdem Familienbewusstsein bei uns im Unternehmensleitbild verankert ist, schaut mich keiner mehr schräg an, wenn ich um drei Uhr aus dem Büro gehe, um bei einem Fußballspiel meines Sohns zuzuschauen.

Auch unkonventionelle Möglichkeiten sind in Unternehmen zu finden, beispielsweise ein Bügelservice, der von allen Mitarbeitern und deren Angehörigen genutzt werden kann, oder die Einrichtung eines Eltern-Kind-Zimmers, das zur Verfügung steht, wenn mal die Kinderbetreuung ausfallen sollte. In einem anderen Betrieb kann zum Beispiel das Essen aus der Kantine für die ganze Familie mit nach Hause genommen werden.

Während der Zeit des Erziehungsurlaubs berichten viele Mütter davon, wie lohnend sie Kontakthalteprogramme durch das Unternehmen gefunden haben oder die Möglichkeit an Weiterbildungsmaßnahmen teilzunehmen. Spezielle Wiedereinstiegsprogramme werden meistens positiv von Eltern angenommen, beispielsweise das Angebot im Erziehungsurlaub, Urlaubsvertretungen für andere Kollegen zu übernehmen und dann nach den drei Jahren erst einmal wieder mit einer reduzierten Stundenzahl einsteigen zu können.

Kurzum: In Unternehmen sind bereits vielfältige Strategien und Maßnahmen entwickelt und umgesetzt worden, um familienfreundliche Arbeitswelten zu schaffen. Allerdings gibt es nicht ein allgemeingültiges Patentrezept. Jedes Unternehmen muss selbst entscheiden, welche Maßnahmen sinnvoll, realistisch und effizient sind. Zu beachten ist, dass Umstrukturierungen ohne großen finanziellen Aufwand und Prozesse des Umdenkens bereits eine familienbewusste Personalpolitik fördern und somit dem Unternehmen und den Mitarbeitern wesentlichen Nutzen bringen. In der Praxis hat sich gezeigt, dass die Maßnahmen, die zusammen mit allen Betroffenen entwickelt wurden, was beim Audit Beruf & Familie® als grundlegend beachtet wird, am besten angenommen und gelebt werden.

9. Unternehmensberatung Fauth-Herkner & Partner

Seit 1989 ist Fauth-Herkner & Partner, Neue Wege für die Arbeitswelt, München, ein auf Fragen der Arbeits- und Arbeitszeitgestaltung spezialisiertes Beratungsunternehmen. Dabei spielen über die zentralen Gebiete der Personalarbeit hinaus Arbeitszeit-Management, Arbeitsorganisation, Führungskräftetraining, Personalentwicklung, Kommunikation und die Entlohnung eine wesentliche Rolle.

Fauth-Herkner & Partner repräsentiert über 20 Jahre Erfahrung auf den zentralen Gebieten der Personalarbeit:

- gegründet von Angela Fauth-Herkner, ehemals Personalleiterin beim Textilhaus Ludwig Beck am Rathauseck in München, wo 1978 unter ihrer Projektleitung das bundesweit erste flexible Arbeitszeitsystem eingeführt wurde
- umfasst ein Expertenteam aus den Bereichen Betriebswirtschaft, Organisation, Soziologie, EDV und Arbeitsrecht
- umfangreiche Erfahrung in allen Branchen und Betriebsgrößen, so z. B. in Handel, Banken, Versicherungen, in der Industrie, im Handwerk, in der Verwaltung und im öffentlichem Dienst in Deutschland und Österreich

Im Rahmen des Gesamtprojektes «Familienorientierte Personalpolitik» der Gemeinnützigen HERTIE-Stiftung hat Fauth-Herkner & Partner mit einem Expertenteam das Audit Beruf & Familie® entwickelt und führt Auditierungen in Unternehmen durch.

Weitere Projekte:

- Umsetzung des Modellvorhabens «MobilZeit – qualifizierte Teilzeitarbeit für Frauen und Männer», ein Projekt des deutschen Bundesministeriums für Familie, Senioren, Frauen und Jugend
- EU-Beauftragte zum Aufbau eines Netzwerkes «Familie-Arbeitswelt»
- Umsetzung eines «Österreichischen Audits für eine familienfreundliche Arbeitswelt» im Auftrag des österreichischen Bundesministeriums für Umwelt, Jugend und Familie
- Projektleitung der Entwicklung eines «European Audits Work & Life» im Auftrag der Gemeinnützigen HERTIE-Stiftung

Fauth-Herkner & Partner, Neue Wege für die Arbeitswelt ...; Tel.: 089/749142–0; Fax: 089/749142–29; E-Mail: Info@Arbeitswelt.de; Internet: http://www.Arbeitswelt.de

Wassilios E. Fthenakis / Bernhard Kalicki

Die «Gleichberechtigungsfalle» beim Übergang zur Elternschaft

Betrachten wir die Entwicklung des Geschlechterverhältnisses in den zurückliegenden drei bis vier Dekaden, so können wir beachtliche Erfolge vermerken. Mädchen und junge Frauen nutzen in breitem Umfang die schulische und berufliche Bildung, ihnen stehen fast alle Berufe offen (wenngleich sie sich nicht in angemessener Zahl in diesen Positionen wiederfinden). Und auch für die persönliche Lebensplanung bieten sich den Frauen angesichts der zunehmenden Erosion der Normalbiografie vielfältige biografische Optionen und Lebensentwürfe. Gleichwohl leben traditionelle Rollenvorstellungen und auf das Geschlecht bezogene Verhaltenserwartungen fort, die zu ungleichen Chancen und Belastungen für Frauen und Männer führen. Entscheidende Weichenstellungen für das Geschlechterverhältnis erfolgen insbesondere beim Übergang zur Elternschaft, denn hier kommen diese traditionellen Geschlechtsrollen erneut ins Spiel. Von diesen Veränderungen sind selbst solche jungen Menschen und Paare betroffen, die zunächst eine egalitäre Aufteilung von Rechten und Pflichten wünschen und praktizieren.

Wenn tatsächlich mit der Familiengründung alle Bemühungen zur Gleichberechtigung und Gleichstellung zu scheitern drohen, dann lohnt es, diesen Übergang schärfer in den Blick zu nehmen. Wir nutzen die Erkenntnisse der LBS-Familien-Studie, um solche Veränderungen genauer zu beschreiben. Anhand der Ergebnisse dieser Untersuchung lassen sich die Dynamiken der Partnerschaftsentwicklung illustrieren und die für den Erfolg der Familienbeziehungen kritischen Faktoren identifizieren.

In der LBS-Familien-Studie «Übergang zur Elternschaft» werden 175 Paare, die zwischen Dezember 1995 und Mai 1996 ein gemeinsames Kind bekamen, untersucht.[1] Um die längerfristigen Veränderungen, die von der Geburt eines Kindes ausgelöst werden, genau erfassen zu können, erfolgte die erste Befragung der Teilnehmer bereits während der Schwangerschaft (T1: letztes Drittel der Schwangerschaft). In mittlerweile vier weiteren Befragungsdurchgängen innerhalb der ersten drei Jahre nach der

Geburt des Kindes (T2: Nach 8 Wochen; T3: Nach 4 Monaten; T4: Nach 18 Monaten; T5: Nach 36 Monaten) wurden die Erfahrungen dieser Familien mitverfolgt und dokumentiert. Beide Partner nehmen an den Befragungen teil, die mittels Fragebogen und Interview erfolgen. Die untersuchte Stichprobe besteht zur einen Hälfte aus Paaren, die ihr erstes Kind bekamen («Ersteltern»), und zur anderen Hälfte aus Paaren, die ein nachfolgendes Kind bekamen («Zweiteltern»). Im Vergleich beider Elterngruppen lassen sich die spezifischen Auswirkungen der Geburt des ersten Kindes, also des Übergangs in die Elternrolle, aufzeigen. Im Gegensatz zu zahlreichen anderen Studien fokussiert die LBS-Familien-Studie nicht ein eng umrissenes Themenfeld. Vielmehr wird hier der Versuch unternommen, das komplexe Veränderungsgeschehen auf individueller, familialer und kontextueller Ebene einzufangen und die Wechselbeziehungen zwischen den unterschiedlichen Bedingungsfaktoren und Einflussgrößen näher zu erhellen. Erste Ergebnisse zu einzelnen Themenkomplexen liegen bereits vor (Fthenakis, 1999; Kalicki, Peitz, Fthenakis & Engfer, 1999). In Kürze werden die vorliegenden Ergebnisse in einer ersten Monografie veröffentlicht.

Die «Gleichberechtigungsfalle»

Die Geburt des ersten Kindes führt typischerweise zu einer umfassenden Restrukturierung der Partnerschaftsbeziehung, die eine systematische Benachteiligung der Frau zur Folge hat (vgl. Belsky & Pensky, 1988; Reichle, 1996). Diese Umverteilung von Aufgaben und Verantwortungsbereichen erfolgt entlang der traditionellen Geschlechtsrollen und zeigt sich in ganz unterschiedlichen Domänen (vgl. Cowan & Cowan, 1988; Heinicke, 1995; McHale & Huston, 1985).

Fundamental für die weitere Familienentwicklung ist die *Neuverteilung der beruflichen Rollen.* Während sich die Frauen und Männer vor der Geburt des ersten Kindes nicht im Umfang der Erwerbsarbeit unterscheiden – Frauen und Männer arbeiten durchschnittlich etwa 30 Stunden pro Woche –, finden wir eineinhalb Jahre nach der Geburt des ersten Kindes die traditionelle Rollenverteilung: Der Mann ist mit durchschnittlich 40 Stunden pro Woche der Brotverdiener, die Erwerbstätigkeit der Frau liefert mit durchschnittlich etwa fünf Stunden pro Woche allenfalls ein Zubrot (siehe Abbildung 1, links). Wie die Angaben der Zweiteltern zeigen, hat sich das traditionelle Rollenmuster nach der Familiengründung

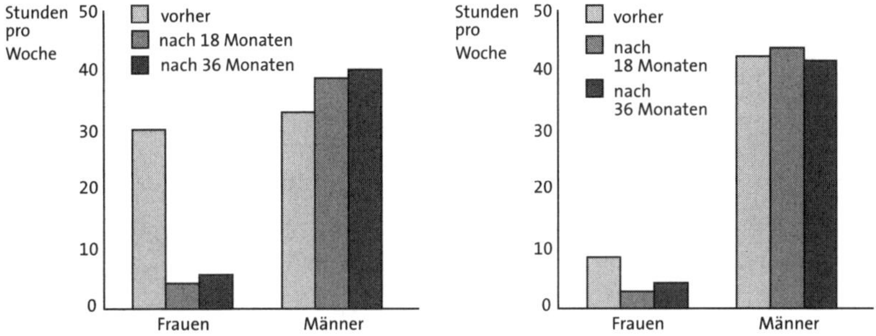

Abbildung 1 *Wochenarbeitszeit von Frauen und Männern vor der Schwangerschaft, 18 Monate und 36 Monate nach der Geburt des Kindes, differenziert für Ersteltern (links) und Zweiteltern (rechts)*

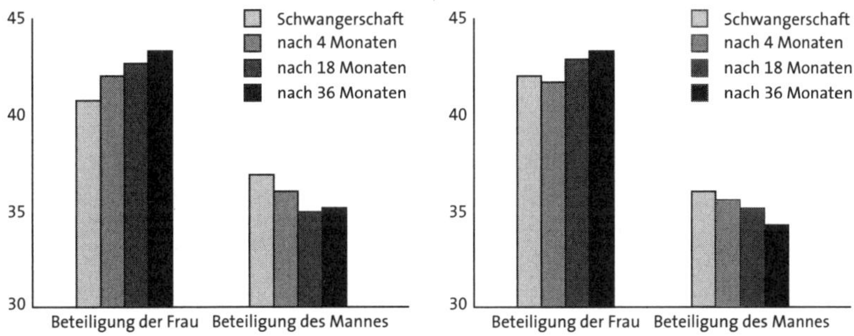

Abbildung 2 *Umverteilung der Hausarbeit im Übergang zur Elternschaft, differenziert für Ersteltern (links) und Zweiteltern (rechts)*

bereits fest etabliert. Die Geburt eines zweiten Kindes bringt keine neuen Veränderungen (Abbildung 1, rechts).

Parallel beobachten wir eine *Umverteilung der Hausarbeit* zu Lasten der Frau. Zwar ist die Beteiligung der Frauen und Männer an der Erledigung von Aufgaben wie «Kochen», «Aufräumen, Saubermachen, Putzen», «Einkaufen» oder «Reparaturen im Haushalt» auch bei den noch kinderlosen Paaren keineswegs ausgewogen. Nach der Geburt des ersten Kindes steigt die Belastung der Frauen jedoch merklich an, während die Männer sich aus der Hausarbeit weiter zurückziehen (siehe Abbildung 2, links). Dieser Trend ist auch nach der Geburt des zweiten Kindes zu beobachten, die Veränderungen sind hier aber weniger drastisch (Abbildung 2, rechts).

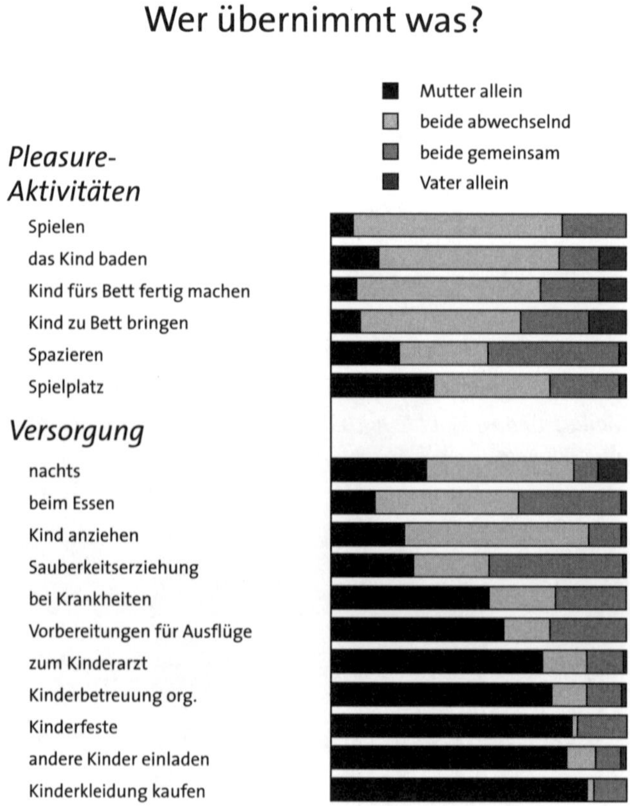

Abbildung 3 ▬ *Aufteilung von Aufgaben der Betreuung und Versorgung des dreijährigen Kindes zwischen den Partnern*

Zudem spiegelt auch die *Ausübung der Elternschaft* durch die Mutter und den Vater die traditionelle Aufgabenzuordnung. Drei Jahre nach der Geburt des Kindes hinkt die Beteiligung des Vaters an der Betreuung und Versorgung des Kindes stark hinter dem Engagement der Mutter her. Disponible Aufgaben, die weniger dringend anstehen oder zeitlich rangiert werden können (z. B. «mit dem Kind spielen», «das Kind baden»), werden üblicherweise von beiden Eltern übernommen. Routinetätigkeiten, die zur täglichen Versorgung des Kindes gehören, aber auch organisatorische Aufgaben, die vorwiegend tagsüber anfallen, fallen dagegen in der Verantwortung der Mutter (siehe Abbildung 3).

Sehr interessant ist schließlich der Befund, dass die Traditionalisierung

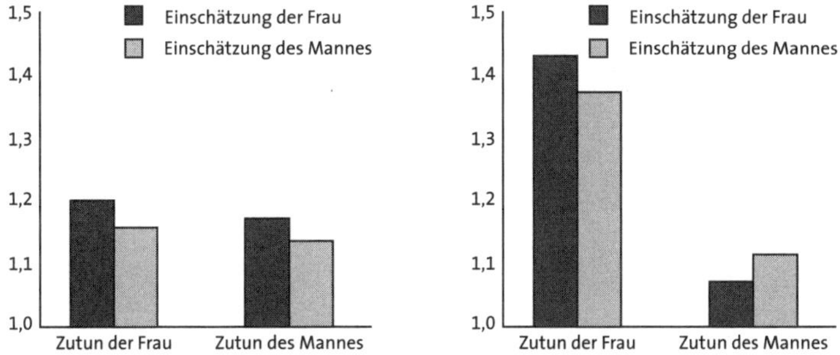

Abbildung 4 ▬ *Zuschreibung der Verantwortung für den Eintritt der Schwangerschaft, differenziert für Ersteltern (links) und Zweiteltern (rechts)*

der Geschlechtsrollen – der Mann ist zuständig für das Familieneinkommen, die Frau für Haushalt und Kinder – nicht nur die tatsächliche Ausübung der beruflichen und familiären Rollen berührt, sondern sogar die *Zuschreibung der Verantwortung für den Eintritt der Schwangerschaft* steuert. Noch vor der Geburt des Kindes waren die Teilnehmer aufgefordert, ihren eigenen Beitrag und den Beitrag ihres Partners am Zustandekommen der Schwangerschaft einzuschätzen («Ich habe alles getan, eine Schwangerschaft zu vermeiden/herbeizuführen» bzw. «Mein Partner/meine Partnerin hat alles getan, eine Schwangerschaft zu vermeiden/herbeizuführen» bei einer Antwortskala von –3/«zu vermeiden» über 0/«weder noch» bis +3/«herbeizuführen»). Paare, die ihr erstes Kind erwarten (also Paare, denen der Übergang zur Elternschaft noch bevorsteht), schätzen die Verantwortung beider Partner für den Eintritt der Schwangerschaft als etwa gleich groß ein (siehe Abbildung 4, links). Paare, die ein nachfolgendes Kind erwarten und den Übertritt in die Elternrolle bereits erlebt haben, schreiben der Frau eine höhere Verantwortung für die Schwangerschaft zu (Abbildung 4, rechts). Zusammengefasst illustrieren diese Befunde recht eindeutig, dass die Übernahme der Elternrolle mit der Wiederkehr traditioneller Rollenvorstellungen und Handlungsmuster einhergeht.

Die Verschlechterung der Paarbeziehung

Die Neudefinition der Partnerschaft nach der Geburt eines Kindes und die einseitige Benachteiligung der Frau bleiben nicht ohne Wirkung auf die

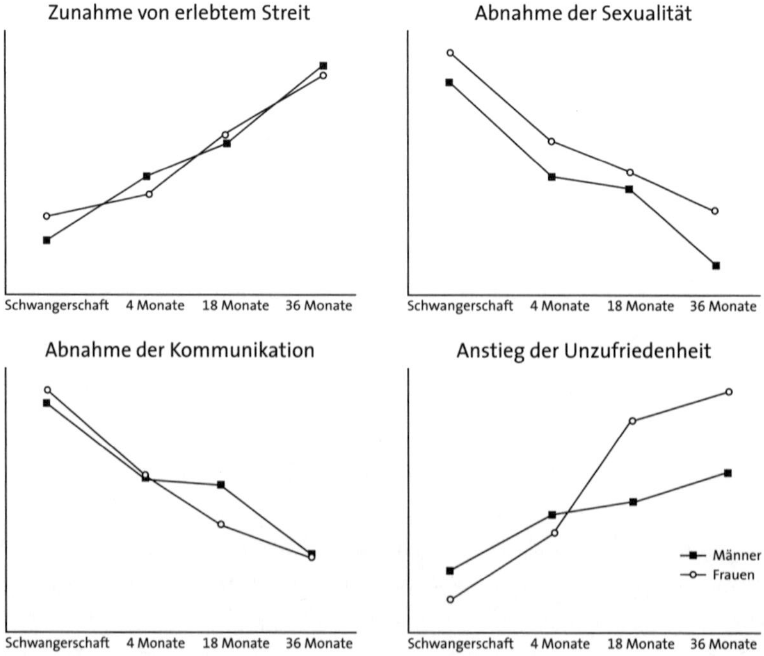

Abbildung 5 ▬ *Beeinträchtigung der Partnerschaft nach der Geburt des ersten Kindes (Angaben der «Ersteltern»)*

Partnerschaftsqualität und auf die subjektive Partnerschaftszufriedenheit. Die Qualität der Paarinteraktion wurde anhand der drei Indikatoren Ausmaß von *Streit und Konflikten*, Ausmaß von *Zärtlichkeit und Sexualität* sowie von *Gemeinsamkeiten und Kommunikation* bestimmt (vgl. Hahlweg, Schindler & Revenstorf, 1982). Die subjektive Partnerschaftszufriedenheit wurde über die Diskrepanz zwischen dem Wunschbild (Partner-Ideal) und dem tatsächlichen Bild vom Partner (Partner-Real) erfasst (vgl. Kalicki et al., 1999).

Sämtliche Indikatoren weisen auf eine drastische Beeinträchtigung der Paarbeziehung im Übergang zur Elternschaft hin. So erleben sowohl die Frauen als auch die Männer, die das erste Kind bekommen («Ersteltern»), in den ersten drei Jahren nach der Geburt des Kindes eine starke Zunahme von Streit und Konflikten, merkliche Einbußen bei der Sexualität, eine Abnahme der Kommunikation und einen Anstieg der Unzufriedenheit mit dem Partner (siehe Abbildung 5). Zentrales Thema der Partnerschaftskonflikte, die im Streit ausgetragen werden, ist die ausführlich beschriebene Verteilung bzw. Umverteilung von Aufgaben und Verantwortungsbereichen, von Lasten und Handlungsoptionen. Gelingt es nicht, diese Konflikte konstruktiv aufzulösen, führt insbesondere die Zunahme dysfunktionaler Streitmuster recht schnell zur Trennung (Gottman, 1994). Im weiteren Verlauf der LBS-Familien-Studie werden wir diese Zusammenhänge auch anhand unseres Datensatzes prüfen. Die vorliegenden Befunde der Trennungs- und Scheidungsforschung weisen nun darauf hin, dass auch die Ehescheidung dazu beiträgt, das relative Gleichgewicht zwischen den Geschlechtern weiter zu erschüttern. Von dem ökonomischen Abstieg, der durch Trennung und Scheidung ausgelöst wird, sind Mütter in besonderem Maße betroffen. Für die Töchter aus Scheidungsfamilien sind die Bildungschancen stärker eingeschränkt als für die Söhne. Zudem geraten die Töchter allein erziehender Mütter mit höherer Wahrscheinlichkeit in die Situation einer allein Erziehenden als die Töchter zusammen lebender Paare. Damit können Trennung und Ehescheidung langfristig zu einer weiteren Benachteiligung von Frauen beitragen.

Ein multidimensionales Partizipationsmodell

Ob und in welchem Ausmaß eine partnerschaftliche Gestaltung der Elternschaft gelingt, die durch eine hohe Beteiligung auch des Vaters an der Sorge um das Kind gekennzeichnet ist, hängt nun nicht allein von der Bereitschaft des Mannes zu einer aktiven Vaterschaft ab. Die innerfamiliale Partizipation des Mannes muss vielmehr multidimensional aufgefasst werden. Im Rahmen der LBS-Familien-Studie wurden die Vorstellungen beider Partner hinsichtlich der Elternrolle und der elterlichen Verantwortung näher betrachtet. Denn das Erleben und Handeln der betroffenen Eltern wird erst dann verständlich, wenn die jeweilige Lebenssituation der Familie und die individuellen Vorstellungen, Überzeugungen und Erwartungen der Akteure berücksichtigt werden. Von besonderer Bedeutung sind hierbei die persönlichen Vorstellungen der Mütter und Väter von der Elternschaft. In den individuellen Auffassungen von der Verantwortung einer Mutter bzw. eines Vaters spiegeln sich die Erwartungen und Ansprüche an das eigene Verhalten und an die Rollenausübung des Partners. Wie die Eltern ihre Verantwortung wahrnehmen, hängt von ihrer Definition von Mutterschaft und Vaterschaft, von ihren «subjektiven Elternschaftskonzepten» ab.

Eine wichtige Einflussgröße für die Beteiligung der Eltern an der Betreuung des Kindes ist die *Wochenarbeitszeit des Mannes:* Mit zunehmendem beruflichen Engagement des Mannes übernimmt die Mutter mehr Aufgaben alleine und werden weniger Aufgaben von beiden Eltern gemeinsam ausgeführt. Ob die Eltern ihre Verantwortung insgesamt als hoch oder niedrig einschätzen, ist für die Verteilung der Aufgaben weniger von Belang. Allerdings prägt die *relative Bedeutung von Mutterschaft und Vaterschaft* aus der Sicht des Vaters dessen Rollenausübung: Je stärker das Mutterschaftskonzept dominiert (größere Verantwortung der Mutter im Vergleich zur Verantwortung des Vaters), je stärker der Vater also die Verantwortung an die Mutter delegiert, desto weniger Aufgaben übernimmt der Vater alleine. Wichtig für das väterliche Engagement ist außerdem das *Zutrauen der Mutter in die Fähigkeiten ihres Partners,* die Bedürfnisse des Kindes erfüllen zu können: Je stärker die Mutter dem Vater die Fähigkeit zuschreibt, die Vaterrolle kompetent auszuüben, desto mehr Aufgaben übernimmt der Vater alleine. Offenbar stellen diese Mütter hier die Weichen, indem sie dem Partner den Spielraum geben, sich aktiv und intensiv mit dem Kind zu beschäftigen. Die *Einstellung zu traditionellen Geschlechtsrollen* (Selbstaufopferung der Mutter, Brotverdiener-Funktion des Vaters) steht ebenfalls in engem Zusammenhang zur Gestaltung der Elternschaft. Je traditioneller die Auffassungen der Mutter, desto weniger Aufgaben bei der Sorge um das Kind übernimmt der Vater alleine. Schließlich ist auch *das Gefüge der Elternschaftskonzepte beider Partner* bedeutsam für die praktische Ausgestaltung der Elternrolle. Je ähnlicher die Erwartungen beider Eltern an die eigene Person, desto weniger Aufgaben werden separat ausgeführt und desto mehr Aufgaben übernehmen beide Eltern gemeinsam. Die von dem Mann berichtete *Partnerschaftsqualität* trägt zusätzlich zur Vorhersage der Rollenausübung bei: Je höher die Partnerschaftsqualität, desto mehr Aufgaben werden gemeinsam ausgeführt.

Die Partizipation des Mannes kann also nicht in einem einfachen Modell erklärt werden. Wie sehr der Vater seine Verantwortung für das Kind wahrnimmt, hängt von individuellen, partnerschaftsspezifischen und kontextuellen Faktoren ab. Alle Bemühungen zur Förderung der Gleichstellung der Geschlechter und zur Stärkung der väterlichen Partizipation, die sich auf simplere Erklärungsmodelle stützen, werden daher wenig fruchten. Mit dem Transitionskonzept verfügt die Familienpsychologie über ein angemessenes theoretisches Modell, das nicht allein von heuristischem Wert und hoher Erklärungskraft ist. Die Kenntnis der kritischen Bedingungen und Prozesse, die eine erfolgreiche Bewältigung des Übergangs zur Elternschaft erleichtern, ist Voraussetzung für die Entwicklung und Implementierung effektiver Präventionsprogramme und Fördermaßnahmen, die die Aushöhlung der Gleichberechtigung im Übergang zur Elternschaft verhindern, die Partnerschaftsqualität sichern und eine partnerschaftliche Ausübung der Elternrolle fördern.

Von der Erforschung der Familienentwicklung zur Familienförderung

Die Ansatzpunkte zur Förderung der Familienentwicklung und zur Erleichterung einer Bewältigung des Übergangs in die Elternschaft sind vielfältig. Auf *gesellschaftlicher und politischer Ebene* bleibt die Schaffung gleicher Handlungs- und Partizipationsmöglichkeiten für Männer und Frauen eine zentrale Forderung. Besondere Bedeutung kommt hier der Möglichkeit für Mütter zu, wieder in den Beruf zurückzukehren. Als geeignete Maßnahmen erscheinen hier der Schutz von Arbeitsverhältnissen durch flexible Modelle des Erziehungsurlaubs, etwa als Zeitkonten mit der Möglichkeit für beide Partner, ihre Arbeitszeit gleichzeitig zu reduzieren. Andere Maßnahmen sind die Schaffung geeigneter Arbeitsplätze, die eine bessere Vereinbarkeit von Beruf und Familie Gewähr leisten (z. B. qualifizierte Teilzeit-Arbeitsverhältnisse oder Heimarbeit) und der Ausbau flächendeckender, zeitlich bedarfsgerechter und qualitativ hochwertiger Kinderbetreuungsangebote. Von grundlegender Bedeutung ist die finanzielle Besserstellung von Familien, insbesondere von Mehrkindfamilien.

Die verfügbaren *Bildungs- und Beratungsangebote für junge Familien* erreichen in aller Regel nur einen geringen Ausschnitt der Zielgruppe. Hier ist ein Ausbau der Information über solche Programme ebenso geboten wie die Förderung niederschwelliger, informeller Angebote und Initiativen.

Schließlich macht es wenig Sinn, mit der Vorbereitung auf die Elternschaft und ähnliche Entwicklungsübergänge erst dann zu beginnen, wenn der jeweilige biografische Einschnitt kurz bevorsteht. Unsere aufwändigen Erziehungs- und Bildungsprogramme, die ja bereits in der Kindheit einsetzen, konzentrieren sich einseitig auf die Vorbereitung der Erwerbskarriere. Diese einseitige Auslegung von Bildung geht von der Annahme aus, dass die Entwicklung in allen anderen Lebensbereichen und insbesondere die Gestaltung und Aufrechterhaltung von Sozial- und Familienbeziehungen ein Selbstläufer ist. Die Erfahrungen der letzten Jahrzehnte und der anhaltende Anstieg der Trennungs- und Scheidungsziffern zeigen jedoch, dass diese Annahme fehlläuft. Es ist daher an der Zeit, die Familienpolitik um eine umfassende Partnerschaftspolitik zu ergänzen, die die Menschen befähigt, Übergänge im Lebens- und Familienzyklus kompetent zu bewältigen.

Literatur

Belsky, J. & Pensky, E. (1988): *Marital changes across the transition to parenthood.* Marriage and Family Review, 13, 133–156.

Cowan, C. P./Cowan, P. A. (1988): *Who does what when partners become parents: Implications for men, women, and marriage.* Marriage and Family Review, 13, 105–131.

Fthenakis, W. E. u. a. (1999): *Engagierte Vaterschaft. Die sanfte Revolution in der Familie.* Opladen: Leske + Budrich.

Gottman, J. M. (1994): *What predicts divorce?* The relationship between marital processes and marital outcomes. Hillsdale: Erlbaum.

Hahlweg, K. / Schindler, L. / Revenstorf, D. (1982): *Partnerschaftsprobleme: Diagnose und Therapie.* Berlin: Springer.

Heinicke, C. M. (1995): *Determinants of the transition to parenting.* In M. H. Bornstein, (Ed.) Handbook of parenting (Vol. 3, pp. 277–303). Mahwah, NJ: Erlbaum.

Kalicki, B. / Peitz, G. / Fthenakis, W. E. / Engfer, A. (1999): *Passungskonstellationen und Anpassungsprozesse beim Übergang zur Elternschaft.* In B. Reichle & H. Werneck (Hg.), Übergang zur Elternschaft. Aktuelle Studien zur Bewältigung eines unterschätzten Lebensereignisses (S. 129–146). Stuttgart: Enke.

McHale, S. M. / Huston, T. L. (1985): *The effect of the transition to parenthood on the marriage relationship: A longitudinal study.* Journal of Family Issues, 6, 409–433.

Reichle, B. (1996): *From is to ought and the kitchen sink: On the justice of distributions in close relationships.* In L. Montada & M. J. Lerner (Eds.), Current societal concerns about justice (pp. 103–135). New York: Plenum.

1 Dieses Forschungsprojekt wird gefördert von der LBS-Initiative Junge Familie. Die Projektleitung liegt bei Prof. Dr. W. E. Fthenakis und Prof. Dr. Anette Engfer. Dipl.-Psych. Gabriele Peitz und Dr. Bernhard Kalicki sind als Projektmitarbeiter mit der Durchführung und Auswertung der Studie betraut.

Jörg Otto Meier

Alles gut? – Ein Fotoessay

Wenn Axel nach Hause kommt und Lino ihn anlacht, ist der ganze Alltagsstress sofort vergessen, und das kann noch so'n schlimmer Tag gewesen sein.

Alexandra, 31 Jahre

Durch Luca haben wir alles total auf den Kopf gestellt. Irgendwie geht unser Leben jetzt nochmal von vorne los. Und obwohl unser Schlaf zurzeit völlig reduziert ist, erleben wir sie als absolutes Lebenselixier.

Andrea, 42 Jahre

Wenn ich nach Hause komme, und meine Mutter ist mal nicht da, dann fehlt mir einfach was. Ich find's wichtig, dass Mütter zu Hause sind, oder Väter.

Birte, 18 Jahre

Klar bereiten dich deine Eltern und die Lehrer auf das Leben vor und wollen nur dein Bestes. Aber man darf dabei nie vergessen, sein eigenes Leben zu leben und nicht das der anderen.

Antje, 18 Jahre

Ich finde, dass ein Mann für 'ne Familie sehr wichtig ist, und ich könnt mir nicht vorstellen, 'ne allein erziehende Mutter zu sein. Es gehören einfach zwei dazu, schon um die Verantwortung zu teilen.

Christine, 31 Jahre

Ich rede immer mit dem lieben Gott. Das ist mein großer Papa im Himmel. Der heißt Jesus und ist schon ganz lange da oben. Das hab ich selbst gelesen. Darum hab ich eigentlich zwei Papas. Und ich hab beide lieb. Ich hab ja auch Papa und Mama lieb.

Eliza, 5 Jahre

Ein altes jamaikanisches Sprichwort sagt: «Wenn die Mutter während der Schwangerschaft glücklich ist, wird's ein glückliches Kind, und wenn sie traurig ist, wird's ein trauriges Kind.» Ich glaub, wir haben bei Ferris 'ne ganz gute Mischung hingekriegt.

Fiona, 26 Jahre

Später mal will ich mindestens ein Kind. Aber ich will eine junge Mutter sein und mein Baby so mit 20 kriegen. Und wenn es 'ne Tochter wird, würd ich deren beste Freundin sein.

Julia, 13 Jahre

Ich glaube, wenn Franca sich nicht einfach durchgeboxt hätte, wär sie heute noch nicht da, weil es auf der Karriereleiter nie den richtigen Zeitpunkt gibt. Insofern bin ich heilfroh, dass sie mir die Entscheidung abgenommen hat.

Katja, 31 Jahre

Meine Eltern sind die Leute in meinem Leben, die mich stützen und mich in jeder Situation beschützen. Das sind einfach die Menschen auf der Welt, die mich am meisten lieben.

Marius, 14 Jahre

Es ist unheimlich schön zu sehen, wie zärtlich Günther unsere Kleinen hält, vor allem wenn er sich unbeobachtet fühlt. Das ist so rührend! Da krieg ich 'ne Gänsehaut, und manchmal könnt ich sogar weinen.

Monika, 28 Jahre

Am Donnerstag treff ich mich mit meinem Dad. Da muss er mir erst mal 'ne ganze Zeit lang zuhören und darf mich nicht unterbrechen.

Pablo, 19 Jahre

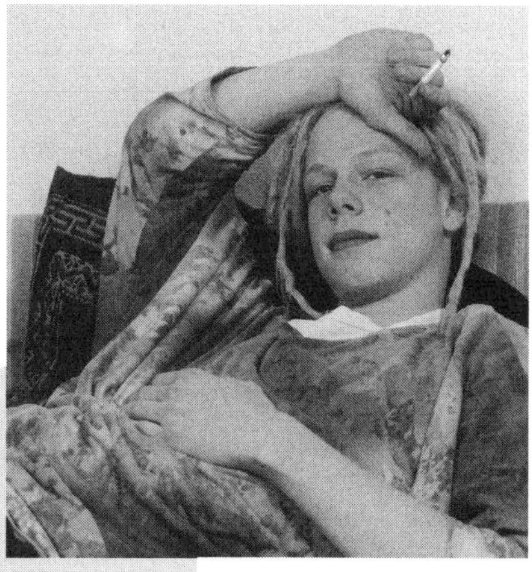

Seit Carlos auf der Welt ist, hab ich das Gefühl, um uns herum ist alles rund und sicher. Die Probleme in der Partnerschaft kommen mir gar nicht mehr so wichtig vor. Meistens denk ich dann: «Hauptsache, mir und meinem Kind geht's gut.»

Sabine, 27 Jahre

Ich möchte später auf jeden Fall mehr Zeit mit meiner Frau verbringen als mein Vater. Ich würd's ihr auch nicht zumuten, die eigenen Berufsinteressen aufzugeben, um zu Hause die Geschirrspülmaschine ein- und auszuräumen, nur weil sie mit mir verheiratet ist.

Sebastian, 16 Jahre

Manchmal spiel ich mit meiner Mama «Mutter und Kind». Dann bin ich ihre Mutter, und sie ist das Kind. Aber sie will nie nuckeln, und ich darf das nur noch beim Einschlafen.

Siona, 4 Jahre

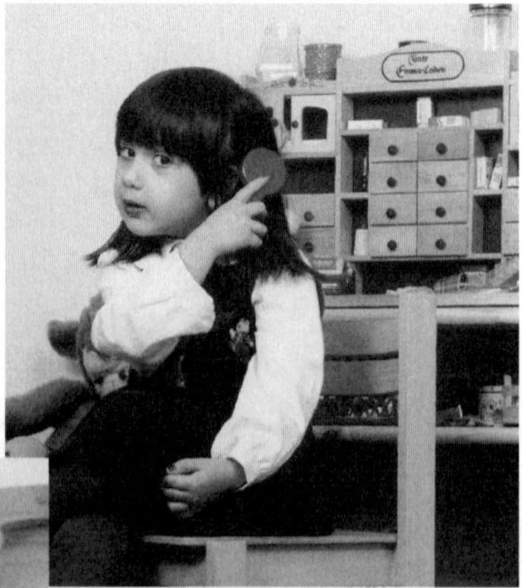

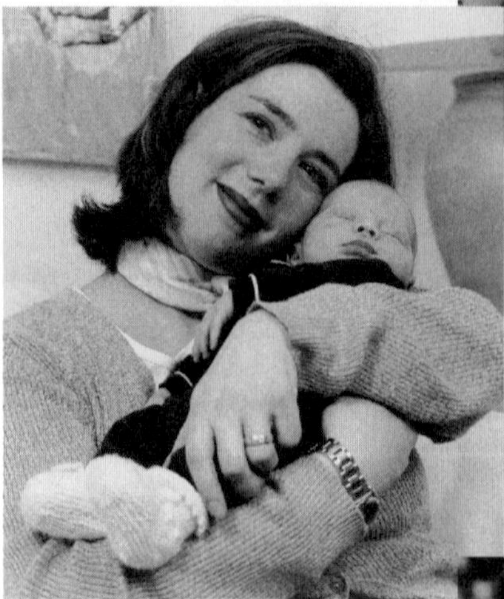

Alles ist schnelllebiger geworden, und immer weniger Menschen sind bereit, wirklich etwas für ihre Beziehung zu tun. Wenn's nicht funktioniert: «Macht nix! Dann kommt halt der nächste Partner dran.»

Stefanie, 29 Jahre

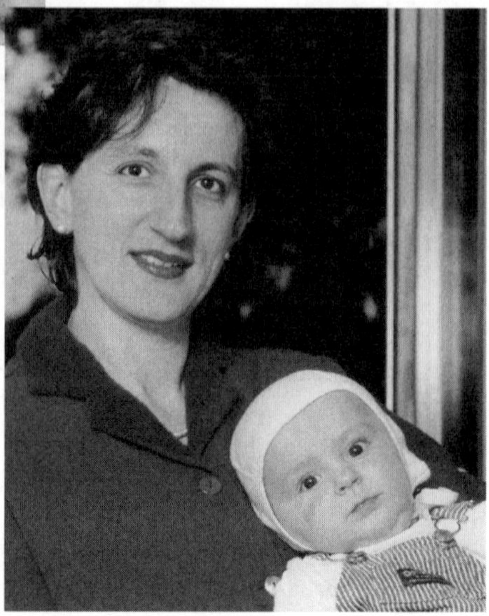

Bei der Geburt von Levin ist es noch deutlicher geworden, dass Klaus mein Mann ist und ich seine Frau, und dass da nichts dran rütteln kann.

Ulrike, 37 Jahre

Bernhard Nauck

Familien ausländischer Herkunft in Deutschland[1]

Wie groß die Anzahl der in der Bundesrepublik Deutschland lebenden Personen ist, die im Ausland geboren worden sind, weiß niemand. Der Anteil der Personen, der entweder selbst im Ausland geboren ist oder aber Eltern ausländischer Herkunft hat, dürfte jedoch einen ganz erheblichen Anteil der Wohnbevölkerung ausmachen. Folgende verfügbare Eckdaten beschreiben diese Situation:

- Ende des Jahres 1996 lebten 7,3 Millionen Ausländer in Deutschland; sie bildeten damit 8,9 % der Wohnbevölkerung in der Bundesrepublik Deutschland. 1961 lebten ca. 700 000 Ausländer in Westdeutschland und bildeten zu diesem Zeitpunkt 1,2 % der Wohnbevölkerung. Entsprechend ist davon auszugehen, dass die Mehrzahl der in Deutschland lebenden Ausländer Migranten vornehmlich der ersten Generation sind, die derzeit in etwa das Alter erreichen, das ihre Eltern zum Zeitpunkt ihrer Migration hatten, und Angehörige der dritten Migrantengeneration in Deutschland bislang eher selten sind. Zu dieser Personengruppe kommen noch die zwischen 1955 und 1995 nach Deutschland eingereisten ca. 3,7 Millionen Aussiedler, wobei die meisten Zuwanderungen seit 1985 erfolgt sind, sodass wiederum die direkten Migrationserfahrungen überwiegen.
- Anders als bei den Aussiedlern ist bei der ausländischen Wohnbevölkerung eine ganz erhebliche Fluktuation zu verzeichnen. Zwischen 1974 und 1994 sind 12,3 Millionen Ausländer nach Deutschland zu- und 9,9 Millionen fortgezogen. Diese Fluktuation macht somit ein Mehrfaches des Bestandes aus und ist keineswegs auf solche Ausländer beschränkt, die aus EU-Mitgliedsstaaten stammen und keinerlei Mobilitätsbarrieren unterliegen. So stehen in diesem Zeitraum bei den Italienern 1,1 Millionen Zuzügen 1,3 Millionen Fortzüge gegenüber, bei den Türken 1,9 Millionen Zuzügen 1,7 Millionen Fortzüge. Ebenso wenig beschränken sich Fortzüge etwa auf ältere Migranten: Zwischen 1974 bis 1994 kehrten insgesamt 654 393 der unter 18-jährigen türkischer Staatsangehörigkeit in die Türkei zurück (39,6 % aller Rückkehrer). Insgesamt liegt der Anteil der Zu- und Fortzüge an der gesamten ausländischen Bevölkerung in Deutschland bei 15 bis 20 % pro Jahr und ist damit höher als z. B. in Großbritannien

(4%), Frankreich (5%), Belgien (8%), Schweden (8 bis 10%), den Niederlanden (11 bis 12%) und der Schweiz (12 bis 13%).

- Migration ist zum dominanten Bestandteil des Bevölkerungsprozesses der Bundesrepublik Deutschland geworden. Im Jahr 1995 wurden in der Bundesrepublik Deutschland
  - 765221 Geburten (davon 99700 mit ausländischer Nationalität)
  - 884588 Todesfälle (davon 12383 von Ausländern)
  - 1096048 Zuwanderungen (davon 792701 von Ausländern)
  - 698113 Abwanderungen (davon 567441 von Ausländern)

registriert. Die 1,65 Millionen natürlichen Bevölkerungsbewegungen (Geburten und Sterbefälle) sind in diesem Jahr von den 1,8 Millionen wanderungsbedingten Bevölkerungsbewegungen übertroffen worden. Dabei haben die Wanderungsgewinne die Bevölkerungsverluste des «natürlichen» Bevölkerungssaldos mehr als ausgleichen können. Zumindest nach diesem Kriterium wird man zu Recht feststellen müssen, dass *Deutschland tatsächlich ein Einwanderungsland* ist. Es wäre einerseits weit verfehlt, diese Situation im gegenwärtigen Deutschland als Besonderheit im internationalen oder im historischen Vergleich zu sehen: (Zu-)Wanderungen sind nicht auf Deutschland beschränkt, sie finden sich in ähnlicher Weise sowohl in anderen Industrieländern als auch in Armutsgesellschaften. Ebenso wenig handelt es sich um ein grundsätzlich «neues» Phänomen, vielmehr hat es die gesamte Menschheitsgeschichte begleitet und muss deshalb als ein dauerhafter, konstitutiver Bestandteil jeden gesellschaftlichen Lebens begriffen werden.

Es würde zu Missverständnissen führen, würde die Situation von Familien mit Migrationserfahrung ausschließlich an der rechtlichen Unterscheidung zwischen Ausländern und Inländern festgemacht. Vielmehr gilt es, sich die Vielschichtigkeit der Lebenssituation dieser Familien zu vergegenwärtigen, wobei der Ausländerstatus nur einer von mehreren bedeutsamen Faktoren ist, der die Besonderheit dieser Lebenssituation ausmachen kann. Aus diesem Grund wird hier der Begriff «*Familien ausländischer Herkunft*» gebraucht, um zu verdeutlichen, dass die internationale Migrationserfahrung der entscheidende Faktor für die Besonderheit der Lebenslage dieser Familien ist.

Transnationale Migration stellt Familien vor große Herausforderungen. Je größer die soziale und kulturelle Distanz zwischen Herkunfts- und Aufnahmegesellschaft, desto mehr Aufgaben sind im Alltag zu bewältigen.

Migrantinnen und Migranten kommen, sofern es sich nicht um Verfolgte, Vertriebene und Flüchtlinge handelt, mit dem Ziel und der hohen Motivation, ihr Humanvermögen zur eigenen Wohlfahrtsbildung voll einzusetzen. Sie treffen auf eine Gesellschaft, deren Konsum- und Wohlfahrtsniveau eines der höchsten in der Welt ist und das ihrer Herkunftsgesellschaft zumeist deutlich übersteigt, und sie begeben sich zugleich in die Konkurrenz auf einem umkämpften Arbeitsmarkt. Damit das Migrationsprojekt nicht scheitert, bedarf es sowohl der gemeinsamen Ressourcen der Familien als auch eines wettbewerbsfähigen Humankapitals. Diese Investitionen müssen auch dann für Deutschland nicht verloren sein, wenn die Familie oder einzelne Familienmitglieder fort- oder rückwandert. Im Aufnahmeland erworbene Kompetenzen und Erfahrungen sind nicht nur für zurückkehrende Migrantinnen und Migranten von außerordentlicher Bedeutung, sie tragen auch wesentlich zur positiven Gestaltung wirtschaftlicher, politischer und kultureller Beziehungen zwischen den Herkunftsländern und Deutschland bei.

Die latente Botschaft der meisten anwendungsorientierten wissenschaftlichen Untersuchungen und insbesondere von Darstellungen, die sich an eine breitere Öffentlichkeit gewandt haben, kann wie folgt zusammengefasst werden: *Ausländische Familien haben und sie machen Probleme.* Nun soll es hier keineswegs darum gehen, die zweifellos vorhandenen sozialen Probleme von und mit Angehörigen von Familien ausländischer Herkunft zu ignorieren, gering zu schätzen oder zu beschönigen. Noch viel weniger wird es darum gehen, der deutschen Gesellschaft in einer Art rückwärts gewandten Utopie Familien ausländischer Herkunft als Gegenbild vorzuhalten, in dem «noch» alles in bester Ordnung ist. Auch gilt es die Vorstellung zu überwinden, Menschen ausländischer Herkunft seien vorrangig als «Opfer» ihrer Verhältnisse zu sehen, die als «Gefangene» von Traditionen «blind» überkommenen Werten und Normen folgen und auf gesellschaftliche Umbrüche nur mit «Kulturschock» reagieren können. Ein solches Bild vom Menschen hat eine lange Tradition und ist besonders erfolgreich in Berufsgruppen aufgegriffen und gepflegt worden, die ihr Selbstverständnis daraus beziehen, «Helfer» zu sein. Ein solches Menschenbild muss sich bei Menschen ausländischer Herkunft als besonders verhängnisvoll erweisen, da es sie ausschließlich als «Produkte» einer fremd kulturellen Sozialisation begreift. Ein solches Bild des Menschen berücksichtigt keine individuellen Veränderungen durch lebenslange Erfahrungen. Migranten müssen – wie alle menschlichen Akteure – als produktiv-realitätsverarbeitende Subjekte begriffen werden, die ihre individuellen Ziele verfolgen und dabei die ihnen verfügbaren, zumeist knappen Mittel findig und kreativ einsetzen, sich nach Möglichkeit passende Umwelten für ihre Zwecke suchen, diese mitgestaltend verändern und dabei auf Kooperation angewiesen sind. Möglicherweise gilt dies für Migranten in besonderem Maße, haben sie doch ihr Schicksal ganz offensichtlich in die eigene Hand genommen.

Migrantenfamilien weisen insgesamt eine große kulturelle Vielfalt auf, die sich aus der Verschiedenartigkeit ihrer nationalen, ethnischen und kulturellen Herkunft ergibt. Diese Vielfalt führt dazu, dass Migrantenfamilien verschiedener Herkunft selten untereinander Kontakt haben. Dies verbietet jedoch auch eine uniforme Verhaltensweise der Aufnahmegesellschaft und seiner Institutionen ihnen gegenüber. Die kulturelle Vielfalt bezieht sich insbesondere auch auf die normativen Leitbilder, an denen sich Migrantenfamilien verschiedener sozialer und kultureller Herkunft orientieren und nach denen in ihnen Familie gelebt wird:

So ist häufig die Bedeutung von *Individualität als Bestandteil der personalen Identität* weit geringer als in der deutschen Aufnahmegesellschaft. Personen ausländischer Herkunft betonen häufig weit weniger ihre Individualrechte, sondern sehen sich in erster Linie als Mitglieder der jeweiligen familiären Gruppe. Dies betrifft insbesondere die Ausgestaltung der Ehe und die gegenseitigen Erwartungen der Ehepartner. So entspricht es dem Selbstverständnis der deutschen Familienkultur, dass die Ehe vor allem als eine selbst gewählte Intimbeziehung gesehen wird, sie sich dem *individualistischen* Glücksstreben unterordnet und legitimer Weise – auch einseitig – aufgekündigt werden kann, wenn sie diesem Individualrecht entgegensteht. Demgegenüber ist in *gemeinschaftlichen* Familienkulturen nicht nur eine größere Mitwirkung der jeweiligen Herkunftsfamilien beim Zustandekommen von Ehen gegeben, vielmehr werden auch der Intimisierung der Gattenbeziehung durch ein höheres Ausmaß sozialer Kontrolle ebenso Grenzen gesetzt wie der individuellen Aufkündbarkeit.

Große Unterschiede gibt es auch in der *geschlechtsspezifischen Arbeitsteilung*, d. h. in den normativen Erwartungen über die Aufgaben- und Machtverteilung zwischen den Ehepartnern und in der geschlechtsspezifischen Differenzierung von normativen Erwartungen an Söhne und Töchter, die in entsprechenden Erziehungsstilen ihren Ausdruck finden.

Ebenso wird man feststellen, dass das normative Leitbild der geschlechtsspezifischen Arbeitsteilung in der deutschen Familienkultur von der «partnerschaftlichen» Vorstellung der prinzipiellen *Gleichheit* der Rechte und Pflichten der Ehegatten und von einer situativ begründeten Aufgabenteilung ausgeht – bei allen sich daraus im Familienalltag häufig ergebenden Widersprüchlichkeiten. Demgegenüber wird in einer Vielzahl von Herkunftskulturen die Vorstellung der *Differenz* der Geschlechter nicht nur als konstituierendes Element der geschlechtsspezifischen Entscheidungsmacht und Aufgabenteilung zwischen den Ehegatten legitimierend herangezogen, sondern auch für unterschiedliche Formen elterlicher Investitionen in Söhne und Töchter.

Ebenso variieren die *Beziehungen zwischen den Generationen*, d. h. welche wechselseitigen Rechte und Pflichten mit der Vater-, Mutter-, Sohn- und Tochterrolle jeweils über den gesamten Lebensverlauf hinweg verbunden sind, wie der Transfer von materiellen Gütern und Dienstleistungen zwischen den Generationen organisiert ist, und welche Vorstellungen sozialer Gerechtigkeit sich damit verbinden. Während das normative Leitbild der deutschen Mehrheitsgesellschaft zunehmend von einer *lebenslangen Verpflichtung der Eltern auf ihre Kinder* und einer Stärkung der *Kindesrechte* bestimmt ist, wobei Sachwerte und Dienstleistungen intergenerativ mit großer Ausschließlichkeit von der Eltern- auf die Kindgeneration transferiert werden (während Transfers von jüngeren auf ältere Kohorten indirekt über kollektive Sicherungssysteme erfolgen), werden Generationenbeziehungen in anderen Kulturen häufig durch eine relativ früh einsetzende *lebenslange Verpflichtung der Kinder auf ihre Eltern* und vergleichsweise starke *Elternrechte* konstituiert.

Auch die familiären *Gruppengrenzen* variieren, d. h. welche Person zur familiären Gruppe konkret «dazu» gehört und welche Person nicht, und wie sich dies in Relation zu verwandtschaftlichen, nachbarschaftlichen oder ethnischen Grenzziehungen verhält.

Außerdem gibt es in den jeweiligen Herkunftsgesellschaften beträchtliche Unterschiede in der *Arbeitsteilung zwischen Familie, Gesellschaft und Staat*, d. h. welche Aufgaben z. B. im Bereich der Erziehung und Betreuung der Kinder, in der Versorgung der Alten, in der Absicherung gegen Risiken der Gesundheit, des Wohn- und Arbeitsmarktes, in den Transferzahlungen zwischen den Generationen und zwischen Arm und Reich jeweils von der Familie und Verwandtschaft, von Nachbarschaften, von intermediären Organisationen oder vom Staat zu übernehmen sind. Dies hat insbesondere große Bedeutung für die Generationenbeziehungen, wenn viele Aufgaben nicht vom Staat oder intermediären Organisationen, sondern in der jeweiligen Gesellschaft von Familie und Verwandtschaft direkt übernommen werden: In Gesellschaften, in denen die Alterssicherung auf direkten Transferzahlungen der Nachkommen und nicht auf *kollektiven Sicherungssystemen* basiert, hat (das Vorhandensein und) die unbedingte *Loyalität der Kinder* gegenüber ihren Eltern eine entsprechend herausragende Bedeutung; in Gesellschaften, in denen die Absicherung gegen Risiken des Lebens auf der unmittelbaren *Solidarität von Verwandtschaft* im Falle von Krankheit, Obdachlosigkeit, Hunger, Unwetter und Arbeitslosigkeit und nicht auf durch Beitragszahlungen in Versicherungen erworbenen Anwartschaften basiert, werden verwandtschaftliche Beziehungen nicht nur eine andere Bedeutung und Qualität haben, sondern zugleich sehr viel bestimmender für den individuellen sozialen Status in der Gesellschaft als individuell erbrachte Leistungen sein.

Immer schon hat die Frage der «Integration» von Familien ausländischer Herkunft in die deutsche Gesellschaft im Brennpunkt öffentlicher Diskussionen gestanden. Da hierbei immer auch normative Vorstellungen darüber eine Rolle gespielt haben, wie diese «Integration» (insbesondere aus der Sicht der Aufnahmegesellschaft) aussehen und welches das wünschenswerte Ergebnis dieses Prozesses sein soll, konnte es nicht ausbleiben, dass alle in diesen Diskussionen gebrauchten Begriffe in ihrer Bedeutung hochgradig schillernd und häufig genug missverständlich sind und als «Kampfbegriffe» in politischen Auseinandersetzungen starken Abnutzungen unterliegen. Entsprechend häufig werden die Begriffe ausgetauscht, in ihrer Bedeutung verändert und mit neuen positiven oder negativen Bewertungen versehen. Die öffentliche «Integrations»-Diskussion wird zumeist vorschnell auf das Verhältnis zwischen «dem» Ausländer und «der» Aufnahmegesellschaft reduziert und blendet damit alle gesellschaftlichen Zwischenebenen ebenso aus wie das Verhältnis zur Herkunftsgesellschaft. In der einfachsten Vorstellung wird dann in der vollständigen Ununterscheidbarkeit des Migranten von den Mitgliedern der Aufnahmegesellschaft der wünschenswerte, möglichst schnell zu realisierende Endzustand gesehen. Entsprechend wird das Verhältnis der Migrantenfamilie zur Herkunfts- und zur Aufnahmegesellschaft als sich gegenseitig ausschließend verstanden: In dem Maße, wie sich Integration in die Aufnahmegesellschaft vollzieht, nimmt demnach die Integration in die Herkunftsgesellschaft ab. Eine solche Verengung der Perspektive, die sich auch in vielen Argumenten über die Ausgestaltung von ausländer-, aufenthalts- und staatsbürgerrechtlichen Regelungen wieder finden lässt, kann der Komplexität der Lebensverhältnisse von Familien ausländischer Herkunft nicht gerecht werden und manövriert sie nur in weitere Dilemma-Situationen hinein. Sie fordert ihnen Anpassungsleistungen ab, die ebenso unrealistisch wie den Gegebenheiten in modernen Gesellschaften unangemessen sind. Für diese ist nämlich ein erhebliches Maß an Desintegration «normal» in dem Sinne, dass ihre hohe Arbeitsteiligkeit und institutionelle Ausdifferenzierung klare Grenzziehungen zwischen den gesellschaftlichen Teilsystemen und den in ihnen geltenden Handlungsnormen erfordert. Dies bringt zwangsläufig eine Pluralität im Selbstverständnis sozialer Gruppen, in den Lebensformen und in deren kulturellen Ausgestaltung auch dann mit sich, wenn keine Zuwanderungsminderheiten vorhanden wären.

Von der Integration der Migranten als Individuen und als soziale Gruppe ist die *Handlungsintegration* zu unterscheiden, d. h. wie der einzelne Migrant die verschiedenen Elemente seiner Herkunfts- bzw. Minderheitenkultur und diejenigen der Aufnahmegesellschaft, die sich ihm bietenden Handlungsoptionen in Herkunfts- und Aufnahmegesellschaft und seine verschiedenen sozialen Verkehrskreise aus Mitgliedern beider Gesellschaften «integriert». In der Migrationssituation besteht zwischen der Herkunftskultur der Migrantenfamilien und den in der Aufnahmegesellschaft vorfindbaren Handlungsmöglichkeiten häufig eine komplizierte Wechselwirkung. Entsprechend ist das Ergebnis dieses Kulturkontaktes und des damit verbundenen *Akkulturationsprozesses* keineswegs eindeutig, vielmehr lassen sich als Reaktion auf die Handlungsmöglichkeiten und -barrieren sehr unterschiedliche Ausgänge denken:

- *Marginalisierung* der Migrantenfamilie ist dann die Folge dieses Kulturkontaktes, wenn die jeweilige Herkunftskultur aufgegeben bzw. verloren worden ist, ohne dass zugleich ein Erwerb der Kultur der Aufnahmegesellschaft erfolgt wäre. Dieser Ausgang des Kulturkontakts wird insbesondere dann wahrscheinlich, wenn den Zugewanderten hohe Zugangsbarrieren in der Aufnahmegesellschaft in Bezug auf Bildung, Arbeit, Wohnen und soziale Partizipation entgegenstehen und wenn zugleich wenige Gelegenheiten für die Aufrechterhaltung einer eigenen Minoritätensubkultur oder zur Herkunftsgesellschaft gegeben sind. Die Solidarpotenziale in Familien ausländischer Herkunft stellen am wirksamsten sicher, dass keine Marginalisierung der ausländischen Kinder und Jugendlichen erfolgt, bei der jegliche soziale Bindungen und eine kulturelle Identität fehlen. Jugendkriminalität, Drogenmissbrauch, Verwahrlosung und psychische Erkrankungen wären erwartbare Konsequenzen einer solchen Entwicklung. Besondere Risiken ergäben sich daraus, wenn in einer Aufnahmegesellschaft zwar (zumeist unter dem Namen «Ausländerintegration») «Assimilation» als Ablösung von der Herkunftskultur betrieben wird, aber Gelegenheiten für die Übernahme von sozialen Positionen in der Aufnahmegesellschaft (insbesondere: im Beschäftigungssystem) nicht bereitstehen und soziale Distanzierung den Lebensalltag bestimmt.

- *Segregation* der Migrantenfamilie ist dann gegeben, wenn die jeweilige Herkunftskultur aufrechterhalten oder als Minoritätensubkultur akzentuiert und weiterentwickelt wird, ohne dass es zu einer Interaktion mit Mitgliedern der Aufnahmegesellschaft oder zu einem Austausch zwischen Minderheits- und Mehrheitskultur käme. Dieser Ausgang des Kulturkontakts wird insbesondere dann wahrscheinlich, wenn entweder hohe Zugangsbarrieren zur Aufnahmegesellschaft bestehen oder hohe Anreize zum Verbleib in der eigenethnischen Subkultur bestehen (z. B. wegen eines attraktiven ethnischen Arbeits- oder Heiratsmarktes) und zugleich genügend Gelegenheiten für eine solche ethnische Schließung bestehen, d. h. möglichst viele Lebensbereiche innerhalb der eigenen Minorität organisiert werden können. «Segregation» als Form ethnischer Abschließung, die ja auch Verdichtung der sozialen Beziehungen bedeutet, ist auch eine verständliche Reaktion des Selbstschutzes von Migrantengruppen vor drohender Marginalisierung.
- *Assimilation* der Migrantenfamilie ist dann gegeben, wenn die jeweilige Herkunftskultur zu Gunsten der Kultur der Aufnahmegesellschaft aufgegeben worden ist. Dieser Ausgang des Kulturkontakts ist insbesondere dann wahrscheinlich, wenn die Zugehörigkeit zur Zuwandererminorität keinen Einfluss auf die sozialen Chancen und den Statuserwerb in der Aufnahmegesellschaft hat, und zwar in dem Maße, wie sich individuelle Qualifikation und Leistung unmittelbar in sozialen Status umsetzen lässt. Insbesondere eine kulturelle Angleichung der Familienleitbilder ist dabei an die Voraussetzung gebunden, dass sich die familiären Beziehungen *dauerhaft* nach den Lebensbedingungen in der Aufnahmegesellschaft und den in ihr vorhandenen Institutionen kollektiver Sicherung organisieren lassen.
- Bei *Handlungsintegration* dagegen bleiben die Kulturen der Herkunfts- und Aufnahmegesellschaft dauerhaft nebeneinander bestehen, und – je nach situativen Erfordernissen – wird zwischen beiden gewechselt. Dieser außerordentlich anspruchsvolle und hohe individuelle Kompetenzen

erfordernde Modus ist nur dann praktizierbar, wenn dauerhafte Anreize für die Aufrechterhaltung einer «Doppelkultur» mit allen ihren Notwendigkeiten des sozialen und kulturellen Lernens und der Aufrechterhaltung von mehreren getrennten Verkehrskreisen bestehen. Dies wird z. B. bei solchen Familienunternehmen der Fall sein, die sich zunehmend häufiger auch aus Familien von Arbeitsmigranten entwickeln, erfolgreich transnational operieren und aus ihrer sozialen und kulturellen Integration in mehreren Gesellschaften Nutzen ziehen.

■ Welchen Ausgang dieser migrationsbedingte Akkulturationsprozess in der jeweiligen Aufnahmegesellschaft für die Migrantenfamilie nimmt, hängt somit nicht nur von ihren eigenen Kompetenzen und Handlungszielen ab, sondern auch von ihren Handlungsmöglichkeiten. Diese werden maßgeblich von ihrer politischen Gestaltung in der Aufnahmegesellschaft beeinflusst.

Mit internationaler Wanderung ist regelmäßig eine Veränderung der Positionierung der Familie in den sozialen Ungleichheitsstrukturen der jeweiligen Gesellschaft verbunden. Die Mehrzahl der Familien, die in den 1960er- und 1970er-Jahren als Arbeitsmigranten nach Deutschland gekommen sind, erreichte zwar in aller Regel, relativ zum Einkommen in den jeweiligen Herkunftsgesellschaften, eine deutliche materielle Besserstellung. Da sich Arbeitsmigranten jedoch eher aus den überdurchschnittlich schulisch Gebildeten und beruflich Qualifizierten rekrutieren, wurde diese materielle Besserstellung zugleich von einem Verlust an sozialem Ansehen begleitet, denn typischerweise handelte es sich um die Übernahme von ungelernten oder angelernten Arbeitsplätzen. Anders als in einigen klassischen Einwanderungsländern, die insbesondere mit Anreiz- und Selektionssystemen für die Zuwanderung von hoch qualifizierten Fachkräften oder selbständigen Gewerbetreibenden operieren, haben Zuwanderungen in Deutschland im 20. Jahrhundert ganz wesentlich den Charakter von Unterschichtungsprozessen der einheimischen Bevölkerung gehabt. Diese Beschäftigungssituation hat nachhaltigen Einfluss auf die soziale Lage der Familien ausländischer Herkunft. Viele zählen nicht zur Stammbelegschaft des jeweiligen Betriebs; entsprechend wirken sich nicht nur Strukturwandel und Rationalisierungsdruck besonders stark auf ihr Risiko des Arbeitsplatzverlustes aus, sondern auch konjunkturelle Schwankungen und Krisen treffen diese Arbeiter zuerst. Betont werden muss hierbei, dass es sich bei den unterschiedlichen Arbeitslosigkeitsrisiken ausschließlich um eine indirekte Folge der ungleichen Verteilung von in- und ausländischen Arbeitern in Stamm- und Randbelegschaften handelt, und nicht etwa um «kulturelle» Unterschiede (etwa in Leistungsbereitschaft, Qualifikation und Arbeitseffizienz). Aus ihrer sozialen Platzierung resultiert, dass sie neben einem annähernd doppelt so hohen Arbeitslosigkeitsrisiko ein ebenso hohes Risiko tragen, zumindest zeitweilig unter die Armutsgrenze zu fallen, wodurch insbesondere die Lebenschancen der Kinder stark beeinträchtigt werden.

In den vergangenen Jahrzehnten haben sich in der Sozialstruktur der ausländischen Bevölkerung in Deutschland deutliche Veränderungen ergeben, die auf Prozesse des sozialen Aufstiegs sowohl bei der Zuwanderer- wie bei der «Zweiten» Generation hindeuten: Bei der Zuwanderergeneration erfolgt sozialer Aufstieg selten durch Karrieremobilität, wohl aber durch eine extensive Erwerbstätigkeit verbunden mit hoher Spar- und Investitionstätigkeit (nicht zuletzt auch in Immobilien und Unternehmungen in den Herkunftsgesellschaften) sowie durch einen Wechsel in die Selbständigkeit. Bei der zweiten Generation führen die teilweise beachtlichen (und über denen der deutschen Arbeiterkinder liegenden) Zuwachsraten in weiterführenden Schulabschlüssen zu einer deutlichen Statusmobilität.

Ein wachsender Anteil der Familien ausländischer Herkunft zeichnet sich dadurch aus, dass er aus Familienmitgliedern unterschiedlicher Nationalität und ethnischer Herkunft zusammengesetzt ist. Dies kann z. B. dadurch geschehen, dass ein deutsches Ehepaar ein ausländisches Kind adoptiert; zwar ist mit der *Adoption ausländischer Kinder* die Einbürgerung verbunden, aber solche Familien haben sich zumindest zeitweilig mit der Herkunft des Kindes auseinander zu setzen, insbesondere wenn bereits wesentliche Teile der Primärsozialisation im Herkunftskontext erfolgt sind, oder wenn dieses Kind durch sein Aussehen dauerhaft mit seiner ausländischen Herkunft identifiziert wird.

Wesentlich häufiger sind *binationale Ehen* zwischen deutschen und ausländischen Ehepartnern. Solche Ehen mögen bessere Möglichkeiten bei der Eingliederung in die Aufnahmegesellschaft haben als national homogene Familien ausländischer Herkunft. Aber die Ungleichverteilung von Kompetenzen und die häufig gegebene unterschiedliche Rechtsstellung der Ehepartner im Aufenthaltsland führt zu einem Ungleichgewicht in der ehelichen Macht- und Aufgabenverteilung, die für diese Ehen eine zusätzliche Belastung darstellen. Insbesondere, wenn es sich um Eheschließungen zwischen Deutschen und Ausländern handelt, die nicht bereits seit längerem in Deutschland leben, fehlen häufig Gelegenheiten, die «Passung» der Ehepartner in alltäglichen Situationen zu erfahren und zu proben. Die ehelichen Anpassungsprobleme sind wegen der häufig recht großen Unterschiede in der internalisierten Familienkultur von zusätzlichen Akkulturationsprozessen begleitet. Binationale Ehen haben aus diesen Gründen häufig weit größere Entwicklungsaufgaben zu bewältigen als Ehen, bei denen beide Ehepartner derselben Nationalität angehören. Es kann deshalb nicht verwundern, dass die Stabilität dieser Ehen insbesondere in der Anfangsphase besonderen Risiken ausgesetzt ist. Mit solchen Problemen sind selbstverständlich auch Ehen konfrontiert, die aus zwei unterschiedlichen ausländischen Nationalitäten zusammengesetzt sind (etwa die Ehe eines amerikanisch-japanischen Paares in Deutschland) oder zwei unterschiedlichen Ethnien derselben Staatsangehörigkeit (etwa die Ehe einer Türkin mit einem Kurden oder eines Aussiedlers und einer Russin). In der gegebenen ausländerrechtlichen Situation, in der nicht die Arbeitsaufnahme, wohl aber die Familienzusammenführung einen legitimierten Einreise- und Bleibegrund darstellt, wird die Bedeutung binationaler Ehen innerhalb ausländischer Familien und für Zuwanderungen weiter zunehmen. Die ausländerrechtliche Situation erzeugt nämlich eine Konstellation auf dem internationalen Heiratsmarkt, die es deutschen Heiratswilligen leicht ermöglicht, statushöhere Ehepartner zu finden. Zudem muss der Anstieg dieser Ehen im Laufe der Zeit keineswegs zwangsläufig als ein direktes Indiz für Assimilation gedeutet werden. Vielmehr wird eine zunehmende Anzahl von binationalen Ehen zwischen Partnern unterschiedlicher Staatsangehörigkeit, aber gleicher ethnischer Herkunft geschlossen, wenn etwa eine in Deutschland eingebürgerte Frau türkischer Herkunft einen Mann aus der Türkei (oder einen Mann türkischer Herkunft, der in Schweden eingebürgert worden ist) heiratet. Dieselbe ausländerrechtliche Situation wird ihrerseits dazu beitragen, dass für eingebürgerte Ausländer auch der zweiten und dritten Generation große Anreize bestehen, ihre Ehepartner in den jeweiligen Herkunftsgesellschaften zu suchen. Das zunehmende Auseinanderfallen von Nationalität und Ethnizität führt somit dazu, dass die kulturelle Heterogenität in Familien ausländischer Herkunft immer weniger offensichtlich ist.

Wenn auch mehr Familienmitglieder ausländischer Herkunft in Deutschland «altern» und sich nicht zuletzt wegen ihrer hier lebenden Kinder zu einem dauerhaften Verbleib entschließen werden, verlässt nach wie vor der größte Teil der Ausländer Deutschland zu einem späteren Zeitpunkt wieder. Zu-, Weiter- oder Rückwanderungsentscheidungen werden jedoch nicht «zufällig» von den Familien getroffen, sondern sind an soziale und individuelle Voraussetzungen geknüpft. Entsprechend finden sich in der Migrationsforschung immer wieder Belege dafür, dass insbesondere die «Pioniere» sich durch eine besondere *Motivation* auszeichnen: Sie besitzen typischerweise eine überdurchschnittlich starke Aufstiegs- und Leistungsorientierung und haben eine an materiellen Zielen orientierte Lebensführung. Dahinter treten andere Orientierungen, wie etwa eine auf Selbstverwirklichung orientierte Lebensführung oder eine engagierte soziale und politische Partizipation am Gemeinwesen stark zurück. Anders wäre auch kaum erklärlich, warum diese Menschen die mit hohen sozialen Kosten verbundene internationale Migration überhaupt auf sich genommen haben. Auch Rück- und Weiterwanderungsentscheidungen werden durch ähnliche Prozesse gesteuert. Entsprechend finden sich viele empirische Hinweise aus Rückwanderungsstudien, dass unter den noch im Arbeitsleben stehenden Rückwanderern besonders viele zu finden sind, die vergleichsweise gut in die Aufnahmegesellschaft integriert waren, während die marginalisierten Familien typischerweise in ihrer Situation im Aufnahmeland verbleiben: Nicht etwa «Heimweh» oder mangelnder Erfolg im Aufnahmeland sind wichtige Rückwanderungsmotive, sondern Hoffnungen auf die Realisierung weiteren sozialen Aufstiegs. Entsprechend finden sich unter den Rückwanderern vermehrt solche, die während ihres Aufenthalts in Deutschland gute Deutschkenntnisse erworben hatten, intensive Kontakte zu Deutschen unterhielten, eine überdurchschnittliche Berufsqualifikation und stabile Beschäftigungsverhältnisse hatten. Nichts verdeutlicht besser, dass es sich bei Migration häufig nicht um einen einmaligen Akt des Wechsels von der Herkunfts- in die Aufnahmegesellschaft unter Zurücklassung aller bisherigen persönlichen, sozialen und kulturellen Bindungen handelt, sondern vielmehr um ein Familienprojekt, das mehrere Generationen umfasst und in eine offene Zukunft hinein gestaltet wird.

1 Dieser Beitrag ist in Zusammenhang mit der Mitwirkung des Autors an der Erstellung des Sechsten Familienberichts der Bundesrepublik Deutschland entstanden, der «Familien ausländischer Herkunft» zum Gegenstand hat. Viele der im Beitrag geäußerten Gedanken und Argumente gehen auf intensive Dis-

kussionen der Berichtskommission und auf Eindrücke aus der Kommissionsarbeit zurück. Gleichwohl muss ausdrücklich betont werden, dass die hier vorgetragene Argumentation ausschließlich vom Autor zu vertreten ist und sie in einem anderen Funktionskontext steht als ein Familienbericht, der der Unterrichtung des Parlaments dient.

Jürgen Borchert

Sisyphos in Karlsruhe – oder: Familienpolitik im Hamsterrad

Fazit: Solange die Politik nicht ernsthaft bereit ist, Entscheidungen des Bundesverfassungsgerichts offensiv umzusetzen, ohne diese durch konterkarierende Maßnahmen zu unterlaufen, und solange Karlsruhe diese verfassungswidrigen Manöver der Exekutive und Legislative nicht unterbindet, wird sich an der materiellen Misere der Familien nichts ändern, stattdessen werden sich die Dinge zum größtmöglichen Schaden von Staat und Gesellschaft nur weiter verschlechtern. Das ist die Lehre, die aus den 90er-Jahren zu ziehen ist, und es ist an der Zeit, diesen Missstand öffentlich zu diskutieren.

Familienpolitik aus Karlsruhe

Dass Familienpolitik über Jahrzehnte nur aus Sonntagsreden bestand, ist bekannt. Erst nachdem sich seit 1990 das Bundesverfassungsgericht der Dinge angenommen und mit einer Reihe von spektakulären Entscheidungen die Politik zum Handeln gezwungen hatte, schien sich eine Wende zu Gunsten der Familien anzubahnen. So wurde das Erstkindergeld seit 1990 von 50,– auf 270,– DM im Jahr 2000 und der Kinderfreibetrag von 3024,– auf 9936,– DM angehoben; ferner wurde das Erziehungsgeld mehrfach verlängert. In ihrer Stellungnahme zum Fünften Familienbericht, der erneut die strukturelle Rücksichtslosigkeit des gesellschaftlichen Systems für die Familien und ihre desolate Lage dokumentiert hatte[1], erklärte die Regierungskoalition am 15. 6. 1994 mit Rücksicht auf die Verfassungsrechtsprechung zudem auch unumwunden den «Abbau der wirtschaftlichen Benachteiligung von Eltern im Vergleich zu Kinderlosen» zu ihrem vorrangigen Politikziel.[2] Ähnliche Versprechungen ließ nach ihrem Wahlsieg 1998 auch die rot-grüne Koalition verlauten, die in 1999 und 2000 das Erstkindergeld in zwei Schritten um immerhin 50,– DM anhob. Zuletzt hat das Gericht mit seinen spektakulären Beschlüssen vom 10. November 1998[3] die Behandlung der Familien im Einkommenssteuerrecht erneut als verfassungswidrig gebrandmarkt und dem Gesetzgeber den Verfassungsauftrag erteilt, bis zum Jahre 2002 die Dinge weiter voranzutreiben; die bloße Berücksichtigung des sächlichen Existenzminimums in der geltenden Freibetragsregelung sei unzureichend, da Familien noch einen Erziehungsbedarf abdecken müssten. Hinsichtlich dessen Bezifferung verwies das Gericht auf die heute schon für allein stehende Elternteile geltenden Regelungen des Betreuungsbedarfs und des Haushaltsfreibetrags mit 4000,– bzw. 5616,– DM.[4] Mit der Anhebung des Kinderfreibetrags von 6912,– auf 9936,– DM zum 1. 1. 2000 kam der Gesetzgeber diesem Verfassungsauftrag teilweise bereits nach.

Relative Einkommenslage der Familien schlechter denn je

Es verblüfft nun außerordentlich, dass sich die relative Einkommenslage der Familien trotz dieser von Karlsruhe erzwungenen bisherigen Anstrengungen nicht spürbar verbessert, sondern, genau betrachtet, sogar weiter verschlechtert hat. Wie nämlich erst kürzlich eine empirische Untersuchung des Statistischen Landesamts Baden-Württemberg zu Tage förderte, blieb der Abstand der Nettoeinkommen zwischen kinderlosen jungen Ehepaaren und jungen Familien in den letzten Jahrzehnten nahezu unverändert: Belief sich 1982 das durchschnittliche Pro-Kopf-Einkommen junger Ehepaare mit einem Kind in BW auf 62 % des durchschnittlichen Einkommens kinderloser junger Paare, so waren es 1998 63 v.H.; bei einer vierköpfigen Familie beträgt diese Relation 1998 51 %, bei drei Kindern 43 %.[5] Dieses ohnehin schon ernüchternde Ergebnis ist indes nur die halbe Wahrheit. Ein vollständiges Bild muss auch die Verwendung der Nettoeinkommen und die Entwicklung der Verbrauchssteuern[6] berücksichtigen, weil diese Familien zwangsläufig viel härter treffen als kinderlose Haushalte. Hier ist in den letzten Jahrzehnten ebenfalls ein stetiger Anstieg zu verzeichnen.[7] So ist allein die Mehrwertsteuer von zehn Prozent im Einführungsjahr 1968 bis 1983 in vier Schritten auf 14 Prozent, 1993 dann auf 15 und zum 1. April 1998 auf 16 Prozent angehoben worden; der ermäßigte Tarif stieg in diesen Zeiträumen von 5 auf 7 Prozent. Entsprechend vergrößerte sich der relative Einkommensverwendungsnachteil zu Lasten der Familien.[8] Seit dem 1. 4. 1999 ist nun noch die Ökosteuer hinzugekommen.

Außerdem werden die letzte Mehrwertsteuererhöhung sowie das Aufkommen aus der Ökosteuer zur Finanzierung der Rentenversicherung, faktisch also einer Beitragssubvention bzw. -senkung, eingesetzt. Weil die Beitragspflicht zur Rentenversicherung in «individualistischer Engführung»[9] aber am Bruttoeinkommen anknüpft, ist sie notwendig familienblind: Der Single erhält damit bei gleichem Bruttoeinkommen dieselbe Entlastung wie der Elternteil; der Pro-Kopf-Einkommensabstand zwischen Eltern und Kinderlosen wächst auf diese Weise sprunghaft an.

Damit lässt sich feststellen, dass der Gesetzgeber auch die zum 1. 1. 2002 zu erwartende weitere Anhebung der Freibeträge bereits heute konterkarriert hat. Unterm Strich wird deshalb die relative Lage der Familien in 2002 ebenfalls nicht besser als 1998, sondern im Gegenteil deutlich schlechter sein. Als Gesamtfazit ergibt sich somit, dass die relative Einkommenslage der Familien schlechter denn je ist – der Hilfestellung aus Karlsruhe zum Trotz.

Gründe des fehlenden Erfolgs familienpolitischer Maßnahmen

Zwar erklärt die Erhöhung der Verbrauchssteuern bereits zu einem guten Teil, weshalb die relative Einkommenslage der Familien schlechter denn je ist, jedoch bleibt das Rätsel, weshalb denn die diversen politischen Anstrengungen zur Erfüllung der Karlsruher Vorgaben so offensichtlich ohne greifbares Resultat für die Einkommensrelationen blieben. Wer dieser Frage nachgeht, stößt einerseits auf Manipulationen bei der Bestimmung des Existenzminimums, die ganz offensichtlich die fiskalischen Konsequenzen der Verfassungsrechtsprechung bremsen sollen; schon der unmittelbare zeitliche Zusammenhang legt dabei die Annahme nahe, dass die Karlsruher Machtworte hier mit Absicht unterlaufen werden sollten. Zum anderen stößt man auf ein Strukturproblem unserer Transferordnung, welches in der Tat eine fundamentale Neuordnung vor allem der Finanzierungsstruktur der Sozialversicherung erfordert.

Manipulationen am Existenzminimum

Im Rahmen der «Kindergeld»- und «Freibetrags»-Entscheidungen vom 29.5. und 12.6. 1990[10] setzte sich das Bundesverfassungsgericht erstmals insbesondere mit der Frage des familiären Existenzminimums auseinander und nahm dabei auf die Regelsatzbestimmungen der Sozialhilfe Bezug. Diese wurden bis zum 1. 7. 1990 nach dem sog. Warenkorbmodell ermittelt, dem ein angenommener Bedarf zu Grunde lag. Weil diese Methode nach Untersuchungen des Deutschen Vereins für öffentliche und private Fürsorge zu einer Anhebung der Regelsätze um bis zu 30 % hätte führen müssen, kam es zum 1. 7. 1990 auf Druck der maßgeblichen Entscheidungsinstanzen (Landesregierungen, Bundesregierung, Sozialhilfeträger) zu einer Ablösung des Warenkorbmodells durch ein Bedarfbemessungssystem auf der Basis eines Statistikmodells, bei welchem die Konsumgewohnheiten von Haushalten mit niedrigem Einkommen als Maßstab für eine die notwendigen Bedürfnisse abdeckenden Lebensführung angesehen werden[11]. Allerdings wurde dieses Statistikmodell zunächst bis zum 30. 6. 1999 ausgesetzt, was praktisch einer Handsteuerung durch die betroffene Exekutive gleichkam, und schließlich für 1999 und 2000 noch einmal ausgesetzt und durch eine Anpassung nach dem Satz der gesetzlichen Rentenversicherung, also einer Art Inflationsausgleich ersetzt[12]. Vor dem Hintergrund der Ökosteuer, die überproportionale, enorm harte Auswirkungen auf die Haushalte von Minderbemittelten hat,[13] beinhaltet diese Handhabung der Regelsatzbemessung im Ergebnis eine erhebliche Absenkung. Sachliche Argumente außer dem fiskalischer Rücksichtnahmen gibt es für diese Regelung nicht. Dabei ist allen Beteiligten seit den 1990er-Entscheidungen des Bundesverfassungsgerichts sowie der Grundfreibetragsentscheidung vom 25. 9. 1992 die durchschlagende Wirkung der Regelsatzbemessung auf das Steuerrecht selbstverständlich bewusst.

Angesichts dieser Willkür kann es nicht verwundern, wenn verschiedene amtliche Materialien hinsichtlich der Frage des Kinderexistenzminimums zu je verschiedenen Ergebnissen kommen. So nennt die Bundesregierung in ihren «Berichten über die Höhe des Existenzminimums von Kindern und Familien» zuletzt die Zahlen von 6696,– bzw. 6768,– DM für das sächliche Existenzminimum von Kindern in den Jahren 1999 und 2001.[14]

Diese Zahlen sind mit anderen amtlichen Verlautbarungen allerdings nicht kompatibel. So kam schon der «Bericht der Arbeitsgruppe der Sozialhilfe- und Familienreferenten des Bundes und der Länder» vom Februar 1994 auf einen monatlichen Mindestbedarf von 628,– DM bzw. 7536,– DM im Jahr, obwohl nur der niedrigere Bedarf von Kindern unter 18 Jahren untersucht worden war[15]. Darüber hinaus ist daran zu erinnern, dass das Bundesministerium der Finanzen in seiner Antwort vom 21. 1. 98 auf die Kleine Anfrage der Abgeordneten Höll u. a. den durchschnittlichen

Sozialhilfebedarf für Kinder in Westdeutschland mit 7 752 DM (1998) beziffert hat.[16] Eine nähere Befassung mit diesen offenkundigen Widersprüchen fördert dann in der Tat höchst manipulative Rechenvorgänge zu Tage, die von MDB Margot von Renesse zutreffend mit den Worten kommentiert wurden, zu den diesen Rechenwerken zu Grunde gelegten Mietpreisen könne man «in Deutschland nicht einmal einen Hühnerstall mit Außenklo» bekommen.

Dass der Gesetzgeber derart fragwürdige Angaben übernimmt, setzt ihn nun nicht nur dem Vorwurf aus, seiner Gesetzgebung «realitätsfremde» Annahmen im Sinne der Rechtsprechung des Bundesverfassungsgerichts zu Grunde zu legen [17]. Vielmehr wirft die Tatsache, dass die Sozialhilfesätze von der Exekutive selbst ermittelt werden (der «Bock als Gärtner»), die Grundsatzfrage auf, ob dies überhaupt mit dem Bestimmtheitserfordernis und dem Parlamentsvorbehalt vereinbar ist. Immerhin handelt es sich hier um eine der wichtigsten Entscheidungen unseres Gemeinwesens überhaupt – nämlich die Festlegung der Armutsgrenze. Sie ist nicht nur für das Steuerrecht fundamental, sondern berührt unmittelbar und nachhaltig die Existenz der auf die Basissicherung Sozialhilfe angewiesenen Bürger. Aus diesem Grund ist der parlamentarische Gesetzgeber angehalten, diese Frage gesetzlich zu regeln und abschließend selbst zu entscheiden. Deshalb kommt eine Delegation der Entscheidung auf die Exekutive durch eine gesetzliche Regelung, die den Anforderungen des Art. 80 Abs. 1 S. 2 GG entspricht, unter Berücksichtigung der aus dem Parlamentsvorbehalt fließenden Bestimmtheitsanforderungen für eine parlamentarische Sozialhilferegelung nicht in Betracht.[18] Tatsache ist, dass die Messgrößen für das sozialhilferechtliche Existenzminimum nur in engen Fachzirkeln unter Ausschluss der Öffentlichkeit und zugleich maßgeblicher Beteiligung des Bundesfinanzministers diskutiert werden. Folgerichtig beinhaltet also auch die Tatsache, dass die Legislative diese Zahlen der Exekutive letztendlich also schlicht übernimmt, einen Verfassungsverstoß. Dass deswegen hier auch die Verfassungsjudikatur, die diesem Umstand bisher keinerlei Aufmerksamkeit widmete, überprüfungsbedürftig scheint, liegt auf der Hand.

Familienunverträgliche Beitragsfinanzierung

Der zweite Grund des familienpolitischen Rückschritts ist im Anstieg der Sozialversicherungsbeiträge zu suchen. Machten die Arbeitnehmerbeiträge 1961 insgesamt nur 12,3 % (Arbeiter) bzw. 10,1 % (Angestellte) des Bruttolohnes bis zur Bemessungsgrenze aus, so stieg ihr Anteil bis 1992 in kleinen Schritten auf 18,4 %, um danach fast katapultartig auf 21,25 % in die Höhe zu schießen (siehe Tabelle) – mithin eine runde Verdoppelung seit 1961. Insgesamt erreichte die Beitragssumme zur Sozialversicherung 1998 knapp 700 Milliarden DM, davon ca. 340 Milliarden DM Arbeitnehmeranteil.

Diese stark wachsenden Beitragslasten sind deshalb schon angesichts der schieren Größe dieser Revenue familienpolitisch das mit Abstand ernsteste Problem der staatlichen Lastenverteilung, weil sie anders als die Steuer mit ihren Freibeträgen und dem progressiven Tarifverlauf keinerlei Rücksichtnahme auf die Familiengröße kennen. Aus verfassungsrechtlicher Sicht muss dies befremden, denn wenn schon der Steuerzugriff des Staates dem Gebot der Belastungsgerechtigkeit unterliegt, ist nicht einzusehen, weshalb die Finanzierung der Sozialversicherung, die ausdrücklich dem Solidargebot und damit dem Gebot des Einkommensausgleichs zu folgen hat, nicht einmal dieses Mindestgebot berücksichtigen muss. Schließlich sind die Sozialversicherungsbeiträge nicht aus dem Kontext der Grundrechte ausgenommen[19]. So, wie sie derzeit funktioniert, beinhaltet die Sozialversicherung allein schon durch die Art dieser Finanzierung eine gigantische Umverteilung von unten nach oben,[20] die ganz besonders zu Lasten von Familien geht.

Tabelle ■ ***Entwicklung der Sozialversicherungsbeiträge seit 1993***

	1993	1994	1995	1996	1997	1998*	1999**
Rentenversicherung	17.5	19.2	18.6	19.2	20.3	20.3	19.5
Krankenversicherung	13.5	13.5	13.5	13.5	14.0	14.0	14.0
Arbeitslosenversicherung	6.5	6.5	6.5	6.5	6.5	6.5	6.5
Pflegeversicherung	–	–	1.0	1.35	1.7	1.7	1.7
Sozialbeiträge gesamt	**37.5**	**39.2**	**39.6**	**40.55**	**42.5**	**42.5**	**41.9**

** Anmerkung: 1998 wurde eine Erhöhung der Rentenbeiträge auf 21% durch eine Anhebung der Mehrwertsteuer auf 16% sowie die entsprechende Substitution der Beiträge vermieden.*
*** Der Beitragssenkung 1999 bei der Rentenversicherung lag eine entsprechende Substitution durch die Ökosteuer zu Grunde.*

Um diese extrem familienbelastende Wirkung der Transfersysteme zu verstehen, genügt ein Blick auf die diesbezüglichen Erträge der Verfassungsjudikatur der letzten Jahre. Deren Dreh- und Angelpunkt war nämlich vor allem das Verbot der Besteuerung des Existenzminimums der Familie. Deswegen kann folgerichtig die Gleichheit oder die Ungleichheit von Belastungswirkungen bei Abgabenerhöhungen zutreffend auch nur an jenem Einkommensanteil gemessen werden, der nach Deckung des Existenzminimums frei verfügbar bleibt. Allein dieser Betrag ist das Maß der materiellen Freiheit. Eine familiengerechte Belastung wäre also nur dann erreicht, wenn Abgabenerhöhungen die frei verfügbaren Familienbudgets nicht härter belasten als die entsprechenden von Haushalten ohne Kinder. Davon sind wir im Bereich der indirekten Steuern und der Sozialversicherungsabgaben jedoch Lichtjahre weit entfernt, weil dort das Existenzminimum derzeit überhaupt noch nicht berücksichtigt wird. Dass dies zu vollkommen asymmetrischen Belastungswirkungen führt, lässt sich leicht nachweisen, indem man Wirkungen von Abgabenerhöhungen auf das verfügbare Einkommen von Singles einerseits und Familienhaushalten andererseits vergleicht.[21]

Krasser und familienfeindlicher als bei der parafiskalischen Beitragsstruktur kann das Prinzip der Abgabengleichheit also gar nicht verletzt werden: Keine Schonung der Existenzminima, keine Progression, dafür aber Luxusfreibeträge in Gestalt der Beitragsbemessungsgrenzen ausgerechnet für die leistungsfähigsten Einkommen. Will man das korrigieren, dann kommt letztlich nur eine Ausgestaltung der Beitragsrevenue nach dem Muster des «Solidaritätszuschlags» in Betracht, d. h. eine Erhebung der Beiträge zur Sozialversicherung als Quote der Einkommenssteuer. Unter den Bedingungen unserer partikularistisch verfassten demokratischen Gesellschaft stehen die Aussichten für eine derartige Korrektur, so zukunftsentscheidend sie auch ist, freilich schlecht. Wahrscheinlich ist deshalb, dass die Kurskorrektur wieder einmal aus Karlsruhe kommen muss. Viel spricht dafür, dass der Karlsruher Sisyphos damit aber den Stein ins Rollen brächte, der nicht wieder auf ihn zurückfiele.

Die Missachtung des Mütterrentenurteils vom 7. 7. 1992

Anlass, das Verhältnis der Legislative zur Verfassungsrechtsprechung zu überprüfen, sollte dem Bundesverfassungsgericht darüber hinaus das Verhalten des Gesetzgebers zum Verfassungsauftrag aus dem sog. «Mütterrentenurteil» vom 7. 7. 1992 geben. Danach hatte der «Gesetzgeber sicherzustellen, dass sich mit jedem Reformschritt die Benachteiligung der Familie tatsächlich verringert», insbesondere auch bei der Alterssicherung der kindererziehenden Familienmitglieder.[22] Geschehen ist nicht nur so gut wie nichts[23], sondern im Gegenteil hat der Gesetzgeber mit dem «Wachstums- und Beschäftigungsförderungsgesetz» (WFG) vom 25. 9. 1996 insbesondere die Alterssicherung von Frauen in klarem Widerspruch zum Verfassungsauftrag tatsächlich noch weiter beschädigt; Mütter sind hierbei typischerweise die Hauptbetroffenen. Was man den Müttern nach der Entscheidung des Bundesverfassungsgerichts vom 12. 3. 1996 ab Juli 1998 nämlich an Besserstellung bei den Erziehungszeiten gewähren muss, hat man ihnen mit jenem Gesetz vorsorglich schon mal wieder abgenommen. Denn der Gesetzgeber hat mit dem WFG den § 70 Abs. 3 SGB VI gestrichen. Nach dieser Vorschrift wurden die ersten vier Berufsjahre mit 90 % des Durchschnittseinkommens bewertet. Das kam vor allem den teilzeitbeschäftigten und gering bezahlten Müttern bzw. auch der Anrechnung ihrer früheren Lehrzeiten zugute. Ausgerechnet bei Millionen Kleinstrentnerinnen, die am meisten auf Pfennige angewiesen sind, trifft diese Neuregelung am härtesten, macht nicht selten ein Drittel des gesamten Rentenanspruchs aus.[24]

Genauso wurde mit demselben Gesetz klammheimlich auch die rentenrechtliche Bewertung von Zeiten der Arbeitslosigkeit aufgehoben, für die keine Leistungen der Bundesanstalt für Arbeit gezahlt werden.[25] Das ist zum Beispiel dann der Fall, wenn Arbeitslosenhilfe wegen des Einkommens des Ehegatten entfällt, wie das bei Millionen Frauen der Fall ist.

Beide Maßnahmen betreffen zwar Mütter nicht ausdrücklich. Es bedarf jedoch keiner besonderen Anstrengungen, um nach den Regeln der sog. «mittelbaren Diskriminierung» festzustellen, dass in der sozialen Wirklichkeit die Mütter die Hauptbetroffenen sind. Die Mittel, die man hier spart, dürften ein Vielfaches der Kosten ausmachen, welche die bescheidene Verbesserung bei den Babyjahren kostet. Für Millionen von ihnen wird es deshalb noch ein böses Erwachen im Rentenfall geben. Nicht genug damit, dass die gesetzliche Rentenversicherung sie um die originären und genuin erworbenen Früchte ihrer Lebensleistung prellt, werden sie vom Gesetzgeber noch zusätzlich übers Ohr gehauen. Dass sie unter dem Schutz der Verfassung und sogar eines ausdrücklich für sie bestimmten Verfassungsauftrages stehen, nützt ihnen offensichtlich nichts. Es sei denn, sowohl der Gesetzgeber als auch das Bundesverfassungsgericht haben doch noch ein Einsehen. Wer's nicht glaubt, wird selig!

1 BT-Drucks. 12/7560
2 ebenda, S. IX
3 2 BvR 1057u.a. («Familienurteil»)
4 mit Abstufungen bei zweiten und weiteren Kindern
5 «Nach diesen Ergebnissen ist davon auszugehen, dass Familien mit Kindern gerade in der Familienphase, in der weit reichende Entscheidungen über die mögliche Anzahl der Kinder oder über berufliche und damit auch ökonomische Entwicklungen gefällt werden, deutliche Einkommensnachteile gegenüber gleichaltrigen Kinderlosen erfahren», Stutzer, Erich, Einkommensverhältnisse junger Ehepaare in Baden-Württemberg, Baden-Württemberg in Wort und Zahl, 4/2000, s. 147ff.; die nahe liegende Kritik, dass diese Ergebnisse hier unter Verwendung von Medianen zustande gekommen sind, dürfte angesichts der Tatsache, dass die Sozialhilfebedürftigkeit von Familien in Deutschland seit Jahrzehnten mit einem exponentiellen Kurvenverlauf angestiegen ist und weiter ansteigt, ins Leere gehen. Wuchs 1965 nur etwa jedes 75. Kind unter sieben Jahren zeitweilig oder auf Dauer in einem Sozialhilfehaushalt auf, war es 1990 schon jedes elfte Kind, 1992 jedes neunte, 1994 jedes siebte, 1997 in vielen Bundesländern sogar schon jedes fünfte Kind. In den letzten zehn Jahren hat sich die Zahl betroffener Kinder damit verdoppelt. Jeder dritte Sozialhilfeempfänger ist inzwischen ein Kind. Damit verlaufen die Verarmungsprozesse speziell der Familien weitaus schneller und dramatischer, als die ohnehin schon rasante Armutszunahme überhaupt, siehe hierzu im Einzelnen Borchert, Jürgen, Prolegomena zur familienpolitischen Strukturreform, ZSR 1994, S. 440ff. mit vielen weiteren Nachweisen; vgl. auch die kritischen Darstellungen bei Lampert, Heinz, Priorität für Familien, Berlin 1996, S. 89ff. sowie die diversen Sozialberichte der Länder. MaW: Auch die Verwendung des Schichtenmodells käme zu dieser Frage nach allem wohl zu keinen anderen Ergebnissen!
6 Umsatzsteuern, Ökosteuer, Mineralölsteuer, Tabaksteuer, Kfz-Steuer, Bier-, Branntwein-, Versicherungs-, Kaffeesteuer und Zölle.
7 Die Arbeitsgruppe «Familien und Senioren» der SPD-Fraktion im Deutschen Bundestag bezifferte die Verbrauchssteuerlast auf dem Kindesunterhalt in einem Arbeitspapier 1993 mit 22v.H.
8 soweit einzelne Studien dies bestreiten wollen, z.B. DIW-Wochenbericht 38–39/96, S. 625ff., ist festzustellen, dass die Vergleichsparameter mangels Berücksichtigung des Existenzminimums methodisch ungenügend sind; realistische Ergebnisse müssten zumindest die Auswirkungen auf die Spar- bzw.

Konsumquoten der unterschiedlichen Haushaltstypen einbeziehen, vgl. dazu Kirner, Ellen/Schwarze, Johannes, Zur Einkommenssituation und Einkommensverteilung von Familien mit jüngeren Kindern, DIW, Vierteljahreshefte zur Wirtschaftsforschung, Heft 2, 65. Jahrgang (1996), S. 190 ff.

9 Kaufmann, Franz-Xaver, Die Familie als Lastesel der Nation, Eichholz Brief 1/95, 26 ff.

10 BVerfGE 82, 60 ff. und 162 ff.

11 vgl. § 22 Abs. 3, 4 BSHG

12 eine gute Übersicht findet sich in: Mein Recht auf Sozialhilfe, Beck-Rechtsberater im dtv, S. 28 f.

13 dazu z. B. Kruhl, Alfred, Betriebsberater (BB) 1999, S. 1240 ff.; ders., BB 2000, S. 25

14 BT-Drucks. 13/9561 und vom 4. 1. 2000 – BT-Drucks. 14/1926

15 hierzu vgl. im Einzelnen Borchert, Jürgen, in: von Maydell (Hg.), Lexikon des Rechts/Sozialrecht, Loseblatt, Oktober 1998, Stichworte «Kindergeldrecht» und «Familienlastenausgleich«

16 BT-Drucks. 9713, Tab. 3.

17 vgl. z. B. BVerfGE 66, 214-Leitsatz 1

18 so überzeugend unter umfassender Auseinandersetzung mit Rechtsprechung und Literatur Eylert, Mario, in seiner grundlegenden Arbeit «Rechtliche Probleme der schematisierenden materiellen Sozialhilfeleistungen», Ffm. 1987, Schriftenreihe Dissertationen des Deutschen Vereins für öffentliche und private Fürsorge Nr. 16, dort insbes. S. 250 ff.

19 dazu siehe Franz Ruland, DRV 1/1995 S. 28 ff.: «*... Aus diesem Unterschied zwischen einheitlichem Beitragssatz und progressivem Steuersatz folgt, dass eine Beitragsfinanzierung sozialer Lasten vor allem die begünstigt, die hohe Einkommen haben und die daher bei einer Steuerfinanzierung mit einer höheren Belastung zu rechnen hätten. Doppelt begünstigt sind die, deren Einkommen oder dessen Spitzenbetrag überhaupt nicht beitragspflichtig ist. Daher ist die immer wieder anzutreffende Feststellung, dass besser Verdienende infolge eines sozialen Ausgleichs in der Rentenversicherung stärker herangezogen würden, unzutreffend ... Das Prinzip der Lastengleichheit aller Bürger gilt nicht nur für das Steuerrecht. Es wäre sonst ein Formalprinzip ohne Schutzwirkung ... Der Sozialversicherungsbeitrag unterliegt, wie alle anderen Abgaben auch, dem Prinzip der Lastengleichheit. Er kann insoweit keine Ausnahme machen. Das Sozialversicherungsrecht steht nicht außerhalb der Grundrechtsgeltung. Daher kann nicht schon die Qualifikation einer Abgabe als Sozialversicherungsbeitrag ausreichen, um die Durchbrechung des Prinzips der Lastengleichheit zu rechtfertigen.*»

20 Zu erinnern ist in diesem Zusammenhang an die Tatsache, dass diese Problematik früher sehr viel klarer diskutiert wurde, als dies heute der Fall ist. So führte der Sozialpolitiker und Staatssekretär Walter Auerbach auf der

Konferenz des Bezirks Nordrhein der Industriegewerkschaft Metall in Bonn am 27. April 1968 hierzu Folgendes aus: «*Hier muss ich eine Bemerkung über unser Beitragssystem einschalten. Es bedarf dringend der Überprüfung. Unsere Beitragsstaffelung ist im Vergleich zur Lohn- und Einkommenssteuer sehr ungerecht. Die Beiträge sind nur prozentgerecht. Den 500-Märker trifft ein z. B. 10-prozentiger Beitragsabzug weit stärker als den 900-Märker. Die Lohn- und Einkommenssteuer ist wenigstens etwas sozialgerechter gestaffelt. Man muss überlegen, ob nicht auch Beiträge künftig sozial gestaffelt erhoben werden können.*»

21 So führt eine Erhöhung der Sozialversicherungsbeiträge um einen Prozentpunkt bei einem Bruttoeinkommen von DM 60000 zu einer Mehrbelastung von 300 Mark (Arbeitnehmeranteil!). Während sich bezogen auf den disponiblen Einkommensanteil des Singles von DM 20321 somit eine effektive Belastungswirkung von 300 ./. 20321= 1.5 Prozent errechnet, beträgt diese für den fünfköpfigen Familienhaushalt mit (300./. 4284=) 7 Prozent mehr als das Vierfache! – siehe hierzu im Einzelnen Borchert, Jürgen, Strangulierung der Familienbudgets, in: Dt. Liga für das Kind (Hg.), Frühe Kindheit, 3/99, S. 8 ff.

22 BVerfGE 87, 1 ff. (40 f.); hierzu ausführlich Borchert, Jürgen, Das «Familienurteil» vom 7. Juli 1992, in: Dt. Liga für das Kind (Hg.), Die familienpolitische Strukturreform des Sozialstaats: Verfassungsauftrag ohne Folgen?, Bonn 1994, S. 16 ff.

23 sieht man einmal von Marginalien wie der ebenfalls von Karlsruhe erzwungenen 100-Prozent-Bewertung der Erziehungszeiten ab

24 siehe dazu z. B.Süddt. Zeitung v. 10./11. 5. 1997

25 §§ 74 Satz 3 Ziff. 1, 166 Abs. 2 a, 58 Abs. 1 Ziff. 3 SGB 6

Sigrid Nolte-Schefold

Die Stieffamilie – Leben zwischen Wirklichkeit und Recht

Ehe- und Partnerschaftsmodelle

Die «neue» Familie ist so neu wie sie alt ist. Familie hat es schon immer gegeben. Dennoch: Sie unterliegt einem Wandel in ihrer Struktur. Die Einzelnen Familienmitglieder folgen heute anderen Aufgaben als früher. Das Verständnis dafür, wie wir leben, welche Ansprüche wir an uns, unsere Partner und Kinder stellen und welche Ansprüche die Gesellschaft an uns stellt, hat sich in nur einer Generation grundlegend geändert.

Es ist noch nicht lange her, da hatte sich die Frau über die Ehe zu identifizieren. Nur darüber bekam sie gesellschaftliches Ansehen und den Rahmen für ihr Wirken. Die Spielregeln waren klar: Mit der Eheschließung gehörte die Frau dem Mann, den Kindern und in die Küche. Erst im letzten Viertel des 20. Jahrhunderts hat der soziale Wandel der reinen Haushaltsführungsehe eingesetzt.

Neben der DINK-Ehe (Double Income No Kids) ist heute die Wiederaufnahme der Erwerbstätigkeit nach der Kinderbetreuungsphase der Regelfall. Heirateten ledige Frauen 1976 mit etwa 20 Jahren, so ist frau heute ca. dreißig Jahre alt. In den meisten Fällen ist zu diesem Zeitpunkt nicht nur die Berufsausbildung abgeschlossen, die Frauen haben auch schon gearbeitet. Kein Grund also, den Beruf mit der Eheschließung aufzugeben. Eine Änderung steht erst an, wenn Kinder kommen. Dann müssen sich die Paare entscheiden, ob eine reine Haushaltsführungsehe mit Kinderbetreuung richtig ist oder die Kinder fremd betreut werden sollen.

In der sozialen Wirklichkeit kann die Ehe heute nicht mehr auf einen Typus festgelegt werden. Vier Ehemodelle lassen sich im Wesentlichen unterscheiden:

1. Die Haushaltsführungsehe

In der Haushaltsführungsehe ist einem Ehegatten allein die Führung des Haushalts übertragen, während der andere einer Erwerbstätigkeit nachgeht und die für den Familienunterhalt erforderlichen Mittel beschafft.

Damit leisten beide Ehegatten einen vollwertigen Beitrag zum Familienunterhalt, denn § 1360 Satz 2 Bürgerliches Gesetzbuch (BGB) bestimmt:

«Ist einem Ehegatten die Haushaltsführung überlassen, so erfüllt er seine Verpflichtung, durch Arbeit zum Unterhalt der Familie beizutragen, in der Regel durch die Führung des Haushaltes.»

2. Die Doppelverdienerehe

In der Doppelverdienerehe sind beide Ehegatten erwerbstätig. Wie sie unter juristischen Gesichtspunkten zu führen ist, schreibt das Gesetz nicht vor. Die Verteilung von Haushaltsführung, Kinderbetreuung, Erwerbstätigkeit und Kostenbeteiligung muss zwischen den Partnern ausgehandelt werden.

3. Die Zuverdienstehe

Bei der Zuverdienstehe geht ein Ehegatte (in der Regel immer noch die Frau) einer Teilzeitbeschäftigung nach. Diese Form entspricht weitgehend der Doppelverdienerehe. Dementsprechend hat der zuverdienende Ehegatte mit seinem Zuverdienst zum Familienunterhalt beizutragen. Wenn dagegen der Zuerwerb die Haushaltstätigkeit nicht beeinträchtigt und lediglich dazu dient, dem Ehegatten ein Taschengeld zu verschaffen, handelt es sich um eine Haushaltsführungsehe. Eine Verpflichtung des zuverdienenden Ehegatten, mit einem Teil seines Zuverdienstes zum Familienunterhalt beizutragen, besteht dann nicht.

4. Mischform mit Babypause

Der vierte Ehetypus – eine Mischform mit Babypause, Haushaltsführungsehe und Wiedereinstieg in den Beruf – spiegelt die heutige soziale Entwicklung wider: Die Berufstätigkeit wird für die Dauer der Kinderbetreuung unterbrochen. Für diesen Zeitraum wählen die Partner in der Regel die Form der Haushaltsführungsehe wegen der Notwendigkeit der Kinderbetreuung und weil sie den Wunsch haben, die Kinderbetreuung nicht auf Dritte zu übertragen.

Die Entscheidung eines Partners, für eine begrenzte Zeit den Haushalt und die Kindererziehung zu organisieren, wird auch erleichtert durch die Haltung vieler Arbeitgeber, denn Arbeitsplätze werden freigehalten während des Babyjahres oder WiedereinsteigerInnen spezielle Projekte angeboten. Ob, wann und in welchem Umfang die Rückkehr des Kinder betreuenden Elternteils in den Beruf stattfindet, hängt von verschiedenen

Faktoren ab. Eine wichtige Rolle spielen die Zahl der Kinder, die Vereinbarkeit der Berufsausübung mit der Kinderbetreuung, die Höhe der Kinderbetreuungskosten, die Arbeitsmarktlage und nicht zuletzt das erzielbare Einkommen.

Die «neue» Familie – Stieffamilie

Zur sozialen Wirklichkeit gehört heute, dass einerseits Ehen auch durchaus mehrfach geschieden werden und dass andererseits auch mehrfach geheiratet wird. Zweit- und Drittehen sind keine Seltenheit mehr.

Und damit entsteht die Stieffamilie. Was ist darunter zu verstehen? Sie entsteht aus der alten Familie und ist die neue Lebensgemeinschaft eines Elternteils und seiner Kinder mit einem neuen Partner, der vielleicht auch eigene Kinder in die neue Familie mitbringt.

Aber das ist nicht so neu, wie es vielfach scheint. Stieffamilien gibt es seit Menschengedenken. Historisch gesehen waren es vor allem verwitwete Personen, die nach dem oft frühen Tod ihres Ehepartners eine Zweitehe eingingen. Auch aus ökonomischen Gründen wurde wieder geheiratet und weil wegen der Müttersterblichkeit im Kindbett, die noch Anfang des 20. Jahrhunderts sehr hoch war, eine «neue» Mutter für die Kinder sorgen musste. So ist uns der Begriff der Stiefmutter vertrauter als der des Stiefvaters, weil es früher einfach mehr davon gab. Die Stiefväter haben aufgeholt und auch um ihre rechtliche Position geht es heute.

Aus der sozialen Wirklichkeit ergibt sich zwangsläufig eine neue Familienform: Eine höhere Lebenserwartung führte allmählich zu einer Abnahme der Verwitwungs-Stieffamilien. Die Liberalisierung des Scheidungsrechts und die damit einhergehende soziale Akzeptanz von Scheidungen führte ebenso zur «neuen» Familie, zur Scheidungs-Stieffamilie. Die Zahl der Stieffamilien nimmt generell stark zu, wobei exakte Daten aufgrund z. B. repräsentativer Bevölkerungsstatistiken derzeit noch nicht erhoben werden. Für die Bezeichnung «Stieffamilie» ist unerheblich, ob das Paar verheiratet ist oder ohne Trauschein zusammenlebt.

In der Stieffamilie gibt es zahlreiche Varianten. Dazu einige Beispiele:

- Die Frau bringt leibliche Kinder mit;
- der Mann bringt leibliche Kinder mit;
- beide Partner haben gemeinsame Kinder;
- einer der Partner hat Adoptiv- oder Pflegekinder;

- die Kinder eines Partners leben beim anderen leiblichen Elternteil und kommen zu Besuch;
- einer der leiblichen Elternteile ist verstorben;
- für den einen Partner ist es die erste Ehe, für den anderen die vierte;
- ein Partner hat keine Erfahrung mit Kindern, der andere hat drei Kinder.

Schon aus diesen Beispielen wird ersichtlich: Die Familienstruktur kann so bunt sein wie ein Patchwork. Patchwork, das ist ein Muster, eine Handarbeit, die einzigartig, bunt, fantasievoll ist, immer anders, immer neu und alt zugleich. Auch Stieffamilien sind so, deshalb werden sie auch Patchworkfamilien genannt – im Gegensatz zur «Kernfamilie» oder «Ursprungsfamilie». Sie bezeichnet die Familienform, in der in erster Ehe geheiratet wird und auch leibliche Kinder da sind. Das Zusammenleben in einer Stieffamilie ist nicht ohne die vorangegangenen Erfahrungen mit der ersten Ehe bzw. Partnerschaft und ihrer Auflösung und der Zeit danach zu verstehen. Das erste Glück ist zerronnen und Vertrauen in ein neues Glück muss erst wieder erlebt und fühlbar gemacht werden.

Bis alle ihren Platz gefunden haben und sich wohl fühlen, geht es stürmisch zu. Geduld, Einfühlungsvermögen und Toleranz – die Haupttugenden der Stieffamilie – sind einer harten Belastungsprobe unterworfen. Derzeit scheitern noch ca. 50 % dieser Ehen. Wichtigster und folgenreichster Unterschied zur Kernfamilie ist, dass es außerhalb des Haushaltes, in dem die Kinder leben, einen weiteren Elternteil gibt. Die Kinder sind in mehr oder weniger großem Umfang Mitglied mindestens zweier Haushalte und abhängig von der Ausgestaltung der elterlichen Sorge, der Besuchsregelung und der wirtschaftlichen Situation. Je nachdem, ob die Eltern der Stieffamilie in einer Ehe leben oder Partner einer nicht ehelichen Lebensgemeinschaft sind, variieren die rechtlichen Probleme.

Rechtsprobleme der Stieffamilie

Es gibt keinen eigenen rechtlichen Komplex «Stieffamilie». Für die rechtliche Einordnung existieren heute zwei Grundtypen: Die Ehe und die nicht eheliche Lebensgemeinschaft. Gerade die Besonderheiten der Stieffamilie mit ihren vielen Varianten lassen sich nicht ohne weiteres diesen beiden Rechtstypen und den dabei vom Gesetzgeber geregelten Rechtsfragen zuordnen.

Gesetzlich geregelt ist das Zusammenleben im Rahmen einer Ehe und unter den besonderen Schutz des Grundgesetzes gestellt. Die nicht eheliche Lebensgemeinschaft genießt diesen Schutz nicht, sodass für die rechtliche Beurteilung der nicht ehelichen Lebensgemeinschaft auf Vertragsrecht, Gesellschaftsrecht und eine entsprechende Anwendung familienrechtlicher Normen zurückgegriffen werden muss. In der sozialen Wirklichkeit der Stieffamilie entstehen Rechtsfragen zu vergleichbaren Bereichen wie bei der Kernfamilie. Da die soziale Wirklichkeit der Stieffamilie aber andere Voraussetzungen für eine Rechtsfindung hat als die Kernfamilie, müssen hier neue Ansätze gefunden werden.

An den Schnittstellen zwischen alter und neuer Ehe bzw. Lebensgemeinschaften entstehen die Probleme. Bereiche, in denen es Berührungspunkte gibt, sind vor allem das Namensrecht, das Sorgerecht und das Umgangsrecht, der Unterhaltsbereich sowie das Erbrecht.

Im Nachfolgenden einige Beispiele zu den vielen Fragen, die im Alltag einer Stieffamilie entstehen und die juristische Antworten erfordern.

Namensrecht

Welchen Namen soll sich eine Stieffamilie geben? Eine Familie mit so viel verschiedenen Namen wie Familienmitglieder? Oder ist es einfacher, das Zusammenleben unter einem gemeinsamen Namen zu starten und zu dokumentieren, wer jetzt zusammengehört? Andererseits möchte jeder vielleicht seinen Namen behalten, der ihm seit Jahren vertraut ist.

Beide Formen der Namensgebung sind möglich. Eine erneute Eheschließung lässt den Kindesnamen unberührt. Damit ist klargestellt, dass ein Kind seinen Geburtsnamen auch dann behält, wenn seine Eltern nach einer Scheidung erneut heiraten und einen anderen oder keinen Ehenamen führen.

Mit der Geltung des Kindschaftsrechtsreformgesetzes zum 1. 7. 1998 hat sich der Gesetzgeber dem Problem gestellt. Das Kind kann auch den Ehenamen aus der neuen Ehe bekommen, so § 1618 Abs. 1 Satz 1 BGB. Dies geschieht durch die so genannte Einbenennung. Die Namenserteilung begründet weder Rechte noch Pflichten. Mit jeder Wiederheirat ist eine erneute Einbenennung möglich, es entfällt dann jeweils der dem Namen des Kindes vorangestellte oder angefügte Ehename aus der vorherigen Einbenennung.

Der Konflikt ergibt sich aus dem Wunsch der Stieffamilie, unter einem gemeinsamen Namen aufzutreten, und dem damit einhergehenden

Rechtsverlust des leiblichen Elternteils, seinem leiblichen Kind seinen Namen zu erhalten.

Sorgerecht

Auch nach Scheidung der Ehe behalten die Eltern im gesetzlich geregelten Normalfall die gemeinsame elterliche Sorge für ihre Kinder. Der Stiefelternteil, in dessen Haushalt das Kind lebt, erhält keine Erziehungs- und Mitspracherechte. Im Zusammenleben entsteht aber die Notwendigkeit, dass der Stiefelternteil Entscheidungen auch allein für ein Stiefkind treffen kann, wenn der leibliche Elternteil abwesend oder anderweitig verhindert ist. Nach der derzeitigen Rechtslage gibt es nur den Weg der Vollmacht, die der leibliche Elternteil dem Stiefelternteil ausstellt.

Mit einer Gesetzesinitiative (Bundesrat-Drucksache 369/99 S. 6) wird vorgeschlagen, den Stiefeltern ein «Kleines Sorgerecht» für die Kinder ihres Ehepartners zu schaffen, die mit ihnen in einem Haushalt leben.

Damit soll der Stiefelternteil automatisch mit der Eheschließung die Möglichkeit erhalten, über Dinge des Alltags allein entscheiden zu können.

Der Konflikt ergibt sich aus dem Spannungsfeld zwischen dem Sorgerecht des leiblichen Elternteils, bei dem das Kind nicht lebt, und der tatsächlich ausgeübten Sorge des Stiefelternteils, bei dem das Kind lebt und der keinerlei Sorgerecht hat. Mit der Gesetzesinitiative wird der Konflikt für den Alltagsbereich zwar entschärft. Für die Entscheidung in wichtigen und grundlegenden Fragen bleibt der Stiefelternteil aber rechtlos.

Verbleibensanordnung

In bestimmten Fällen (§ 1682 BGB) wird die Stieffamilie und die Beziehung des Kindes zu seinem Stiefelternteil vom Gesetz geschützt. Nämlich dann, wenn infolge der tatsächlichen Verhinderung, des Ruhens der elterlichen Sorge oder des Todes eines Elternteils der andere Elternteil die elterliche Sorge erlangt und deshalb das Kind aus der Stieffamilie herausnehmen möchte, weil es jetzt bei ihm wohnen soll.

Durch die Verbleibensanordnung wird dem Kind gestattet, sich zunächst weiterhin bei seinem Stiefelternteil aufzuhalten, obwohl der leibliche Elternteil bereits das Sorgerecht hat. Damit soll dem Kind zunächst die Möglichkeit gegeben werden, sich innerlich auf den Wechsel in den Haushalt des leiblichen Elternteils (wieder) einzustellen und die Beziehung zum leiblichen Elternteil aufzubauen bzw. zu erneuern.

Ein dauerhafter Verbleib in der bisherigen Umgebung – also in der Stieffamilie – ist grundsätzlich nicht selbstverständlich, da dadurch der leibliche Elternteil endgültig von seinem Sorgerecht, das auch das Aufenthaltsbestimmungsrecht umfasst, ausgeschlossen wäre. Üblicherweise ist eine Verbleibensanordnung daher befristet. Das Gericht kann sie allerdings verlängern, wenn das Kindeswohl durch den Umzug zum leiblichen Elternteil gefährdet wäre.

Der Konflikt ergibt sich daraus, dass ein Kind, das längere Zeit mit seinem Stiefelternteil zusammengelebt hat, wegen des automatischen Sorgerechts eines ihm vielleicht völlig fremden leiblichen Elternteils die unter Umständen vertrautere Stieffamilie verlassen muss.

Um diesen Problemen zu entgehen, überlegen sich viele Stiefeltern, ob sie ihre Stiefkinder adoptieren sollten, um darüber eine Gleichstellung mit leiblichen Kindern zu erhalten.

Umgangsregelung

Wer darf zu wem und wie lange? Eine nur scheinbar einfache Frage. Trennung und Scheidung der Eltern verursachen einen oftmals erbitterten Streit um die Besuchsrechte. Das Bemühen der Kindschaftsrechtsreform vom 1. 7. 1998 geht dahin, den Umgang des Kindes mit seiner Familie zu stärken. Der Umgang mit beiden Elternteilen gehört nach § 1626 Abs. 3 Satz 1 BGB zum Kindeswohl. Nicht nur den Eltern steht deshalb ein Anspruch auf Umgang zu, auch das Kind selbst ist anspruchsberechtigt (§ 1684 Abs. 1 BGB).

Mit dieser Ausgestaltung des Umgangsrechtes des Kindes will der Gesetzgeber Eltern bewusst machen, dass der Kontakt zwischen ihnen und den Kindern wichtig ist. Der Anspruch des Kindes steht in Wechselwirkung zur Pflicht der Eltern, den Umgang zu gestatten und vor allem auch selbst zu pflegen.

Und dann kommt auch noch der neue Partner der Mutter bzw. die neue Partnerin des Vaters dazu und mischt mit. Sie können sich dem kaum entziehen, denn die Besuche beeinflussen ihren Alltag genauso wie den der Ursprungsfamilie. Der Gesetzgeber hat sich darauf eingestellt und räumt auch den Stiefeltern ein in § 1685 BGB geregeltes Umgangsrecht ein.

Für Stiefeltern gilt: Hat das Kind längere Zeit mit ihnen in häuslicher Gemeinschaft gelebt und dient der Umgang dem Wohl des Kindes, steht dem Besuchsrecht grundsätzlich nichts im Wege.

Aber: Eine Umgangspflicht – so wie die Eltern – haben Stiefeltern nicht.

Ebenso wenig hat das Kind ein eigenständiges Recht – wie gegenüber seinen Eltern – auf diesen Umgang. Wird den Stiefeltern das Umgangsrecht grundlos verweigert, müssen sie – genau wie leibliche Eltern auch – gerichtliche Hilfe in Anspruch nehmen.

Unterhalt

Widmet sich der Vater zweier Kinder aus erster Ehe in seiner zweiten Ehe der Erziehung der Kinder seiner zweiten Ehefrau und der gemeinsamen weiteren Kinder, kann er das nicht uneingeschränkt tun, wenn er gegenüber seinen Kindern aus erster Ehe und seiner ersten Ehefrau unterhaltsverpflichtet ist. Von ihm wird verlangt, eine Erwerbstätigkeit auszuüben, die es ermöglicht, der Erstfamilie Unterhalt zu zahlen.

Hier ergibt sich ein Konflikt mit der neuen Familie, die vielleicht so angelegt ist, dass er als Hausmann die Familie versorgt.

Eine Stieffamilie braucht in der Regel eine größere Wohnung. Es gibt mehr Esser am Tisch, weil Stiefkinder im Haushalt leben, oder regelmäßig zu Besuch kommen oder gemeinsam Urlaub gemacht wird. Deshalb sind Unterhaltsfragen von existenzieller Bedeutung.

Eine gesetzliche Unterhaltsverpflichtung seitens des Stiefelternteils gegenüber seinem Stiefkind besteht nicht. Im Lebensalltag sieht es aber so aus, dass praktisch aus einem Topf gewirtschaftet wird. Ist z. B. die Stiefmutter berufstätig, finanziert sie automatisch die Stiefkinder mit, da ihr Einkommen in der Regel mit in den Familientopf fließt, aus dem dann Miete, Reisen, Taschengeld, Kleidung etc. bezahlt werden.

Der Konflikt ergibt sich aus dem Spannungsfeld zwischen dem leiblichen Elternteil, der verpflichtet ist, Unterhalt für sein Kind zu bezahlen, es aber nicht oder nicht in ausreichendem Umfang tut, und dem Stiefelternteil, der das in seinem Haushalt lebende Stiefkind mitfinanziert.

Eine Lösung bietet das Gesetz für den Fall, dass der leibliche Elternteil keinen Unterhalt für sein Kind zahlt. Der Stiefelternteil kann den von ihm für sein Stiefkind gezahlten Unterhalt vom leiblichen unterhaltsverpflichteten Elternteil zurückverlangen. Aber maximal nur in Höhe des gesetzlichen Unterhaltsanspruches des Kindes. Es handelt sich um einen gesetzlichen Forderungsübergang, der dann greift, wenn der Stiefelternteil für das Stiefkind, das in seinem Haushalt lebt, entweder Barunterhalt leistet oder das Kind betreut, geregelt in § 1607 Abs. 3 BGB. Erhält das Kind den gesetzlichen Unterhalt, kann der Stiefelternteil darüber hinaus nicht mehr erhalten, auch wenn er weitere Aufwendungen für sein Stiefkind tätigt.

Für eine leibliche Mutter, die in zweiter Ehe die Kinder betreut, ergibt sich ein Konflikt daraus, dass der Stiefelternteil weder während des Bestehens der Beziehung noch nach deren Scheitern wirtschaftliche Verpflichtungen gegenüber seinem Stiefkind hat und die leibliche Mutter den Unterhalt für ihr Kind nicht mehr bestreiten kann, weil sie z. B. ihren Beruf aufgegeben hat, um die Kinder des neuen Ehepartners, ihre eigenen Kinder und gegebenenfalls auch gemeinsame weitere Kinder zu betreuen.

Als Lösung aus diesem Dilemma bietet sich zurzeit nur eine vertragliche Regelung an, mit der die Unterhaltsverpflichtungen des Stiefelternteils festgelegt werden. Das ist aber eine freiwillige Regelung der Parteien.

Erbrecht

Gerade bei zusammengesetzten Familien ist die Angst groß, im Erbfall nichts oder zu wenig vom Nachlass zu bekommen, weil der Kuchen unter zu vielen Beteiligten aufgeteilt werden muss. Mit einer Zweitehe und jeder weiteren Ehe wächst der Kreis der durch das Gesetz Erbberechtigten, und zwar jeweils um den Ehepartner und gemeinsame Kinder dieser Ehe. Stiefkinder sind nicht gesetzlich erbberechtigt, weil sie mit dem Stiefelternteil nicht verwandt sind. Nur leibliche Abkömmlinge oder ihnen gleichgestellte, z. B. adoptierte Kinder, werden bei der gesetzlichen Erbfolge berücksichtigt. Das Stiefkind muss nach derzeitiger Rechtslage in Kauf nehmen, dass ein unter Umständen wesentlicher Teil elterlichen Vermögens bei dessen Tod zunächst auf den Ehepartner (Stiefelternteil) übergeht und dann beim späteren Tod des Stiefelternteils in dessen Familie verbleibt. Das Stiefkind hat einen Ausbildungskostenanspruch gegen den Nachlass, der aber entfällt, wenn die Eheleute Gütertrennung vereinbart hatten.

Diese Regelung ist unbefriedigend. Das Stiefkind sollte zumindest mit einem Pflichtteilsanspruch ausgestattet werden, wenn ein Stiefelternteil stirbt, der zuvor von dem leiblichen Elternteil des Stiefkindes Vermögen geerbt hatte.

Zusammenfassung und Ausblick

Das am 1. 7. 1998 in Kraft getretene Kindschaftsrecht hat wichtige Änderungen für die Stieffamilie gebracht, z. B. im Bereich Umgang und Namensrecht sowie mit der Verbleibensanordnung. Weiter gehende Neuregelungen, insbesondere im Zusammenhang mit der elterlichen Sorge, sieht das Gesetz derzeit nicht vor.

Trotz gewisser Verbesserungen durch die Reform gibt es nach wie vor erhebliche Unterschiede zwischen dem rechtlichen Status von Stiefeltern im Vergleich zu leiblichen Eltern gegenüber ihren Kindern.

Anknüpfung für Rechte und Pflichten ist die Verwandtschaft zwischen den Beteiligten, nicht deren emotionale Bindung. Stiefeltern und Stiefkinder werden nicht verwandt miteinander, wenn ein Stiefelternteil den leiblichen Elternteil heiratet oder in nicht ehelicher Lebensgemeinschaft mit ihm zusammenlebt. Sie haben oftmals eine enge emotionale Bindung zu ihren Stiefkindern. Aber darauf kommt es – juristisch gesehen – nicht an, denn die enge emotionale Bindung schafft weder Rechte noch Pflichten. Das hat zur Folge, dass Stiefeltern in der Regel nicht verpflichtet sind, Unterhalt an ihre Stiefkinder zu zahlen, und zwar weder während des Zusammenlebens mit dem leiblichen Elternteil noch danach, falls es zu einer Trennung oder Scheidung kommt. Der Gesetzgeber verlangt von einem Stiefelternteil lediglich, dass er sich um die Kinder kümmert, solange sie im gleichen Haushalt leben.

Bei Trennung oder Scheidung gibt es zwar ein Umgangsrecht des Stiefelternteils, aber keine Pflicht zum Umgang wie bei einem leiblichen Elternteil. Und es gibt auch kein Sorgerecht, unabhängig davon wie lange das Kind bei seinem Stiefelternteil gelebt hat. Mit Hilfe einer Verbleibensanordnung kann immer nur für einen begrenzten Zeitraum Abhilfe geschaffen werden.

Gemessen an dem, was Stiefeltern für ihre Stiefkinder leisten, sind ihre Rechte minimal – die gesetzlich festgelegten Pflichten allerdings auch. Bei gesetzlicher Festschreibung von Rechten und Pflichten wird man sicherlich nicht umhin kommen, zwei unterschiedlichen Situationen Rechnung zu tragen: Stiefeltern, die «de-facto»-Eltern sind und Stiefeltern, die nicht mit ihrem Stiefkind zusammenleben.

Schließlich bleibt bei allen künftigen Regelungen die Situation mit zu beachten, dass bei Stieffamilien als «neuer» Familienform das familienrechtliche Beziehungsgeflecht wesentlich weiter reicht als bei einer Erstfamilie.

Besonderheiten ergeben sich aber vor allem auch dann, wenn es zu einem Scheitern der Stieffamilie kommt.

Dem Gedanken der Selbstbestimmung verstärkt Rechnung zu tragen, wie dies z. B. im Namensrecht bereits geschehen ist, könnte auch der Stieffamilie nützen.

Im Familienrecht sind generell Tendenzen spürbar, sich vom institutionellen Rechtsdenken abzulösen, wenn z. B. neben die Ehe auch andere Rechtsformen des Zusammenlebens treten. Im Bundesstaat Louisiana/USA kann man sich mittlerweile bei der Eheschließung für die jederzeit scheidbare oder die auf Lebenszeit geschlossene Ehe entscheiden, die nur bei Vorliegen der im Gesetz aufgezählten Gründe scheidbar ist. Diese Überlegungen sind nicht neu: Schon in Goethes Wahlverwandtschaften wird eine Ehezeit von zunächst fünf Jahren vorgeschlagen, die die Partner dann einvernehmlich verlängern oder auch nicht.

Literatur

Annette Bopp/Sigrid Nolte-Schefold: *Stiefkinder – Rabeneltern. Rabenkinder – Stiefeltern. Leben in einer Patchworkfamilie.* Reinbek 1999

Sigrid Nolte-Schefold: *Rechtsratgeber für Stieffamilien.* Reinbek 2000

Sigrid Nolte-Schefold: *Heiraten. Rechtsratgeber für das Eheglück.* Reinbek 2001

Uta Meier

Familie als Zukunftsmodell – Minderheit und Armutsrisiko

1. Vorbemerkung

Westliche Industriegesellschaften werden von ihren Wortführern gern als Wissens- und Informationsgesellschaften tituliert. Es scheint, dass der Rückgriff auf vielfältige Forschungsergebnisse quer durch alle Lebensbereiche ein hochgradig effektives und rationales Handeln in Wirtschaft und Politik ermöglicht. In einem eigentümlichen Gegensatz zu diesem Selbstverständnis steht die Tatsache, dass Wirtschaft und Politik nachweislich dazu tendieren, elementare Voraussetzungen gründlich zu übersehen, die das Zusammenleben in einem intakten Gemeinwesen bestimmen.

Diese Einschätzung trifft in besonderem Maße für das Humanvermögen von Individuen zu, welches als Fundament jeder Gesellschaft fälschlicherweise für quasi «naturwüchsig» gegeben und für offenbar unbegrenzt verfügbar gehalten wird. Aus dieser Geringschätzung resultieren vielfältige «Pathologien des Sozialen», also Fehlentwicklungen und Störungen, die die Lebensqualität moderner Gesellschaften, aber auch ihre wirtschaftliche und sozialpolitische Entwicklung zunehmend tangieren. (Honneth 1994) Die allgegenwärtige strukturelle Gleichgültigkeit gegenüber der Humanvermögensbildung und -erhaltung begegnet uns gerade auch in der bundesdeutschen Wohlstandsgesellschaft. Als Beleg sei an dieser Stelle die nachweisliche «strukturelle Rücksichtslosigkeit» gegenüber dem Leben mit Kindern genannt, die die Sachverständigenkommission zur Erstellung des 5. Familienberichts 1994 der bundesdeutschen Gesellschaft attestiert hat. Gemeint ist damit die Gleichgültigkeit gegenüber dem Umstand, ob sich Personen für das Leben mit Kindern entscheiden oder nicht. Im Rückblick der Bewertung bundesrepublikanischer Politik durch die großen Volksparteien kommt Renate Schmidt zu der ernüchternden Feststellung: «Eine Prioritätensetzung pro Familie fand regelmäßig nicht statt.» (Schmidt 2000)

Was damit im Bereich der Kinderbetreuung und -erziehung «privatisiert» wird, gilt jedoch auch für die Sorgearbeit gegenüber der erwerbsfähigen Generation und betrifft schließlich auch die Pflege und Betreuung der alternden Generation.

Die Selbstverständlichkeit, mit der Wirtschaft und Gesellschaft allerdings auf die körperliche Fitness, emotionale Ausgeglichenheit und Leistungsfähigkeit der Menschen zurückgreifen, übergeht den Tatbestand, dass die wesentlich über die Familie vermittelten Humanressourcen eben nicht «naturhaft» gegeben sind. Vielmehr stellen sie im Kern das Resultat der (unsichtbaren) alltäglichen Fürsorgearbeit von Frauen dar.

2. Was versteht man unter Humanvermögen?

Das Humanvermögen umfasst vor allem die Vermittlung von Fähigkeiten zur Alltagsbewältigung, also sowohl den Aufbau sozialer Daseinskompetenzen (Vitalvermögen) zur Lebensführung als Ganzes als auch jene Befähigungen, die zur Lösung qualifizierter gesellschaftlicher Aufgaben in einer arbeitsteiligen Wirtschaftsgesellschaft erforderlich sind. Die Bildung des Humanvermögens kennzeichnet zum einen die Gesamtheit der Kompetenzen aller Mitglieder einer Gesellschaft, unabhängig von Alter und Gesundheitszustand oder ihrer sozialen Position. Zum anderen wird damit das Handlungspotenzial des Individuums umschrieben, d. h. all das, was es in die Lage versetzt, sich in einer hochkomplexen Gesellschaft zurechtzufinden. Dazu gehört seine Bindungs- und Konfliktfähigkeit, um Familie leben zu können und in der Gesellschaft zu bestehen. Der Familienberichtskommission war mit der Verwendung dieses Konzepts daran gelegen, in qualitativer Perspektive die Bedeutung menschlicher Handlungskompetenzen für Wirtschaft und Gesellschaft herauszuarbeiten. (5. Familienbericht 1994, S. 28 f.)

Menschliches Handlungspotenzial ist ein Aktivum besonderer Art; es ist der Inbegriff für die sich dem Menschen bietenden Chancen, ihr Leben aus eigener Kraft zu gestalten. Ohne Zweifel fallen alle gesellschaftlichen und politischen Aktivitäten, die es Familien erleichtern, diesen Humanvermögensbildungsprozess zu gestalten, «in die vielleicht bedeutendste sozialpolitische Rubrik der ‹Hilfe zur Selbsthilfe›». (Krüsselberg 2000, S. 11)

Der Begriff des Humanvermögens überwindet damit die im Rahmen herkömmlicher Ausbildungskonzepte geläufige Engführung der Vermittlung und Aneignung von beruflichen Fachkompetenzen, die oft auch als «Humankapital» einer Gesellschaft bezeichnet werden.

Folglich hat es mit der weit verbreiteten sprachlichen Verwirrung von Humanvermögen und Humankapital ein Ende. «Humanvermögen ist nicht Humankapital», wie Krüsselberg als Mitglied der Sachverständigenkommission betont hat, sondern sehr viel umfassender im eben beschriebenen Sinne. (Krüsselberg 1994)

Auch Bourdieu hält das gängige Humankapitalkonzept für zu eng, weil es lediglich die Investitionen und Erträge einbezieht, die sich in Geld ausdrücken oder direkt konvertieren lassen, etwa Studienkosten oder das finanzielle Äquivalent für die zum Studium verwendete Zeit. Schulische und Ausbildungsinvestitionen werden im Konzept des Humankapitals eben nicht in einen Gesamtzusammenhang mit anderen gesellschaftlichen Sozialisations- respektive Reproduktionsstrategien gestellt. In der logischen Konsequenz verdammen sich Humankapitaltheoretiker selbst dazu, die sozial und kulturell wirksamste Erziehungs- und Bildungsinvestition unberücksichtigt zu lassen, die «Transmission von kulturellem Kapital in der Familie». (Bourdieu 1983, S. 186) Eine solche Definition von «Humankapital», bemerkt er zutreffend, vermag – trotz ihrer «humanistischen» Konnotationen – dem gängigen Ökonomismus nicht zu entkommen.

In die gleiche Richtung argumentiert die Familienberichtskommission, wenn sie feststellt, dass die in der Familie vermittelte Arbeitsmotivation, Verantwortungsbereitschaft oder soziale Qualifikationen von der Gesellschaft angemessen erkannt werden müssen.

Es ist im Grunde ernüchternd, dass sich Diskussionen um die Zukunft von Bildung und Arbeit allerdings nach wie vor fast ausschließlich um Inhalt und Ausrichtung dieser marktrelevanten und verwertbaren beruflichen Fachkompetenzen drehen. Demgegenüber mangelt es an der Einsicht, dass Bildung auch Ausbildung für ein Leben jenseits abhängiger Erwerbsarbeit zu sein hat. (Richter 1999, S. 119) Damit bleibt jener Teil der Humanvermögensbildung unbeachtet, der in familialen Austauschprozessen und durch die gelebte Solidarität zwischen den Generationen scheinbar «selbstverständlich» erbracht wird und gewissermaßen erst die Basis für die Überlebensfähigkeit und Kultur einer Gesellschaft, aber auch für sämtliche ihrer Teilbereiche von Wirtschaft, Wissenschaft und Politik darstellt.

Pierre Bourdieu hat aus gutem Grund die herausragende Bedeutung der Herkunftsfamilie für die Reproduktion von kulturellem und sozialem Kapital analysiert.

Sein Erkenntnisinteresse richtete sich darauf, Mechanismen der intergenerationellen Weitergabe von Bildung, Kultur und Sozialbeziehungen über die elterliche Familie zu untersuchen. Die Begriffe «kulturelles und soziales» Kapital implizieren aber auch, den derzeit in unverhältnismäßiger Weise vernachlässigten gesellschaftlichen Bedeutungsgehalt der zunächst familial vermittelten kulturellen Dispositionen bzw. Fertigkeiten eines Menschen sowie seiner Beziehungen des gegenseitigen Austausches und Unterstützens in den Blick zu nehmen. Dieser Sozialisationsprozess setzt zugleich die stetige Präsenz von Betreuungspersonen voraus, die bereit und in der Lage sind, diese familialen Investitionen vor dem Hintergrund ihrer eigenen biografischen Erfahrungen und Wertepräferenzen anzuregen, zu vermitteln und ihre Aneignung begleitend zu unterstützen. Dieser Vorgang kostet – wie Bourdieu es ausdrückt – vor allem die Arbeitszeit der Mutter.

Die Analogien zum Humanvermögenskonzept sind unverkennbar. Es geht Bourdieu gleichermaßen darum, deutlich zu machen, dass auch scheinbar unverkäufliche Dinge ihren Preis haben und es sich nur scheinbar um eine kostenlose Verausgabung von Zeit, Aufmerksamkeit, Fürsorge und Mühe handelt.

Schon bei sehr zurückhaltend angesetzten Bewertungen belaufen sich die Leistungen der Familie (hauswirtschaftliche Tätigkeiten, Betreuung und Pflege, handwerkliche Arbeiten und Ehrenamt) zum Aufbau des volkswirtschaftlichen Humanvermögens für die alte Bundesrepublik (Bezugsjahr 1990) auf 15,286 Billionen DM. Diesem Humanvermögensbestand stand im gleichen Jahr ein Volumen an reproduzierbarem Sachvermögen von lediglich 6,9 Billionen DM gegenüber. (5. Familienbericht, 1994, S. 26)

Vom verinnerlichten kulturellen und sozialen Kapital profitieren ihre Träger, die Kinder und die Gesellschaft als Ganzes, in der sie als Erwachsene agieren. Demgegenüber handeln sich ihre Mit-Produzentinnen, also Mütter, Ehefrauen, Geliebte, Großmütter mit der Übernahme dieser Aufgaben Nachteile ein; jedenfalls was ihre Teilhabe am gesellschaftlich erzeugten Wohlstand anbetrifft. Das lässt sich an ihren vergleichsweise bescheidenen Zugangschancen zu Einkommen, Berufspositionen und sozialer Sicherung nachweisen, wenn sie die Verantwortung für Kinder und andere Dimensionen familialer Verantwortung übernehmen. Schweitzer wertet es zurecht als Ausdruck mangelnder Geschlechtersolidarität, dass Familie für Männer in erster Linie eine Lebensform darstellt, in der auch sie von weiblichen Personen versorgt, betreut und verpflegt werden. Für Frauen ist die Familie dagegen primär ein

Aufgaben- und Verantwortungsbereich mit hohem Verpflichtungsgrad. (v. Schweitzer 1997, S. 36)

Die wesentlich von Frauen übernommenen Tätigkeiten der Daseinsvorsorge sind erst seit dem aufkommenden Industriezeitalter zu einem «blinden Fleck» und scheinbar wertlos geworden: Bis zu diesem Zeitpunkt der gesellschaftlichen Entwicklung umfasste «Arbeit» dagegen sämtliche Tätigkeiten zur Daseinsvorsorge im Lebenszusammenhang von Männern, Frauen und Kindern. Sie wurden im Zuge von Industrialisierung und Verstädterung räumlich und zeitlich getrennt. Lediglich die außerhäusig geleistete, entlohnte (Erwerbs-)arbeit geriet fortan als wertschaffende gesellschaftliche Arbeit in den Blick.

Die Sachverständigenkommission des 5. Familienberichts verweist zurecht auf die grotesken Folgen dieser Entwicklung. Sämtliche Aufwendungen für die nachwachsende Generation, für die Reproduktion der im Erwerbsleben stehenden Generation und die häusliche Pflege von Kranken, Behinderten und alten Menschen verloren das Prädikat, Arbeit zu sein. (5. Familienbericht, a. a. O., S. 27)

Es handelt sich zudem um jene Tätigkeiten der Erziehung und Fürsorge, die im Zuge des Industrialisierungsprozesses der weiblichen Hälfte der Gesellschaft zugeschrieben und oft als in der Privatsphäre geleistete «Arbeit aus Liebe» etikettiert wurden.

Obwohl alle Lebensbereiche von diesen vornehmlich von Frauen erbrachten Leistungen profitieren, gewährt ihnen die Gesellschaft keine entsprechende Anerkennung. Diese Geringschätzung widerfährt bekanntlich auch jungen Vätern, sofern sie sich für die zeitweise Betreuung ihrer Kinder entscheiden (wollen). Ihre Zahl ist allerdings konstant gering: Weniger als 2 Prozent der jungen Väter machen von ihrem Recht Gebrauch, zumindest einen Teil des Erziehungsurlaubs in Anspruch zu nehmen.

3. Die Privatisierung der Humanvermögensbildung und ihre Folgen

Lange Zeit galt es in der Bundesrepublik Deutschland geradezu als unschicklich, die Unterhaltsaufwendungen für Kinder und die vielfältigen Tätigkeiten der alltäglichen Versorgung, Pflege und Fürsorge gegenüber Familienangehörigen unterschiedlicher Generationen als Arbeit zu thematisieren und sie zu bewerten.

Erst durch die diversen Urteile des Bundesverfassungsgerichts seit Beginn der 90er-Jahre wurden die monetären Dimensionen der strukturellen Benachteiligung der Lebensformen mit Kindern im Vergleich zu solchen ohne Kinder ins öffentliche Bewusstsein der bundesdeutschen Gesellschaft gerückt. Von höchstrichterlicher Instanz musste der Gesetzgeber demnach erst nachdrücklich aufgefordert werden, die Familie als Unterhaltsgemeinschaft anzuerkennen und das Existenzminimum aller Familienmitglieder steuerlich freizustellen. Das dies in den vergangenen Jahrzehnten nicht der Fall war, wertete das Bundesverfassungsgericht eindeutig als einen verfassungswidrigen Tatbestand.

In seinen Beschlüssen vom 10. 11. 1998 ging das Bundesverfassungsgericht sogar noch einen Schritt weiter, indem es dem Gesetzgeber aufgibt, nicht allein den Aufwand für Nahrung, Kleidung und Unterkunft von der Steuer abzuziehen, sondern auch die Kosten für die Betreuung und Erziehung der Kinder; und zwar unabhängig davon, ob sie von den Müttern (Vätern) selbst erbracht werden oder eine außerhäusige Betreuungseinrichtung in Anspruch genommen wird.

Vor diesem Hintergrund kann die durch die Neuregelung des Familienleistungsausgleichs zu Stande kommende einseitige Entlastung von vergleichsweise wohlhabenden, reichen Familien, deren Einkommen einem Spitzensteuersatz unterliegt, allerdings nicht im Sinne von sozialer Gerechtigkeit aufgefasst werden. Das Diakonische Werk der Evangelischen Kirche hält eine Regelung zu Recht für sozialpolitisch bedenklich, die zu einer Steigerung der Nettoentlastung in der Steuer pro Kind für überdurchschnittlich verdienende Familienhaushalte von 290,– DM auf mehr als 400,– DM monatlich führt. Demgegenüber kommt die Neuregelung des FLA in Familienhaushalten mit durchschnittlichem oder geringem Einkommen steuerlich nicht zum Tragen. Diese Familienhaushalte profitieren lediglich von den – allerdings vergleichsweise geringfügigen – monatlichen Erhöhungen des Kindergeldes für erste und zweite Kinder. Noch ungünstiger fällt schließlich die Bilanz für jene Familien aus, die Sozialhilfe beziehen. Selbst dann, wenn beide Eltern erwerbstätig sind, erhalten sie keinerlei finanzielle Entlastung, weil die Erhöhung des Kindergeldes ihnen von der aufstockenden Sozialhilfe prompt wieder abgezogen wird. Unter Umständen ergibt sich eine Verschlechterung ihrer Lebenssituation aber auch durch Kürzungen bei der Arbeitslosenunterstützung. (Deutscher Frauenrat 1999, S. 9)

Es geht also nicht eindimensional darum, die vom Bundesverfassungsgericht geforderte steuerliche Gleichbehandlung zwischen den Haushalten mit Kindern und den Haushalten ohne Kinder voranzubringen, sondern *ebenso* eine stärkere staatliche Förderung von Familienhaushalten aus den unteren Einkommensgruppen auf den Weg zu bringen.

Familienministerin Bergmann hat völlig zu Recht betont, dass horizontale Steuergerechtigkeit nicht der einzige Maßstab für Familienpolitik sein könne, vielmehr müsse es vor allem um eine bedarfsgerechte Förderung der Familie gehen. Des Weiteren müsse der Grundsatz gelten, dass dem Staat «jedes Kind gleich viel wert ist.» (Bergmann 2000, S. 15)

Offenkundig hat sie sich gegen die von ihr schon erwarteten Widerstände nicht durchsetzen können. Das ist sicherlich auch eine Folge der Verschiebung von WählerInnenpotenzials, was sich nicht zuletzt durch die Tatsache des anteiligen Rückgangs familialer Lebensformen mit Kindern erklärt.

Des Weiteren ist die Streichung der steuerlichen Absetzbarkeit von Kinderbetreuungskosten in Höhe von 4000,– DM jährlich für allein Erziehende nicht im Sinne von sozialer Gerechtigkeit. Mit einem vereinheitlichten Betreuungsfreibetrag von lediglich 3000,– DM, unabhängig von der Lebensform mit Kindern, werden allein Erziehende trotz ihrer insgesamt nachweislichen und seit langem bekannten monetären Benachteiligung und eines vergleichsweise hohen Armutsrisikos gegenüber der bislang geltenden Regelung de facto schlechter gestellt. (Meier 1997) Das Bundesverfassungsgericht wollte mit seinem Urteil erreichen, dass auch verheiratete Eltern zukünftig Kinderbetreuungskosten geltend machen können, es war indes nicht seine Absicht, allein Erziehende schlechter zu stellen als bisher. Vor dem Hintergrund der konstatierten Armutsentwicklung sind schließlich auch jene Konzepte fragwürdig und nicht vereinbar mit dem Ziel, die soziale Spaltung der bundesrepublikanischen Gesellschaft zu verhindern, die eine Begrenzung des Anstiegs der Regelsätze der Sozialhilfe vorschlagen. Das würde über eine Million von der Sozialhilfe abhängige Kinder und die sie betreuenden Personen betreffen. Es ist angesichts der überproportionalen Kinderarmut hier zu Lande auch nicht akzeptabel, wenn die Anpassung der Sozialhilfe-Regelsätze erneut verschoben wird. An dieser Stelle sei daran erinnert, dass eine in den 90er-Jahren vermutete Verminderung des Abstands zwischen dem Einkommen von Sozialhilfebezieher- und Arbeiterhaushalten einer genauen Analyse auf der Basis der Volkswirtschaftlichen Gesamtrechnungen nicht standhielt (Lohnabstandsgebotsdebatte). Fest zu halten bleibt allerdings, dass selbst nach Verwirklichung der Karlsruher Familienbeschlüsse im Jahr 2000 durch die amtierende Regierungskoalition die Familienförderung pro Kind insgesamt niedriger liegt als Anfang der 60er-Jahre in der alten Bundesrepublik, gemessen am seinerzeitigen Arbeitseinkommen der Familienhaushalte.

Solche monetären Betrachtungen berücksichtigen allerdings noch nicht, dass die Übernahme der vielfältigen und langjährigen Alltags- und Sorgearbeit, die derzeit vornehmlich von Frauen erbracht wird, ihren Zugang zu Einkommen, beruflichen Perspektiven und Alterssicherung drastisch beschneidet.

Hauswirtschaftlich gründlich abgesicherte Modellrechnungen belegen beispielsweise, dass sich Frauen mit Hochschulabschluss nach der Geburt eines Kindes bei einer angenommenen 6-jährigen Berufsunterbrechung, und zwar unter Berücksichtigung sämtlicher Transferleistungen, Einkommenseinbußen von 540 000 DM einhandeln. Das entspricht etwa 35 Prozent des erwartbaren Lebenseinkommens, das sie nach dem gleichen Modellansatz bei einer durchgängigen Vollzeiterwerbstätigkeit erzielen würden. (Lampert 1993) Bei einer Frau mit Hauptschulabschluss entspräche das unter gleichen Bedingungen in etwa 29 Prozent des geschätzten Lebenseinkommens. Hinzu kommt, dass Eltern gleichzeitig nach wie vor mehr als drei Viertel der anfallenden Kinderkosten selbst tragen müssen: Für die Gesamtheit der Versorgungs- und Betreuungsleistungen in einer 2-Kinder-Familie lässt sich allein bis zum vollendeten 18. Lebensjahr pro Kind ein Wert von ca. 400 000 DM – bei sehr moderaten Annahmen – ermitteln.

Angesichts dieser Fakten ist es im Grunde geradezu erstaunlich, dass sich junge Frauen und Männer überhaupt noch für Kinder entscheiden. Entgegen der häufig anzutreffenden Unterstellung gegenüber der jungen Generation im Allgemeinen und den jungen Frauen im Besonderen, diese frönten lieber ihren egoistischen Interessen, ist die Entscheidung für Kinder alles andere als das: Nämlich eine nahezu altruistische Lebensentscheidung, die eben gerade keinem ökonomischen Kalkül folgt.

Allerdings zeitigt die strukturelle Rücksichtslosigkeit gegenüber dem Leben mit Kindern inzwischen ihre Wirkungen. Auf der Hand liegende ökonomische Nachteile und der Zwang zu größtenteils längerfristigen Berufsunterbrechungen mit unsicheren Wiedereinstiegsperspektiven führen immer häufiger zu Lebensmustern ohne Kinder, selbst bei Ehepaaren. Betrachtet man die Verteilung der erwachsenen Bevölkerung auf verschiedene Lebensformen, so fällt auf, dass in Ostdeutschland der Anteil von Verheirateten mit minderjährigen Kindern inzwischen nur knapp über 20 Prozent beträgt. In den alten Bundesländern liegt der entsprechende Anteil von Ehepartnern mit Kindern unter 18 Jahren mit 27 Prozent nicht gravierend höher. (Weick 1999, S. 12) Der «Familiensektor» schrumpft demnach erheblich und wird auch durch andere Lebensformen mit Kindern nicht nennenswert kompensiert: Zu beachten ist, dass in Gesamtdeutschland ca. 85 Prozent aller Kinder unter 18 Jahren mit verheirateten Eltern (einschließlich Wiederverheiratung) aufwachsen, lediglich 15 Prozent leben mit einem Elternteil oder mit nicht verheirateten Erwachsenen zusammen.

Die Bundesrepublik Deutschland weist innerhalb der Europäischen Union die niedrigste Geburtenrate auf, obwohl sich die Mehrheit der jungen Frauen und Männer zwischen 16 und 24 Jahren in der übergroßen Mehrheit ein Leben mit Kindern wünscht. Erst zu einem späteren Zeitpunkt, wenn die vielfältigen Schwierigkeiten der Realisierung von Lebensmodellen mit Kind und Beruf konkret vor Augen stehen, korrigieren sie ihren Lebensplan und verzichten auf Kind(er), je höher das Bildungs- und Qualifikationsniveau, umso häufiger. Ein Viertel der heute 40-jährigen Frauen in den Alt-Bundesländern hat keine Kinder. Tendenz steigend.

In Diskussionen um die Folgen drastisch rückläufiger Geburtenzahlen hier zu Lande wird nach wie vor ernsthaft das Argument vorgebracht, dieser Rückgang werde doch in einer Einwanderungsgesellschaft wie Deutschland durch die vergleichsweise vielen Kinder der Migrantinnen in etwa kompensiert. Einer empirischen Prüfung hält diese weit verbreitete Annahme jedoch nicht stand. Im 6. Familienbericht der Bundesregierung wird dezidiert nachgewiesen, dass die Geburtenziffern der Migrantinnen zu jedem Beobachtungszeitraum zwischen 1975 und 1993 jeweils niedriger liegen als die der einheimischen Bevölkerung. Migration ist demnach allgemein mit einem Geburtenrückgang verbunden und kann als Anpassungsstrategie an das Einwanderungsland interpretiert werden.

Die zusammengefassten Geburtenziffern bei den Frauen aller Arbeitsmigranten-Anwerbernationen ging im Zeitraum von 1975 bis 1993 drastisch zurück. Mit Ausnahme der Anwerbenation Türkei liegen die zusammengefassten Geburtenziffern aller anderen Anwerbenationen im Jahre

1993 unter der der deutschen Frauen (Italienerinnen 1,3; Griechinnen 1,2; Portugiesinnen 1,2; Spanierinnen 0,6). Lediglich bei den türkischen Migrantinnen existiert noch eine positive Nettoreproduktionsziffer von 2,5. Sie lag allerdings 1975 mit 4,3 auch deutlich über der der anderen Anwerbernationen. (Familien ausländischer Herkunft in Deutschland. 6. Familienbericht, Entwurf, S. 196)

Die Konsequenzen dieser Entwicklung liegen im Grunde auf der Hand: Eine zukunftsorientierte Politik wird nicht umhin können, die Humanvermögensbildung von einheimischen und ausländischen Familien zu einem Kernstück ihrer Konzeption zu machen.

4. Generationsübergreifende Familiensolidarität

Ungeachtet der gesellschaftlichen Tendenz zu einem insgesamt schrumpfenden Familiensektor wird in den bestehenden familialen Lebensformen Familiensolidarität zwischen den Generationen in einem weitaus stärkeren Ausmaß praktiziert, als allgemein angenommen. Deshalb muss der seit den 60er-Jahren verbreiteten These von der Isoliertheit städtischer Kernfamilien gründlich widersprochen werden. Sie ging davon aus, dass die 2-Generationen-Kernfamilie in den Wohlstandsgesellschaften unweigerlich auf sich selbst gestellt sei. Die Tatsache, dass die eigenen Eltern bzw. Schwiegereltern oder andere Verwandte nicht mehr im gleichen Haushalt wohnten, wurde fälschlicherweise als stichhaltiger Indikator für drastisch nachlassende Solidarbeziehungen zwischen Familienangehörigen und Verwandtschaften jenseits der Eltern-Kind-Gemeinschaft gewertet.

Dass diese Annahme nicht haltbar ist, verdeutlichen folgende Befunde: Einschließlich der Eltern und Kinder, die zwar nicht mehr im selben Haushalt, wohl aber im gleichen Ort wohnen und regelmäßig Kontakt untereinander pflegen, leben mindestens acht von zehn Menschen im engeren Familienverbund. Dieses soziale Phänomen wird treffend mit dem Begriff einer «Intimität auf Distanz» beschrieben. Immerhin lebten in den 90er-Jahren des 20. Jahrhunderts in Westdeutschland 28 Prozent der 10–14-jährigen Kinder im gleichen Haus oder in der Nachbarschaft der Großeltern väterlicherseits, d. h. weniger als 15 Minuten Fußweg entfernt. Weitere 52 Prozent lebten im gleichen oder in einem anderen Ort, der weniger als eine Fahrstunde entfernt lag (zusammen 80 Prozent). Diese Fakten legen es gleichzeitig nahe, sich von der Vorstellung zu trennen, die bundesrepublikanische Gesellschaft sei eine hoch mobile Gesellschaft. Allenfalls trifft das für Teile der akademisch gebildeten Schichten zu, die in der Tat eine größere regionale Mobilität an den Tag legen, um ihre beruflichen Qualifikationen zu verwerten. Hat der Vater des Kindes einen Gymnasialabschluss, reduziert sich der Anteil der Kinder, die im gleichen Haus oder in der Nachbarschaft wie die Großeltern väterlicherseits bzw. im gleichen Ort oder weniger als eine Fahrstunde entfernt leben, auf 60 Prozent. (Engstler 1998, S. 30)

Der Alters-Survey 1996 bestätigt diesen Trend. Von den 70–85-jährigen Menschen in Deutschland lebt mehr als ein Viertel mit einem Kind unter einem Dach, d. h. im selben Haushalt oder in getrennten Haushalten im selben Haus. 45 Prozent haben mindestens ein Kind in der Nachbarschaft, bei mehr als zwei Dritteln wohnt zumindest ein Kind im selben Ort. Neun von zehn der 70–85-jährigen Menschen hat zumindest ein Kind in einer Entfernung von weniger als zwei Fahrstunden wohnen. Von einer räumlichen Isolation der älteren Eltern kann demnach keine Rede sein. (Kohli 2000, S. 120)

Die gegenseitigen Unterstützungsleistungen betreffen die Bewältigung unvorhergesehener Ereignisse wie Krankheit eines Kindes oder eines Elternteils. Großmütter sind nach wie vor die wichtigste Institution in Sachen Kinderbetreuung; älteren Eltern wird umgekehrt Hilfe im Alltag zuteil, wenn ihre körperlichen und geistigen Kräfte nachlassen.

Der Alters-Survey hat außerdem zu dem Ergebnis geführt, dass private monetäre Transfers, also Geldgeschenke und finanzielle Unterstützungsleistungen schon zu Lebzeiten zwischen den Generationen mehr oder weniger reichlich fließen. Es sind meistens die Älteren, die ihre eigenen Kinder, einige auch ihre Enkel finanziell unterstützen. Umgekehrte private Transfers sind dagegen eher selten. Dabei wird allerdings deutlich, dass der private Generationenvertrag den öffentlichen Generationenvertrag nicht ersetzt, sondern vielmehr voraussetzt.

Gleichwohl sind finanzielle Ressourcen in den Familien höchst ungleich verteilt und private Transfers verstärken diese Ungleichheiten noch. (Motel/Szydlik 1999) Somit erübrigen sich auch ergänzende öffentliche Transfers an die ärmeren Familienhaushalte keineswegs. Im Gegenteil: Eine sozial gerechte Gesellschaft muss sich auch zukünftig dem Prinzip einer ausgleichenden Gerechtigkeit verpflichtet fühlen.

Als ein unverzichtbarer Bestandteil von umfassender gesellschaftlicher Solidarität übernimmt die Familie quer durch alle sozialen Gruppen ein

Aufgabenspektrum, das Staat und Kommunen nur bedingt tragen könnten. So lässt sich selbst das ausgebaute und flächendeckende Gesundheitssystem in Deutschland eher als Ergänzung zur gesundheitlichen Selbsthilfe im Netzwerk privater Haushalte bezeichnen, als dass es sich hier um einen tragenden Stützpfeiler der Gesundheit der Bevölkerung handeln würde. (Mayr-Kleffel 1991) Dieses und andere Beispiele demonstrieren nochmals sehr eindrücklich, dass es sich bei den familialen Lebensformen um unverzichtbare Leistungsträger für die Gesellschaft handelt. Eine kluge und weitsichtige Gesellschaftspolitik tut gut daran, diese Zusammenhänge bei jeder ihrer Entscheidungen gebührend zu berücksichtigen. Wer dagegen glaubt, auch zukünftig auf das Leistungspotenzial von Familien ohne Gegenleistung setzen zu können, verkennt, dass schon heute sichtbare Symptome von Stress und Überforderung existieren. Familiale Lebensformen sind auf Entlastung und Unterstützung angewiesen.

5. Humanvermögensbildung und die Notwendigkeit einer geschlechterdemokratischen Neugestaltung der Arbeitsgesellschaft

Die Debatte um die Zukunft der Arbeit erweist sich als Schlüsseldiskurs um die soziokulturellen Perspektiven von modernen Gesellschaften.

Die in dieser Debatte geläufigen Argumente von Standortsicherung und Globalisierung sind indes kaum geeignet, einen notwendigen Paradigmenwechsel in Richtung der Anerkennung von Familien- und Fürsorgearbeit als gesellschaftlich notwendiger Arbeit einzuleiten. Erst recht erscheint es den Wortführern dieser Debatte offenbar völlig abwegig zu sein, diese Tätigkeiten als der Erwerbsarbeit durchaus ebenbürtig zu betrachten und das Prinzip von hochgradiger funktionaler Spezialisierung, zumal mit Blick auf die geschlechtsspezifische Arbeitsteilung – Berufsrolle für den Mann, Hausfrauen- und Mutterrolle für die Frau – als nicht mehr zeitgemäß zu betrachten.

Solange aber – ungeachtet des tief greifenden Strukturwandels in unserer Gesellschaft – das Ideal des spezialisierten, berufsorientierten Mannes (Individuums) in Wirtschaft, Wissenschaft und Politik weiter hoch gehalten wird, der (das) heute in Frankfurt, morgen in L. A. und übermorgen in Tokio arbeitet und in der Konsequenz sämtliche Formen von Arbeit

(Eigen-, Fürsorge- und Gemeinwesenarbeit), die in und um Familie herum anfallen, nicht übernehmen kann, so lange bleibt die postmoderne Gesellschaft «absolut unglaubwürdig» bei der Beantwortung der Frage, wie eigentlich Fürsorge- und Familienarbeit künftig verlässlich organisiert werden soll. (Bertram, Ständige Familienkonferenz 1997)

Mit der Entscheidungsfreiheit der Frau, ebenfalls außerhäusig tätig zu sein, was auf Grund ihres enorm gewachsenen Bildungs- und Qualifikationspotenzials überhaupt nicht mehr zur Diskussion stehen kann, sondern einen unveräußerlichen Bestandteil von Chancengleichheit und Geschlechterdemokratie darstellt, ergibt sich mit außerordentlicher gesellschaftsrelevanter Dringlichkeit das Erfordernis, eine gesellschaftliche Neuorganisation von elterlicher und generationsübergreifender familialer Verantwortung im großen Stil einzuleiten.

Dies wird nur erreichbar sein, wenn der restriktive Arbeitsbegriff industriegesellschaftlicher Prägung überwunden wird. Ohne jeden Zweifel wird auch in einer zukunftsfähigen Gesellschaft das Einbringen von beruflicher Professionalität und Kompetenz, verbunden mit einem Einkommensanspruch ein entscheidendes Moment von sozialer Integration bleiben. Das muss auch für die weibliche Hälfte der Gesellschaft zu einer kulturellen Selbstverständlichkeit werden, jenseits von prekären Beschäftigungsverhältnissen. Gleichwohl gilt es, die Neuregulierung von berufsförmig organisierter und bezahlter Erwerbsarbeit mit einem Diskurs um ihre sozialen und ökologischen Folgen zu verbinden. Es muss in der Perspektive Wahlmöglichkeiten zwischen verschiedenen Formen und Sektoren von gesellschaftlich notwendiger Arbeit diesseits und jenseits von marktförmig organisierter Beschäftigung geben.

Das erfordert eine vorausschauende Politikgestaltung, die es allen Gesellschaftsmitgliedern unabhängig von ihrer Geschlechterzugehörigkeit ermöglicht, sich sowohl in Ausbildung und Beruf, für Familie und Gemeinwesen zu engagieren, aber auch Zeit für Kommunikation und für politische Partizipation zu haben.

Die schon heute von Frauen gelebten «Patchwork-Biografien» sind in diesem Sinne als Zukunftsmodelle eines vielseitigen, verantwortlichen Erwachsenendaseins zu werten, die allerdings in ihrem pluralen Zuschnitt zur gesellschaftlichen Norm erhoben, sozialpolitisch unterstützt und materiell wie moralisch anerkannt werden müssen. Dann und nur dann werden sie auch für die männliche Hälfte der Gesellschaft attraktiv.

Eine am modernen Chancengleichheitspostulat orientierte Entwicklung eines zukunftsfähigen, lebenswerten Ideals von Arbeit hätte demzufolge das Ganze von Arbeit, von Ökonomie in den Blick zu nehmen. Mit anderen Worten: Frauen als Subjekte von Ökonomie und Mitproduzentinnen des Humanvermögens wahrzunehmen, stellt im Grunde **die** wesentliche Herausforderung eines modernen und zukunftsweisenden Arbeitskonzepts dar.

In der sozialen Chancengleichheit der Geschlechter und ihrer gerechten Neuverteilung auf die verschiedenen Formen von gesellschaftlich notwendiger Arbeit, aber auch einer adäquaten Berücksichtigung reproduktiver Bedürfnisse entlang von Lebensläufen und Familienbiografien liegt das Maß für die Zukunftsfähigkeit von Gesellschaft. Damit würde die Gesellschaft zugleich die Humanvermögensbildung ihrer Mitglieder generationsübergreifend sichern, jene Ressource, von der die Zukunft und Lebensqualität der Bundesrepublik maßgeblich abhängt.

Literatur

Bergmann, Christine: *Familienpolitische Zwischenbilanz.* In: SPD-Projektgruppe «Zukunft der Familie und sozialer Zusammenhalt»: Zukunft Familie. Berlin 2000

Bertram, Hans: *Eltern und Kinder: Erziehung für eine ungewisse Zukunft.* In: Ständige Familienkonferenz, Perspektiven der Erziehung im gesellschaftlichen Wandel, Bonn 1997

Bourdieu, Pierre: *Ökonomisches Kapital, kulturelles Kapital, soziales Kapital.* In: Kreckel, R. (Hg.): Soziale Ungleichheiten. (Soziale Welt) Sonderband 2. Göttingen 1983, S. 35–74

Bundesministerium für Familie, Senioren, Frauen und Jugend (Hg.): *Familien ausländischer Herkunft in Deutschland.* Sechster Familienbericht. Entwurf Juni 1999

Bundesministerium für Familie und Senioren (Hg.): *Familien und Familienpolitik im geeinten Deutschland – Zukunft des Humanvermögens.* Fünfter Familienbericht. Bonn 1994

Deutscher Frauenrat (Hg.): *Familie entlasten.* Sonderheft 1999

Engstler, Heribert: *Die Familie im Spiegel der amtlichen Statistik* (aktualisierte und erweiterte Neuauflage) Bonn 1998

Honneth, Axel: *Pathologien des Sozialen.* Frankfurt a. M. 1994

Kohli, Martin: *Wohnen, Vererben, Geben: Das Generationsverhältnis in der Familie.* In: SPD-Projektgruppe «Zukunft der Familie und sozialer Zusammenhalt»: Zukunft Familie. Berlin 2000, S. 119–128

Krüsselberg, Hans-Günter: *Humanvermögen in der Sozialen Marktwirtschaft.* In: Klein, W.; Paraskewopoulos, S.; Winter, H.: Soziale Marktwirtschaft. Ein Modell für Europa. Berlin 1994

Krüsselberg, Hans-Günter: *Der vermögenstechnische Zugang zur Familienpolitik.* Philipps-Universität Marburg, Fachbereich Wirtschaftswissenschaften. Volkswirtschaftliche Beiträge, Nr. 01/2000.

Lampert, Heinz: *Wer «produziert» das Humanvermögen einer Gesellschaft?* In: Glatzel, Norbert/Kleindienst, Eugen (Hg.): Die personale Struktur des gesellschaftlichen Lebens, Festschrift für Anton Rauscher. Berlin 1993

Mayr-Kleffel, Verena: *Frauen und ihre sozialen Netzwerke: Auf der Suche nach einer verlorenen Ressource.* Opladen 1991

Meier, Uta: *Familienhaushalte als Produktionsstätten von kulturellem und sozialem Kapital – Zur gesellschaftlichen Bedeutung des vermeintlich Privaten.* In: Hauswirtschaft und Wissenschaft 6/1995, S. 243–250

Motel, Andreas/Szydlik, Marc: *Private Transfers zwischen Generationen.* In: Zeitschrift für Soziologie 1999, S. 3–22

Richter, Ingo: *Die sieben Todsünden der Bildungspolitik.* Wien 1999

Schweitzer, Rosemarie von: *Geschlechtersolidarität und Modernität in der Familienforschung.* In: Gabriel, K.; Herlth, A.; Strohmeier, K. P. (Hg.): Modernität und Solidarität. Konsequenzen gesellschaftlicher Modernisierung. Freiburg, Basel, Wien 1997, S. 29–58

Weick, Stefan: *Steigende Bedeutung der Familie nicht nur in der Politik.* In: Informationsdienst sozialer Indikatoren (ISI), Juli 1999, S. 12–15

Heribert Engstler

Der Wandel der Lebens- und Familienformen im Spiegel der amtlichen Statistik

Möchte man wissen, wie sich die Veränderungen der Lebensformen der Bevölkerung Deutschlands in der amtlichen Statistik über die Familien zeigen, stößt man bald an Grenzen. Hauptauskunftsquelle ist der Mikrozensus, die seit 1957 in den alten und seit 1991 auch in den neuen Bundesländern im allgemeinen jährlich durchgeführte Repräsentativerhebung des Statistischen Bundesamts bei rund einem Prozent der Privathaushalte. Es ist zweifellos die zuverlässigste und – angesichts der zur Zeit rund 375 000 in die Befragung einbezogenen und zur Auskunft gesetzlich verpflichteten Haushalte – auch die repräsentativste Bevölkerungsumfrage, die tiefe regionale und soziale Differenzierungen ermöglicht. Allerdings enthält der Fragenkatalog nur einen kleinen, seit Jahrzehnten nahezu unveränderten Satz von Fragen zu den Familienverhältnissen. Diese beschränken sich im Wesentlichen auf die Zusammensetzung des Haushalts, das Verwandtschaftsverhältnis der übrigen Haushaltsmitglieder zur so genannten Bezugsperson des Haushalts sowie einige Basisinformationen über die Haushaltsmitglieder. Aufgrund seiner strikten Ausrichtung auf den Haushalt und das Koresidenzprinzip bleiben im Mikrozensus alle haushaltsübergreifenden Familienstrukturen unbeobachtet. Die in der Familiensoziologie insbesondere in den letzten bei den Jahrzehnten ausgeweitete Perspektive auf die Familie als soziales Netzwerk, die unter anderem zur Betonung der haushaltsübergreifenden Familienstrukturen und der «multilokalen Mehrgenerationenfamilie» (Bertram) geführt hat, ging an der amtlichen Familienstatistik bislang nahezu spurlos vorüber. Deren Perspektive endet sozusagen an der Wohnungstür.

Ärgerlicher als diese grundsätzliche Beschränkung auf die Haushaltsstrukturen ist jedoch das Festhalten der amtlichen Familienstatistik an einer überkommenen, die tatsächliche Vielfalt der Familien (auch innerhalb der Haushalte) ausblendenden Familientypologie. Sie orientiert sich viel zu sehr an der Ehe und viel zu wenig an den Eltern-Kind-Konstellationen. So beschränkt sie sich bei den Familien mit Kindern im Haushalt auf die grobe Unterscheidung zwischen Ehepaaren und Alleinerziehenden. Unverheiratete Elternpaare werden schlicht den Alleinerziehenden zugeordnet, wobei die Zuordnung zu den Müttern oder Vätern davon abhängen kann, wer sich im Haushaltsfragebogen als erste Person einträgt. Dass es sich bei zusammenlebenden Elternpaaren ohne Trauschein nicht um Alleinerziehende handelt, ließ sich bislang unter Hinweis auf das im Allgemeinen fehlende gemeinsame Sorgerecht ignorieren. Das kürzlich verabschiedete Gesetz, das es unverheirateten Elternpaaren erlaubt, auf einfache Weise das gemeinsame Sorgerecht zu beantragen, und als Regelfall nach einer Scheidung die Beibehaltung des gemeinsamen Sorgerechts vorsieht, macht eine Abkehr von der dichotomen Typisierung der Familien in Ehepaarfamilien versus Alleinerziehende dringend notwendig. Man kann sich zwar schon jetzt etwas behelfen, indem man die offizielle Zahl der Alleinerziehenden um die an anderer Stelle ausgewiesenen nichtehelichen Lebensgemeinschaften mit Kindern im Haushalt verringert und diese nichtehelichen Gemeinschaften mit Kindern als zusätzlichen Familientyp ausweist. Allerdings handelt es sich bei diesen Haushalten um durchaus heterogene Familienkonstellationen, von gemeinsamen leiblichen Eltern eines oder mehrerer Kinder, die sich von den Ehepaaren hauptsächlich durch das Fehlen des Trauscheins unterscheiden, bis zu – ehemals – Alleinerziehenden, die einen neuen Partner haben.

Um die Vielfalt der Familienkonstellationen angemessen zu erfassen, wären Fragen nach den genauen Verwandtschafts- und Abstammungsverhältnissen zwischen den Haushaltsmitgliedern notwendig. Damit ließen sich endlich auch gesicherte Daten zum Ausmaß und zur Struktur der Stief- bzw. Fortsetzungsfamilien gewinnen. Denn obwohl diese Familienformen im Zuge der gestiegenen Scheidungshäufigkeit und der zahlreichen Folgeehen sowie der nichtehelichen Paarkonstellationen mit Kindern aus früheren Ehen/Beziehungen zugenommen haben und als «Patchwork-Familien» in aller Munde sind, kommen sie in der amtlichen Familienstatistik nicht vor. Eine differenziertere Erfassung der Familienformen und Eltern-Kind-Konstellationen im Mikrozensus ist daher geboten. Da das Erhebungsprogramm des Mikrozensus per Gesetz und Verordnung weitgehend festgeschrieben ist, bedarf es allerdings aktiver Überzeugungsarbeit, um diese Differenzierungen in den festgelegten Merkmalskatalog aufzunehmen.

Trotz aufgezeigter Lücken und Mängel im Erhebungs- und Auswertungsprogramm ist der Mikrozensus immer noch die zentrale Informationsquelle für die Beschreibung der Lebens- und Familienformen und ihres Wandels. Die Konstanz des Erhebungs- und Auswertungsprogramms bietet nicht nur Nachteile; ein Vorteil ist die Möglichkeit der kontinuierlichen Betrachtung über lange Zeiträume. Man muss sich allerdings der Einschränkungen und Grenzen bewusst sein und sich vor Fallstricken und Fehlinterpretationen hüten.

Die regelmäßig fortgeführten und in der entsprechenden Fachserie des Statistischen Bundesamts ausgewiesenen Zeitreihen zur Struktur der Haushalte und Familien reichen für Westdeutschland im Allgemeinen zurück bis zum Jahr 1972, für Ostdeutschland beginnen sie mit dem Jahr 1991. Anfang der siebziger Jahre hatte das «goldene Nachkriegs-Zeitalter» der bürgerlichen Ehe und Familie, unter anderem gekennzeichnet durch eine weitgehende Universalität von Ehe und Elternschaft (hoher Verheiratungsgrad, geringe Kinderlosigkeit, niedrige Scheidungsrate, biographisch frühe Familiengründung, enge Verbindung zwischen Ehe und Elternschaft) und einer ausgeprägten geschlechtsspezifischen Arbeitsteilung, seinen Zenit schon überschritten. Dennoch war die starke Dominanz der ehelichen Gemeinschaft mit Kindern, verglichen mit der ersten Hälfte des Jahrhunderts und den nachfolgenden Jahrzehnten noch unübersehbar. Bei der Betrachtung des Wandels der letzten Dekaden muss beachtet werden, dass das Referenzjahr zu einer Zeit am Ende der Nachkriegsrenaissance der ehelichen Kernfamilie und des abgeschlossenen Geburtenbooms der Nachkriegszeit zählt. 1972 waren im früheren Bundesgebiet 83,5 Prozent der 25- bis 44-Jährigen verheiratet zusammenlebend, und 80,6 Prozent lebten in Familienhaushalten mit zwei und mehr Generationen. Bei 58 Prozent der westdeutschen Ehepaare mit Kindern war nur der Mann erwerbstätig. Im Jahr 1998 waren in dieser Altersgruppe noch 59,3 Prozent verheiratet zusammenlebend, nur 62,5 Prozent lebten in Haushalten mit Angehörigen von zwei und mehr Generationen in direkter Abstammung, und der Anteil der Hausfrauenehen unter den westdeutschen Ehepaaren mit Kindern hat sich auf 30,7 Prozent verringert. Dies verdeutlicht, wie sehr die Verbreitung von Ehe und Familie in der Lebensphase, in der die meisten Familiengründungen und Eheschließungen erfolgen, und das Muster der Hausfrauenehe in Westdeutschland zurückgegangen ist. Auch in Ostdeutschland sinkt der Anteil der Menschen, die im jüngeren und mittleren Erwachsenenalter heiraten und eine Familie gründen, besonders stark in den Jahren seit der

Abbildung 1 ■ ***Zu-/Abnahme des Anteils verschiedener Lebensformen in der Bevölkerung ab 18 Jahren im früheren Bundesgebiet, 1996 gegenüber 1972***

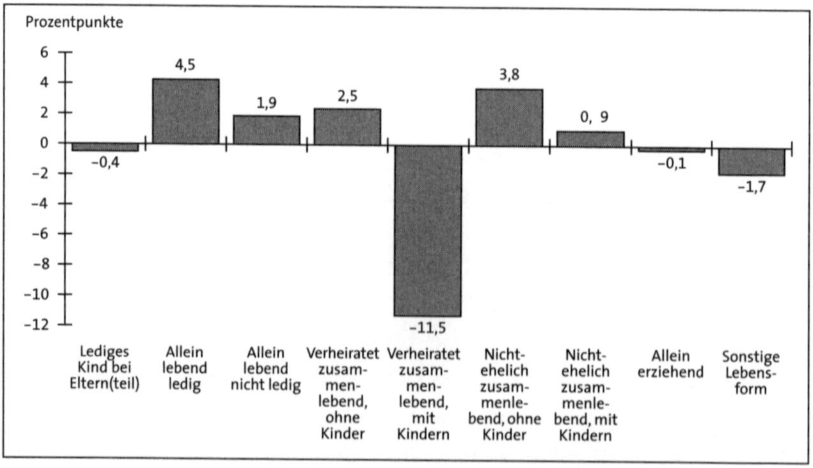

Quelle: Engstler 1998, S. 26.

Wiedervereinigung. Der Anteil verheiratet Zusammenlebender unter den 25- bis 44-Jährigen schrumpfte von 1991 bis 1998 von 74,0 auf 58,3 Prozent, der Anteil derer, die einen Haushalt mit mindestens zwei Generationen führen, verringerte sich weniger stark von 83,8 Prozent (1991) auf 73,3 Prozent (1998). Der Anteil ostdeutscher Ehepaare mit Kindern, bei denen nur der Mann erwerbstätig ist, stieg in den neunziger Jahren allerdings von 14,6 Prozent (1991) auf 19,2 Prozent (1998) an.

Bei einer genaueren Betrachtung der Entwicklung der Lebensformen der gesamten erwachsenen Bevölkerung in den alten Bundesländern lässt sich erkennen, dass sich der relative Rückgang des Lebens in Familienhaushalten fast ausschließlich auf den Haushaltstyp des Ehepaars mit Kindern konzentriert (vgl. Abb. 1). Lebten 1972 noch 43,3 Prozent der westdeutschen Bevölkerung in solchen Haushalten, waren es 1996 nur noch 31,8 Prozent. Zugenommen hat hingegen der Anteil der nichtehelichen Lebensgemeinschaften mit Kindern, der verheiratet oder unverheiratet zusammenlebenden Paare ohne Kinder im Haushalt und der Alleinlebenden. Der Anteil der Alleinerziehenden im engeren Sinne (d. h. abzüglich der nichtehelichen Lebensgemeinschaften mit Kindern) innerhalb der Bevölkerung ab 18 Jahren betrug sowohl 1972 als auch 1998 nur rund 3,3 Prozent.

Der anteilmäßige Rückgang der in Mehrgenerationenhaushalten lebenden Bevölkerung hat zahlreiche Gründe, von denen die wichtigsten hier nur stichwortartig genannt werden können:

- die Verlagerung der Familiengründung in ein höheres Alter;
- der wachsende Anteil dauerhaft kinderlos Bleibender;
- die etwas gesunkene Kinderzahl in den Familien (Rückgang kinderreicher Familien) und die Verkürzung des Geburtenabstands zwischen den Geschwistern;
- das gestiegene Scheidungsrisiko;
- die Ausdehnung der nachelterlichen Lebensphase («empty nest») u.a. durch die längere Lebenserwartung;
- die häufigere und länger andauernde selbständige Haushaltsführung im Alter.

Tabelle 1 enthält kohortenspezifische Indikatoren zur Fruchtbarkeit der zwischen 1901 bis 1965 geborenen Frauen. Ein Blick auf die älteren Frauenjahrgänge offenbart, dass ein Viertel der zu Beginn des letzten Jahrhunderts geborenen Frauen keine Kinder bekommen hat. Dies dürfte maßgeblich auf die ungünstigen Bedingungen durch den 1. Weltkrieg (Abwesenheit und Verlust der Männer) und die Weltwirtschaftskrise zurückzuführen sein. Am seltensten ohne eigene Kinder geblieben sind im Westen Deutschlands mit 10 Prozent die zwischen 1930 und 1940 geborenen Frauen, im Osten mit nur 6 Prozent die Mitte der fünfziger Jahre geborenen Frauen. Steigende dauerhafte Kinderlosigkeit war in Deutschland bis vor kurzem nur ein westdeutsches Phänomen. Dort hat der Verzicht auf Elternschaft in den letzten Jahrzehnten stark zugenommen. Nach neuen Schätzungen ist davon auszugehen, dass über 30 Prozent der 1965 geborenen westdeutschen Frauen keine eigenen Kinder haben wird. Wie aus Tabelle 1 zu erkennen ist, nimmt nun jedoch auch in Ostdeutschland die Zahl kinderlos Bleibender zu, bei den jüngeren Jahrgängen geradezu sprunghaft. Es muss damit gerechnet werden, dass über ein Viertel der 1965 geborenen Frauen nicht Mutter wird. Ein zentrales Merkmal der aktuellen familiendemographischen Entwicklung ist darin zu sehen, dass immer weniger Familien gegründet werden. Die zeitweise – insbesondere in Ostdeutschland – erreichte Universalität von Elternschaft in dem Sinne, dass diejenigen, die Kinder bekommen können, auch welche bekommen, ist Vergangenheit. Auffällig ist zudem das im europäischen Vergleich sehr hohe Ausmaß dauerhafter Kinderlosigkeit in Deutschland.

Betrachtet man den schrumpfenden Anteil derer, die eine Familie gründen und Kinder bekommen, fällt auf, dass die durchschnittliche Zahl der Kinder in den Familien seit einigen Jahrzehnten einigermaßen konstant geblieben ist. Die 1965 geborenen westdeutschen Frauen mit Kindern werden im Durchschnitt 2,06 Kinder bekommen, genauso viele wie die

Tabelle 1 **_Geschätzte endgültige Kinderzahl der 1901 bis 1965 geborenen Frauen_**

Geburtsjahr der Frau	Frauenanteil in %				Mittlere Kinderzahl je Frau	Mittlere Kinderzahl je Mutter	Anteil geschwisterlos gebliebener Erstkinder[1] in %
	ohne Kinder	mit 1 Kind	mit 2 Kindern	mit 3 und mehr Kindern			
Früheres Bundesgebiet							
1901/05	26	26	23	25	1,83	2,47	35
1911/15	19	28	28	25	1,87	2,31	35
1921/25	17	29	29	25	1,84	2,22	35
1931/35	10	24	33	33	2,17	2,41	27
1940	10,1	23,6	39,4	27,0	1,97	2,19	26,2
1945	13,3	26,9	39,4	20,4	1,78	2,05	31,1
1950	14,9	27,2	39,5	18,5	1,70	2,00	31,9
1955	19,4	24,3	38,5	17,8	1,62	2,00	30,1
1960	23,3	21,6	37,4	17,8	1,57	2,05	28,1
1965	31,2				1,42	2,06	
Ehemalige DDR/Neue Länder und Berlin-Ost							
1940	8,9	33,2	47,4	10,5	1,98	2,17	36,4
1945	8,5	33,0	47,7	10,8	1,86	2,03	36,1
1950	8,0	29,3	49,6	13,1	1,79	1,95	31,9
1955	6,0	25,7	53,7	14,6	1,82	1,94	27,3
1960	10,6	20,7	54,0	14,8	1,77	1,98	23,1
1965	26,4				1,42	1,93	

Quellen: für die Geburtsjahrgänge 1901/05 – 1931/35: Schwarz 1999, S. 242; für die Geburtsjahrgänge 1940 – 1960: Dorbritz 1998, S. 200; für den Geburtsjahrgang 1965: Roloff/Dorbritz 1999, S. 21; Zahlen zur Kinderzahl der Mütter und zur Geschwisterlosigkeit: eigene Berechnungen.

1) Dieser entspricht dem Anteil der Frauen mit mehr als einem Kind an allen Frauen mit Kindern.

zwanzig Jahre vor ihnen geborenen Frauen mit Kindern. Die 1965 geborenen ostdeutschen Frauen, die nicht kinderlos bleiben, werden im Durchschnitt 1,93 Kinder haben. Dies ist zwar weniger als die Vergleichszahl 1960, entspricht aber nahezu dem Durchschnitt der 1950 geborenen Frauen mit Kindern. Das heißt: Insgesamt verzichtet zwar ein wachsender Teil der Angehörigen der jüngeren Generationen auf Kinder; wer jedoch eine Familie gründet, entscheidet sich in hohem und kaum veränderten Maße für mindestens zwei Kinder. In Ostdeutschland hat die Bereitschaft, nach dem ersten noch ein zweites und nach dem zweiten auch ein drittes Kind zu bekommen, im Kohortenvergleich sogar zugenommen. So haben von den 1960 geborenen Frauen mit einem Kind ca. 77 Prozent auch ein zweites Kind bekommen, gegenüber nur 64 Prozent der 1940 und 68 Prozent der 1950 geborenen Frauen (s. Tab. 1). In den alten Bundesländern ist die Wahrscheinlichkeit etwas geringer, nach dem ersten auch ein zweites Kind zu bekommen. Dafür entscheiden sich diejenigen mit zwei Kindern häufiger als in Ostdeutschland zu dritten Kindern. Bislang gibt es demnach keinen Trend zur Ein-Kind-Familie. Es besteht vielmehr die Tendenz zu einer Aufteilung in den wachsenden Teil derer, die keine Kinder bekommen und diejenigen, die sich für mindestens zwei Kinder entscheiden.

Eine auffällige Veränderung in den Mustern der Familiengründung ist der steigende Anteil nichtehelich geborener Kinder. Besonders stark zugenommen hat dieser in Ostdeutschland. 1998 wurden in den neuen Bundesländern bereits 47,2 Prozent der Kinder außerhalb der Ehe geboren, in den alten Bundesländern 15,9 Prozent. Dies darf jedoch nicht als Indikator für die Zunahme der Alleinerziehenden gedeutet werden. Denn oft handelt es sich um unverheiratet zusammenlebende Paare, von denen viele nach der Geburt des Kindes heiraten. Nach Ergebnissen des Family and Fertility Survey von 1992 haben rund 83 Prozent der westdeutschen und 67 Prozent der ostdeutschen Paare ohne Trauschein nach der Geburt eines Kindes geheiratet (Lauterbach 1999, S. 249). 1997 waren 9,1 Prozent aller westdeutschen und 24,7 Prozent der ostdeutschen Brautpaare zum Zeitpunkt ihrer Eheschließung bereits Eltern gemeinsamer Kinder. Der Anstieg des Anteils nichtehelich geborener Kinder geht daher zu großen Teilen auf die Zunahme des vor- und nichtehelichen Zusammenlebens der Paare zurück.

Leider lassen sich aus den zuvor genannten Gründen die Haushaltsformen, in denen Kinder aufwachsen, nur in groben Kategorien benennen. 1998 lebten 82,9 Prozent aller 15,45 Mio. ledigen Kinder unter 18 Jahren in Haushalten von Ehepaaren, 4,6 Prozent bei ledigen Müttern, 9,9 Prozent bei getrennt lebenden/geschiedenen (8,8 %) oder verwitweten Müttern (1,1 %) und 2,6 Prozent bei allein stehenden Vätern. Es muss jedoch darauf hingewiesen werden, dass sich darunter auch die Kinder unverheirateter Elternpaare befinden. 1998 gab es mindestens eine halbe Million minderjähriger Kinder bei nichtehelichen Lebensgemeinschaften.

Die Stabilität der Ehen und Familien hat abgenommen. Während von den 1950 geschlossenen westdeutschen Ehen in den darauf folgenden 25 Jahren nur rund 10 Prozent geschieden wurden, waren es von den 1990 geschlossenen Ehen bereits nach fünf Jahren ebenfalls 10 Prozent (s. Abb. 2, S. 242). Gemessen an den gegenwärtigen ehedauerspezifischen Scheidungsziffern ist davon auszugehen, dass inzwischen rund 35 Prozent der Ehen in Deutschland mit einer Scheidung enden.

Schätzungen des Bundesinstituts für Bevölkerungsforschung weisen darauf hin, dass die Wahrscheinlichkeit, nach einer Ehescheidung nochmals zu heiraten, insbesondere seit Beginn der neunziger Jahre sinkt. Gemessen an den Wiederheiratsziffern von 1996 dürften rund 55 Prozent der geschiedenen Männer und 61 Prozent der geschiedenen Frauen erneut heiraten (Roloff/Dorbritz 1999, S. 28). Allerdings sind diese Schätzungen mit einigen Unsicherheiten behaftet, da die deutsche Heiratsstatistik bei Eheschließungen Geschiedener – im Gegensatz zu vielen anderen europäischen Ländern – nicht das Scheidungsdatum oder zumindest Scheidungsjahr der vorherigen Ehe ausweist. Es bleibt zu hoffen, dass diese statistische Lücke irgendwann geschlossen wird.

Die geschilderten Veränderungen im Prozess der Familiengründung und des weiteren Familienverlaufs machen deutlich, dass Familien im Verlauf ihrer Entwicklung zunehmend Umbrüche in ihrer Familienstruktur erleben. Je älter die Kinder sind, desto häufiger wohnen sie bei getrennt lebenden und geschiedenen Müttern und Vätern oder in anderen Familienkonstellationen ohne beide leibliche Eltern. Schätzungen auf der Basis von Daten der westdeutschen Scheidungsstatistik kommen zu dem Ergebnis, dass ca. 12 – 15 Prozent der Kinder von Ehepaaren vor Erreichen der Volljährigkeit mit der elterlichen Scheidung konfrontiert werden (Engstler 1998, S. 93). Nach Ergebnissen des DJI-Familiensurveys lebten 1994 im Alter von 16 bis 17 Jahren in den alten Bundesländern noch 8 von 10 Jugendlichen, in den neuen Bundesländern 6 von 10 bei ihren verheira-

Abbildung 2 ■ ***Ehedauerspezifische Scheidungshäufigkeit der Heiratsjahrgänge 1950 bis 1990 im früheren Bundesgebiet und des Heiratsjahrgangs 1991 in den neuen Bundesländern***

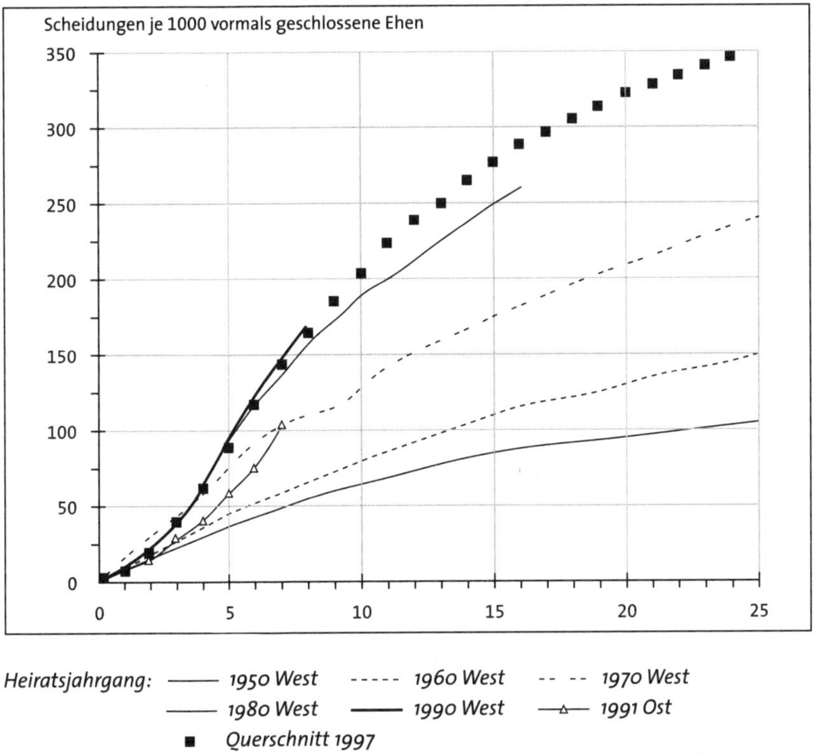

Quelle: Engstler 1998, S. 91; Emmerling 1999, S. 935; Statistisches Bundesamt, Fachserie 1, Reihe 1: Gebiet und Bevölkerung (verschiedene Jahrgänge); eigene Berechnungen.

teten leiblichen Eltern (Alt/Weidacher 1996, S. 214). Auswertungen des Family and Fertility Surveys, bei dem 1992 rund zehntausend deutsche Männer und Frauen im Alter von 20 bis 39 Jahren befragt wurden, haben ergeben, dass rund 21 Prozent der westdeutschen Mütter und etwa 46 Prozent der ostdeutschen Mütter eine oder mehrere Phasen als allein erziehende Mutter bewältigt haben (Roloff/Dorbritz 1999, S. 111). Vergleicht man in der amtlichen Familienstatistik die Verteilung der Kinder unterschiedlichen Alters auf die dort ausgewiesenen Familientypen Mitte der siebziger mit der Situation Ende der neunziger Jahre, sticht vor allem der Rückgang des Anteils der bei Ehepaaren lebenden Kinder ins Auge (s. Tab. 2).

Tabelle 2 ▬ ***Ledige Kinder unter 18 Jahren in Familien nach Alter und Familientyp im früheren Bundesgebiet, 1975 und 1998***

Alter der Kinder und Familientyp	1975	1998	Zu-/Abnahme 1975 – 1998
	in % der Gleichaltrigen		in %-Punkten
Kinder unter 3 Jahren			
– bei Ehepaaren	95,6	87,4	-8,2
– bei allein stehenden Müttern	4,1	9,9	+5,8
darunter: bei ledigen Müttern	1,8	6,2	+4,4
bei getrennt l./gesch. Müttern	1,9	3,5	+1,6
– bei allein stehenden Vätern	0,3	2,7	+2,4
Kinder im Alter von 3 - 9 Jahren			
– bei Ehepaaren	94,1	85,8	-8,3
– bei allein stehenden Müttern	5,3	12,3	+7,0
darunter: bei ledigen Müttern	0,7	3,7	+3,0
bei getrennt l./gesch. Müttern	3,5	7,9	+4,4
– bei allein stehenden Vätern	0,6	1,9	+1,3
Kinder im Alter von 10 - 17 Jahren			
– bei Ehepaaren	90,9	83,8	-7,1
– bei allein stehenden Müttern	7,9	13,2	+5,3
darunter: bei ledigen Müttern	0,4	1,8	+1,4
bei getrennt l./gesch. Müttern	3,8	9,8	+6,0
– bei allein stehenden Vätern	1,2	2,9	+1,7
Kinder unter 18 Jahren			
– bei Ehepaaren	92,7	85,2	-7,5
– bei allein stehenden Müttern	6,5	12,3	+5,9
darunter: bei ledigen Müttern	0,7	3,3	+2,6
bei getrennt l./gesch. Müttern	3,5	8,0	+4,6
– bei allein stehenden Vätern	0,9	2,5	+1,6

Quelle: Eigene Berechnungen aus Angaben in Statistisches Bundesamt 1999, S. 285ff. Allein stehend = unverheiratet oder verheiratet-getrennt lebend; die Alleinstehenden können auch einen Lebenspartner im Haushalt haben.

Die Familienformen sind wieder vielfältiger geworden. Die zahlenmäßige Dominanz der (Erst-)Ehe mit Kindern nimmt etwas ab, der Anteil der Alleinerziehenden, der unverheirateten Elternpaare sowie der Fortsetzungs- bzw. Stieffamilien nimmt zu. Dennoch darf nicht übersehen werden, dass nach wie vor das Ehepaar mit Kind(ern) mit großem Abstand der Familientyp Nr. 1 ist. (Er müsste eigentlich weiter differenziert werden – vor allem nach den Kindschaftsverhältnissen und der Erwerbsbeteiligung der Mütter.) 1998 gehörten diesem Familientyp 78,2 Prozent aller Familien mit ledigen Kindern im Haushalt an (Tab. 3).

Tabelle 3 ■ ***Familien mit ledigen Kindern im Haushalt nach Familientyp, 1991 und 1998***

Familientyp	1972		1991		1998	
	Tsd.	%	Tsd.	%	Tsd.	%
Deutschland						
Ehepaare			11098	81,4	10135	78,2
Nichtehel. Lebensgemeinschaften[1)]			378	2,8	557	4,3
Alleinerziehende[2)]			2163	15,9	2267	17,5
Zusammen			**13639**	**100**	**12959**	**100**
Früheres Bundesgebiet						
Ehepaare	9634	86,8	8811	82,6	8283	80,1
Nichtehel. Lebensgemeinschaften[1)]	25	0,2	198	1,9	327	3,2
Alleinerziehende[2)]	1437	13,0	1659	15,6	1737	16,8
Zusammen	**11095**	**100**	**10668**	**100**	**10347**	**100**
Neue Länder und Berlin-Ost						
Ehepaare			2287	77,0	1852	70,9
Nichtehel. Lebensgemeinschaften[1)]			180	6,1	230	8,8
Alleinerziehende[2)]			504	17,0	530	20,3
Zusammen			**2971**	**100**	**2612**	**100**

Quelle: eigene Berechnungen aus Zahlenangaben in Statistisches Bundesamt 1999.
1) 1972 und 1991: Zwei nicht miteinander verheiratete oder verwandte Personen unterschiedlichen Geschlechts mit ledigen Kindern, aber ohne weitere Personen im Haushalt (einschl. Paare, bei denen beide Partner jeweils eigene Kinder im Haushalt haben); Schätzung aus Ergebnissen des Mikrozensus; 1998: Selbstdeklaration der Lebenspartnerschaft mit der Haushaltsbezugsperson durch nicht mit ihr verwandte Haushaltsmitglieder.
2) Ohne Lebenspartner im Haushalt; Schätzung.

Ein wichtiges Pluralisierungselement der familialen Lebensformen sei nur noch am Rande erwähnt: die Zunahme ausländischer Familien. (vgl. dazu den Beitrag von Nauck S. 177ff.) Daneben gibt es aber auch Nivellierungstendenzen. Beispielsweise haben sich die vormals erheblichen Unterschiede in der Erwerbsbeteiligung der Mütter zwischen Ost- und Westdeutschland in den vergangenen Jahren verringert. 1991 waren nur 41,3 Prozent der westdeutschen Mütter mit mindestens einem Kind unter 6 Jahren erwerbstätig, gegenüber 79,3 Prozent der ostdeutschen Mütter. Im Jahr 1998 betrugen die beiden Erwerbstätigenquoten 47,4 Prozent (alte Bundesländer) und 57,1 Prozent (neue Bundesländer). Im Osten Deutschlands sind nun weniger Mütter mit Klein- und Vorschulkindern erwerbstätig, im Westen mehr.

Bislang beschränkte sich die Beschreibung der Familienstrukturen und ihres Wandels auf die im gleichen Haushalt wohnenden Familienangehörigen. Diese Beschränkung mag für die Beobachtung der Familien in ihrer Gründungs-, Erweiterungs- und Konsolidierungsphase vertretbar sein, wenn die Kinder überwiegend noch bei den Eltern wohnen. Sie unterschlägt jedoch weitgehend das Familienleben und die familialen Generationenbeziehungen in späteren Familienphasen, wenn die Kinder den elterlichen Haushalt verlassen. Der Blick auf die Haushaltsstrukturen Älterer mit dem wachsenden Anteil der Paarhaushalte ohne Kinder und der Einpersonenhaushalte verleitet dann allzu schnell zum Eindruck nachlassenden oder fehlenden Familienlebens im Alter. Repräsentativstudien zu den haushaltsübergreifenden Familienstrukturen und zu den familialen Netzwerken offenbaren demgegenüber eine ganz andere Wirklichkeit. Sie zeigen, dass ein Großteil der erwachsenen Kinder nicht weit von den Eltern entfernt wohnt, Eltern und erwachsene Kinder häufig und regelmäßig Kontakt miteinander haben und sich gegenseitig unterstützen. Nach den Ergebnissen des Alters-Surveys 1996 lebt ein Viertel (25,4%) der 55- bis 69-jährigen befragten Eltern und 9 Prozent der 70- bis 85-jährigen Eltern noch oder wieder mit einem der Kinder zusammen im gemeinsamen Haushalt. Von den übrigen Müttern und Vätern dieses Alters haben 66 Prozent mindestens ein Kind, das im selben Ort wohnt, sehr oft in unmittelbarer Nachbarschaft oder im selben Haus (s. Tab. S. 239).

Tabelle 4 ■ ***Wohnentfernung und Kontakthäufigkeit 55- bis 85-jähriger Eltern zu den Kindern, 1996***

Wohnentfernung und Kontakthäufigkeit	Alter der Befragten (in Jahren) 55 – 69	70 – 85
	in Prozent	
Wohnentfernung der Befragten ohne Kinder im Haushalt zum nächstwohnenden Kind:		
– im gleichen Haus (anderer Haushalt)	14,2	19,6
– in der Nachbarschaft	20,0	19,5
– im gleichen Ort (nicht in der Nachbarschaft)	31,9	25,5
– in einem anderen Ort, nicht weiter als 2 Stunden entfernt	25,3	25,0
– weiter entfernt	8,6	10,3
Kontakthäufigkeit zum außerhalb des Haushalts wohnenden Kind mit den häufigsten Kontakten:		
– täglich	38,0	42,2
– mehrmals pro Woche	30,0	20,0
– einmal pro Woche	15,5	17,0
– 1- bis 3-mal im Monat	10,4	7,1
– mehrmals im Jahr	4,0	4,5
– seltener oder nie	2,1	1,1

Quelle: zusammengestellt aus Angaben in Kohli et al. 2000, S. 186 und 190 (Alters-Survey 1996, Befragte in Privathaushalten).

68 Prozent der 55- bis 69-Jährigen und 62 Prozent der 70- bis 85-Jährigen haben täglich oder mehrmals in der Woche Kontakt mit mindestens einem ihrer nicht mehr zum elterlichen Haushalt gehörenden Kinder, weitere 15 bis 17 Prozent zumindest einmal pro Woche. Es zeigt sich also, dass auch in der so genannten «empty nest»-Phase ein intensives Familienleben gepflegt wird.

Literatur

Schwarz, K. (1999): *Rückblick auf eine demographische Revolution,* in: Zeitschrift für Bevölkerungswissenschaft 24(3), S. 229 – 279

Dorbritz, J. (1998): *Trends der Geburtenhäufigkeit in Niedrig-Fertilitäts-Ländern und Szenarien der Familienbildung in Deutschland*, in: Zeitschrift für Bevölkerungswissenschaft 23(2), S. 179–210

Dorbritz, J./Gärtner, K. (1999): *Berechnungen zur Kinderlosigkeit am Bundesinstitut für Bevölkerungsforschung – methodische Probleme und Ergebnisse*, in: BiB-Mitteilungen 20(2), S. 13–15

Engstler, H. (1998): *Die Familie im Spiegel der amtlichen Statistik*, hgg. v. Bundesministerium für Familie, Senioren, Frauen und Jugend, Bonn

Statistisches Bundesamt (1999): *Haushalte und Familien 1998* (Fachserie 1, Reihe 3), Wiesbaden

Kohli, M./Künemund, H./Motel, A./Szydlik, M. (2000): *Generationenbeziehungen*, in: M. Kohli, H. Künemund (Hg.), Die zweite Lebenshälfte. Gesellschaftliche Lage und Partizipation im Spiegel des Alters-Survey, Opladen, S. 176–211

Lauterbach, W. (1999): *Familie und private Lebensform – oder: Geht der Gesellschaft die Familie aus?*, in: W. Glatzer, I. Ostner (Hrsg.), Deutschland im Wandel, Opladen, S. 239–254

Roloff, J./Dorbritz, J. (Hg.) (1999): Familienbildung in Deutschland Anfang der 90er Jahre, Opladen

1 Die genannten Zahlen entstammen eigenen Berechnungen aus Angaben in Statistisches-Bundesamt 1999.

Erklärungen

Auf den Punkt gebracht: Sieben Thesen zur Zukunft der Familie

1. Der Traum: Familie ist in

In den letzten Jahren ist die Zustimmung für Familie rapide gewachsen. 80% der Befragten halten Familie für «wichtig bis sehr wichtig». Und auch die meisten jungen Menschen träumen vom Familienglück. Sie wollen möglichst mehrere Kinder und möchten zugleich – egal ob Mädchen oder Junge – einen Beruf erlernen, ihn ausüben und erfolgreich darin sein.

2. Die Wirklichkeit: Kinder sind out

Warum? Weil sie im reichen Deutschland zum Armutsrisiko Nummer eins geworden sind. Der typische Sozialhilfeempfänger ist heute acht Jahre alt und hat eine allein erziehende Mutter. Ein Skandal mit Folgen. Eine davon: Es werden immer weniger Kinder geboren. 1999 gab es wieder 1,8% weniger Geburten als im Jahr zuvor. Europaweit ein trauriger Rekord. Die Frauen haben gemerkt, wie die Risiken und Nebenwirkungen auf der deutschen «Familienpackung» heißen: Verlust an Einkommen, Verlust an Ansehen, Karriereknick, Überschuldung, Existenzgefährdung, Altersarmut. Junge Frauen verschieben ihren Kinderwunsch auf immer später oder geben ihn ganz auf. Sie treten in Gebärstreik.

3. Die Mütter: angeschmiert!

Sie sitzen zwischen allen Stühlen. Zum Muttertag gibt es Blümchen und Konfekt, sonst aber wenig Unterstützung: weder von den Vätern noch von Vater Staat. Väter hecheln inzwischen mit bei der Geburt und schieben öffentlich den Kinderwagen. Erziehungsurlaub nehmen sie aber ganz selten oder gar nicht. Ihre Frauen mühen sich nach Kräften, Erziehung, Putzen, Bügeln und Kochen unter einen Hut zu bekommen. Und der Anschluss an den Beruf soll auch nicht verpasst werden. Denn Nur-Hausfrauen-und-Mütter stehen ganz weit unten, wenn es um gesellschaftliche Achtung geht.

4. Familie und Berufswelt: Beziehung gestört!

Kinder sind in der Berufswelt die großen Unbekannten, allenfalls als Kostenfaktor («drohende Mutterschaft») oder als lästiger Störfaktor ein Thema («ständig abwesend wegen der Kinder»). Ein Computerfachmann verdient selbstverständlich mehr als eine Erzieherin. Teilzeitarbeit ist vor allem Müttersache. Bedarfsgerechte Kinderbetreuung und Ganztagsschulen werden weder in den Chefetagen noch von den Gewerkschaften in einem Atemzug mit flexiblen Arbeitszeiten, mehr Wochenendarbeit oder längeren Ladenöffnungszeiten gefordert. Dass Familienarbeit qualifiziert, wird schlichtweg ignoriert.

5. Ohne Kinder keine Rente!

So werden Familien mit Kindern mehr und mehr zur Minderheit, die immer weniger Gehör findet. Obgleich erwiesenermaßen von der Motivation, Schaffenskraft und Kreativität des Nachwuchses Zukunft und Wohlstand der ganzen Gesellschaft abhängen. Angesichts des demografischen Wandels mit immer mehr alten Menschen plant die Politik Rentenkürzungen, längere Lebensarbeitszeit und fordert von den Jüngeren mehr Eigeninitiative bei der Vermögensbildung, aber sie fördert nur halbherzig die Familien, damit sich wieder mehr Menschen ihren Kinderwunsch erfüllen können. Wo bleibt die Familienkasse, in die alle einzahlen?

6. Kinder sind keine Privatsache!

Eine Gesellschaft, die ihre Kinder nicht liebt und achtet, nicht schützt und schätzt, die Eltern nicht unterstützt, sondern rücksichtslos abkassiert, darf sich nicht wundern, wenn der Kindersegen schief hängt. 75 % der materiellen Belastungen, die durch ein Kind entstehen, werden von den Eltern selbst getragen. Wer aber jetzt sagt: «Immerhin, ein Viertel übernimmt der Staat», hat sich verrechnet. Denn diese 25 % finanzieren sich die Familien auch noch weitgehend selbst durch ihre vorher gezahlten Steuern, die ihnen der Staat dann z. B. als Kindergeld zurückerstattet.

7. Nicht Almosen, sondern Gerechtigkeit für Familien!

Eine Neubewertung der verschiedenen Formen gesellschaftlich unverzichtbarer Arbeit ist überfällig. Dazu gehört neben der Pflege von Alten und Kranken selbstverständlich die Erziehungs-, Familien- und Hausarbeit. Sie muss im Steuer- und Rentensystem angemessen berücksichtigt und neu bewertet werden. Wir brauchen ein bedarfsgerechtes Angebot der Kinderbetreuung. Erwerbsarbeit und Familien- und Hausarbeit müssen zwischen Frauen und Männern neu verteilt werden. Dafür müssen Arbeitgeber und Politik auch finanzielle Anreize bieten. Schließlich brauchen Familien soziale Netzwerke sowie Bildungs- und Beratungsmöglichkeiten, in denen sie sich gegenseitig unterstützen und, wenn nötig, professionelle Hilfe in Anspruch nehmen können. Wenn das gelingen soll, müssen wir umdenken und umsteuern. Und das Zauberwort dafür heißt Teilen.

Familie – heute und morgen

Die Familie – oft schon totgesagt – lebt. Und sie steht weiterhin hoch im Kurs. Die große Mehrzahl junger Menschen plant ihre Zukunft mit Familie. Welche Familie aber meinen sie? Wie muss Familie zukünftig aussehen, damit sie die Rechte und Entwicklungschancen von Kindern optimal unterstützt und Erwachsenen soziale und emotionale Heimat ist?
Und umgekehrt: Welche Bedingungen brauchen Familien, damit sie ihre unverzichtbaren Aufgaben tatsächlich erfüllen können?

Wenn die Familie im 21. Jahrhundert zukunftsfähig und zukunftsfest werden will, muss sie offen sein für Veränderungen. Wenn Gesellschaft und Staat weiter auf die Leistungen von Familien bauen wollen – und dazu gibt es keine Alternative –, müssen sie den notwendigen Wandel fördern. Die Rahmenbedingungen für Familien müssen verbessert und der Einfluss der nachrückenden Generationen auf die Politik muss gestärkt werden.

Familien haben Zukunft, wenn sie sich den neuen Herausforderungen stellen und dabei von der gesamten Gesellschaft und von der Politik unterstützt werden.

Familie aus Sicht des Kindes

Familie entsteht durch die Geburt eines Kindes. Pflege und Erziehung der Kinder sind die wichtigste Aufgabe der Eltern. Auf die Dauer eines Lebens gesehen, weisen die Beziehungen zwischen Eltern und Kindern große Stabilität auf. Kinder brauchen diese langfristige Perspektive. Sie haben ein Recht auf Elternpersonen, zu denen sie gehören (nicht: denen sie gehören) und auf die sie sich verlassen können. Um gesund aufzuwachsen, braucht jedes Kind mindestens eine Person – besser zwei oder drei –, für die das Kind etwas ganz Besonderes ist.

Familie bietet Heimat

Heimat ist, wo wir herkommen. Dazu gehört besonders die Familie. Dort machen Kinder ihre ersten Erfahrungen mit anderen Menschen. Am Vorbild der Eltern entwickeln sie ihre Sicht von der Welt. Im Zusammenspiel zwischen Kind und Elternpersonen entstehen Bindungen, die ein Leben lang anhalten. Auf dieser sicheren Basis können Ablösung und Autonomie schrittweise gelingen. Gegenüber wachsenden Anforderungen an Flexibilität und zunehmender Unüberschaubarkeit bietet die Familie Halt. Die Sehnsucht nach Beständigkeit findet hier einen Ort. Familie bietet soziale und emotionale Heimat und ermöglicht dadurch die Neugier auf Fremdes.

Familie fördert Entwicklung

Kinder sind von Natur aus soziale Wesen. Zur Entfaltung ihrer Anlagen brauchen sie eine fördernde Umgebung, zu der vor allem die menschlichen Beziehungen gehören. Umgekehrt bleibt jede Erziehung auf die Fähigkeiten und die Bereitschaft des Kindes angewiesen.

Der Gegensatz zwischen Anlage und Umwelt ist überwunden zugunsten eines dynamischen Modells von Entwicklung. Lernen und Veränderung sind ein Leben lang möglich und nicht allein auf die frühen Jahre begrenzt. Die Kindheitsjahre sind jedoch die Zeit, in welcher der Mensch in besonderer Weise auf einen Schutz- und Spielraum angewiesen ist, für den Erwachsene Sorge tragen müssen. Familie ist besonders geeignet, die Entwicklung des Kindes in Geborgenheit zu fördern und Bedingungen zu bieten, unter denen Kinder ihre Anlagen entfalten können.

Familie vermittelt Werte

Die Familie ist eine Verantwortungsgemeinschaft in materieller wie auch in ideeller Hinsicht.

Kinder lernen in der Familie, Verantwortung für sich und andere zu übernehmen. Sie lernen, ihre eigenen Belange zu vertreten und mit denen der anderen auszuhandeln. In der Familie erwerben Kinder soziale Kompetenzen: Sensitivität, Einfühlungsvermögen, Verzicht, Balancierung unterschiedlicher Erwartungen, Konfliktfähigkeit, Toleranz, Respekt vor den Unterschieden zwischen Menschen.

In der Familie können Kinder Demokratie lernen. Familie ist der Ort, wo Grundrechte des Menschen, wie seine unverlierbare Würde, eingeübt und gegen bloße Interessenwahrung abgegrenzt werden können. Familie ist der Ort, an dem Kinder eine neue Kultur des Aufwachsens miteinander im Alltag erleben können.

Familie ändert sich

Die Familie hat sich den wachsenden Anforderungen an Mobilität und Flexibilität in vielerlei Hinsicht angepasst und beschleunigt ihrerseits gesellschaftliche Veränderungsprozesse. Das Muster der lebenslang bestehenden Ehe ist zwar für viele noch Idealbild, aber die Realität zeigt andere Formen. Im Leben der Familie und der Kinder gibt es eine wachsende Zahl von Eheschließungen, Scheidungen, Lebensgemeinschaften und Wiederverheiratungen. Die Fähigkeit, Übergänge zu bewältigen und in der Gestaltung von Veränderungen die eigene Identität zu bewahren und zu stärken, ist zu einer wichtigen Herausforderung für Kinder und Erwachsene geworden.

Beruf und Familie werden von der großen Mehrheit der Eltern als nebeneinander bestehende Lebensbereiche eingefordert und akzeptiert. Familie und Beruf miteinander zu verbinden – der doppelte Lebensentwurf –, gehört mehr und mehr zum normalen Lebenslauf. Solange die Kinder klein sind, besteht vor allem bei den Müttern, zunehmend aber auch bei Vätern, der Wunsch, die Berufsarbeit entsprechend den Bedürfnissen der Kinder zeitweise zu unterbrechen oder aber die Arbeitszeit zu reduzieren. Eine Neubewertung der Vaterschaft hat eingesetzt, bei der Väter die nur in der Familie zu erwerbenden Kompetenzen schätzen und als Pluspunkte in das Berufsfeld einbringen lernen.

Familien in Deutschland sind in wachsendem Ausmaß multi-ethnisch zusammengesetzt. Rund ein Drittel der Familien von Kindern, die heute in Deutschland geboren werden, haben bereits einen Migrationshintergrund. Interkulturelle Kompetenzen gewinnen an Gewicht und werden in vielen Familien selbstverständlich eingeübt.

Die neue Familie

Familie kennt viele Formen, in denen generationenübergreifend Verantwortung füreinander übernommen wird und Solidarität entsteht. Zu dieser Vielfalt gehören Familien, in denen die Eltern untereinander verheiratet oder nicht verheiratet sind, Familien mit zwei oder mit einem Elternteil, Stieffamilien, Pflege- und Adoptivfamilien, alteingesessene und neu zusammengesetzte (Patchwork-) Familien, Familien mit monokulturellem oder mit multikulturellem Hintergrund. Im Laufe eines Lebens lösen zumeist verschiedene Formen des Familienlebens einander ab. Die Zahl der Familien nimmt zu, deren Mitglieder an unterschiedlichen Orten leben und die dennoch enge Bindungen aufrechterhalten. Familien sind in vielen Formen notwendig und werden als bereichernd erlebt. Einengende Familienstrukturen haben in Zukunft geringe Chancen. Die neue Familie ist dort am lebendigsten, wo sie selbstbewusst und autonom auftritt und Übergänge möglich macht.

Familien in der Minderheit

Wie in vielen anderen Ländern hat sich in Deutschland die Zahl der neugeborenen Kinder und mit ihnen die der jungen Familien auf einem gleichbleibend niedrigen Niveau eingependelt. Die Entscheidung für oder gegen eine Familie wird vielfach bis weit in das dritte Lebensjahrzehnt hinausgeschoben. Beinahe ein Drittel aller Frauen bleibt heute – gewollt oder ungewollt – lebenslang kinderlos. In Ballungsräumen sind nur noch in weniger als zwanzig Prozent aller Haushalte Kinder und Jugendliche anzutreffen. Eine Änderung dieser demographischen Trends ist nicht in Sicht.

Familien mit Kindern rücken damit mehr und mehr in eine gesellschaftliche Minderheitenposition, deren Belange im Konzert der widerstreitenden Interessen nur schwer Gehör finden.

Zugleich bleiben Kinder unverzichtbar. Von der Schaffenskraft und Kreativität der nachrückenden Generationen hängen Zukunft und Wohlstand aller Mitglieder der Gesellschaft ab.

Familie in Gefahr

Die Familie ist der Ort, an dem die wichtigste Ressource der Gesellschaft gebildet und erhalten wird: das Humanvermögen. Familien erbringen Leistungen, die an anderen Stellen nicht gleichwertig ersetzt werden können. Diese Leistungen werden zwar in vielerlei Bekundungen immer wieder als unverzichtbar beschworen. Gemessen an den Taten jedoch werden Familien bei ihren Aufgaben ungenügend unterstützt.

Weite Bereiche der Gesellschaft sind durch eine strukturelle Rücksichtslosigkeit gegenüber dem Leben mit Kindern gekennzeichnet. Kinder zu haben, bedeutet für viele Familien sozialer Abstieg. Kinder gelten heute als das Armutsrisiko Nummer eins. In besonderer Weise trifft dies für Familien mit einem Elternteil und für Mehrkinderfamilien zu. Der typische Sozialhilfeempfänger in Deutschland ist heutzutage acht Jahre alt und hat eine allein erziehende Mutter. Besonders prekär ist die Situation, wenn zusätzliche Belastungen entstehen: Durch Arbeitslosigkeit, Krankheit oder Behinderung werden viele Familien über die Grenzen ihrer Leistungsfähigkeit hinaus belastet.

Gefährdungen für Kinder

Die relative Armut von Kindern – gemessen am Lebensstandard der gesamten Gesellschaft – und mangelnde Unterstützungsangebote bergen für Kinder besondere Gefährdungen. Viele Eltern haben nicht genügend Zeit, die sie mit ihren Kindern verbringen können, besonders solange diese noch klein sind. Familienergänzende Einrichtungen können diese Defizite nicht ausgleichen. In der Folge leiden viele Kinder bereits früh unter großen Belastungen. Überhöhte Erwartungen, Stress, Bewegungsmangel und mediale Reizüberflutung führen zu Aufmerksamkeitsproblemen, Verhaltensstörungen und psychosomatischen Beschwerden, die als moderne Zivilisationskrankheiten die klassischen Kinderkrankheiten in ihrer Bedeutung abgelöst haben. Beunruhigend ist auch ein weiterhin hoher Gewaltpegel in Familien, dem die Kinder besonders in den ersten Lebensjahren schutzlos ausgeliefert sind. In nicht wenigen Fällen führt dies dazu, dass aus kindlichen Gewaltopfern später jugendliche Gewalttäter werden.

Kinder haben Rechte

Die Beziehung der Eltern zum Kind sichert am stärksten den inneren Familienzusammenhalt. Aufgabe der Politik ist es, diesen Zusammenhalt zwischen Eltern und Kindern zu fördern, unabhängig davon, ob die Eltern untereinander verheiratet sind oder nicht. Die Sicherung existenzieller Mindestbedingungen für Kinder muss im Zentrum von Familienpolitik stehen. Kinder brauchen gute Bedingungen in physischer und psychischer, geistiger und sozialer, kultureller und demokratisch-mitbürgerlicher Hinsicht. Sie haben Rechte und Ansprüche, die von den Eltern und der Gesellschaft insgesamt zu gewährleisten sind. Zu den wichtigsten Rechten der Kinder gehören der Schutz vor Gewalt und vor anderen Gefährdungen, eine eigenständige materielle Absicherung des Kindes, ausreichende Bildungs- und Betreuungseinrichtungen in Ergänzung zur Familie, eine kindgerechte Infrastruktur und die altersgerechte Beteiligung der Kinder an allen sie betreffenden Entscheidungen.

Familien müssen gestärkt werden

Familien erbringen zentrale Leistungen für die Gesellschaft. Dem stehen angemessene Ansprüche der Familie gegenüber der Gesellschaft nicht gegenüber. Die in der Familie geleistete Arbeit wird unter Wert behandelt. Eine Neubewertung der verschiedenen Formen gesellschaftlich notwendiger Arbeit unter Einbeziehung der Erziehungs- und Familienarbeit ist erforderlich. Diese Neubewertung muss in ein Steuer- und Rentensystem eingehen, in dem die mit der Erziehung von Kindern erbrachten Leistungen angemessen berücksichtigt werden. Neben einer gerechten Bewertung brauchen Familien eine neue Verteilung der von ihnen geleisteten Arbeit. Hierzu gehören eine wechselseitige, die Bedürfnisse der Kinder berücksichtigende Abstimmung von Familien- und Berufszeiten, ein bedarfsgerechtes Angebot der Kinderbetreuung sowie die Neuverteilung der Familienarbeit zwischen den Geschlechtern. Die Potentiale der Männer hinsichtlich Kindererziehung und Haushaltsführung dürfen nicht länger im bisher bestehenden Umfang ungenutzt bleiben. Schließlich brauchen Familien soziale Netzwerke sowie Bildungs- und Beratungsmöglichkeiten, in denen sie sich wechselseitig unterstützen und bei Bedarf professionelle Hilfe in Anspruch nehmen können.

Familie: Die riskante Chance

Die postmoderne Wissensgesellschaft ist auf die Vermittlung elementarer Fähigkeiten für das zwischenmenschliche Zusammenleben und auf andere Leistungen der Familien dringend angewiesen. Durch die Spaltung der Gesellschaft in einen Familien- und in einen Nicht-Familiensektor wächst die Gefahr der Entsolidarisierung. Es kann auf Dauer nicht gut gehen, wenn die Risiken und Lasten, die mit dem Aufwachsen von Kindern verbunden sind, überwiegend privatisiert sind, der Nutzen aber vergesellschaftet ist. Nicht nur die Eltern, sondern die gesamte Gesellschaft trägt Verantwortung für Kinder und Familien. Eine neue Balancierung der Chancen und Risiken tut daher Not.

Wir brauchen eine Hinwendung der Politik zu einer Gesellschaftsstruktur, in der die Rechte und Belange der nächsten Generationen ihrem unvergleichlichen Wert entsprechend berücksichtigt sind. Wir brauchen eine Neubestimmung des Generationenvertrages, die auf dem Prinzip der Nachhaltigkeit basiert und die Lasten zwischen den Generationen gerecht verteilt. Wir brauchen ein Bündnis für Kinder und Familien, das alle Bereiche der Gesellschaft umfasst und von dem alle profitieren.

rororo-Mit Kindern leben: Deutschlands größte Eltern-Buchreihe

Ein bisschen fröhlicher, ein bisschen realistischer, ein bisschen erfolgreicher im Umgang mit Konflikten, ein bisschen selbstbewusster, ein bisschen glücklicher: Eltern und Kinder. So lesen wir es aus Tausenden von Briefen, die die Redaktion in den 18 Jahren erreicht haben, seit es «Mit Kindern leben» gibt. Es stimmt schon: Mit Kindern zu leben ist nicht einfacher geworden, geht es nun um das Stillen oder um Kinderkrankheiten, um das Trotzen oder das Setzen von Grenzen, um die Entwicklung von Intelligenz und Kreativität oder um Fragen des Kindergartens und der Schule.

Eltern wollen mehr wissen und stellen höhere Ansprüche an sich selbst als in früheren Zeiten. Dabei hilft rororo «Mit Kindern leben». In über 150 Titeln gibt die erste Elternbuchreihe Deutschlands Ratschläge, Tipps und Antworten auf fast alle Fragen im Umgang mit Kindern. Auch Erzieherinnen, Lehrerinnen und Lehrer erfahren Neues: von Kindergartenmodellen, Hochbegabung, Schulstart über verschiedene Schulformen und spezielle Fragen des Unterrichts bis hin zu weitreichenden pädagogischen Fragestellungen.

Millionen Eltern und Pädagogen haben sich bereits von «Mit Kindern leben»-Büchern anregen lassen. Die Autorinnen und Autoren gehen dabei von der Überzeugung aus, dass die Bedürfnisse der Kinder genauso wichtig sind wie die der Eltern – oder umgekehrt: dass die Bedürfnisse der Eltern ebenso ernst genommen werden wie die der Kinder. Damit im Familienleben alle zu ihrem Recht kommen und keiner benachteiligt wird.

Dies und die vielen konkreten Hilfen, Empfehlungen und Rezepte haben «Mit Kindern leben» zur größten Elternbuchreihe in Deutschland gemacht. Seit 1999 Partner der Deutschen Liga für das Kind.

Internet: www.rororo.de

Kinder haben eine Lobby
die **Deutsche Liga für das Kind**

Die Deutsche Liga für das Kind ist ein interdisziplinärer Zusammenschluss zahlreicher Verbände und Organisationen aus dem Bereich der frühen Kindheit. Zu den mehr als 250 Mitgliedsorganisationen gehören wissenschaftliche Gesellschaften, kinderärztliche und -psychologische Vereinigungen, Familien- und Jugendhilfeverbände und zahlreiche Service-Clubs.

Ziel der Liga ist es, die seelische Gesundheit von Kindern durch Vorbeugung zu fördern und ihre Rechte und Entwicklungschancen in allen Lebensbereichen zu verbessern. Unter dem Motto «Kinder haben eine Lobby» hat die Liga zahlreiche Projekte auf den Weg gebracht. Dabei hat sie die Öffentlichkeit nicht nur über die Bedeutung der frühen Kindheit und der Eltern-Kind-Beziehungen informiert, sondern hat sich auch für die Anerkennung der sozialen Elternschaft und für die Qualität außerfamilialer Einrichtungen stark gemacht. Die Liga fördert wissenschaftliche Untersuchungen über Einflüsse in der frühkindlichen Entwicklung und engagiert sich für die Verbesserung politischer und gesellschaftlicher Rahmenbedingungen. Sie nimmt auf gesetzgeberische Maßnahmen aktiv Einfluss.

In der Deutschen Liga für das Kind arbeiten Fachleute aus den Bereichen Gesundheit, Erziehung, Sozialwissenschaften und Recht zusammen. Folgende Aufgabenbereiche stehen im Mittelpunkt:

Kinder brauchen starke Eltern
Die Elternverantwortung zu stärken, bedeutet nicht nur, öffentlich auf die unverzichtbare Rolle der Eltern hinzuweisen, sondern auch, Eltern selbst Aufklärung und Unterstützung anzubieten.

Kinder brauchen Schutz
Kinder haben ein Recht auf die Förderung ihrer natürlichen Begabungen. Das gilt nicht nur für den rechtlichen Schutz, sondern auch für familienergänzende, wenn nötig familienersetzende Angebote für Kinder.

Kinder brauchen Beteiligung
Schon von Geburt an muss die eigenständige Persönlichkeit des Kindes sowohl im rechtlichen als auch im psychologischen Sinne Anerkennung finden. Hierzu gehört auch, die Interessen von Kindern und Familien im politischen Raum zu stärken.

Kinder brauchen materielle Gerechtigkeit
Die Entscheidung für ein Kind gehört heute zu den größten Armutsrisiken. Der Beitrag, den die Erziehung von Kindern in der gesellschaftlichen Gesamtrechnung leistet, wird in unserem Steuer- und Rentensystem in einer nicht länger hinzunehmenden Weise unterbewertet. Eine Korrektur dieses Missstandes ist überfällig.

Kinder brauchen bessere Lebensbedingungen
Beim Wohnungsbau, der Stadt- und Regionalplanung und in allen anderen Feldern, die zur Lebensqualität von Familien beitragen, müssen Bedingungen geschaffen werden, die ein Leben mit Kindern erstrebenswert machen. Dies gilt auch für die Arbeitsplatz- und Arbeitszeitgestaltung der Eltern.

Die Deutsche Liga für das Kind beobachtet aufmerksam alle wichtigen Entwicklungen innerhalb und außerhalb der Familie. Sie folgt einem für Wandlungen offenen Familienbild. Die Liga hebt die von Familien erbrachten Leistungen ins öffentliche Bewusstsein und vertritt die Interessen von Familien im politischen Verteilungskampf.

Als Sachverständige wird sie von politischen Entscheidungsträgern angehört und ist unter anderem Mitglied in der «National Coalition für die Umsetzung der UN-Kinderrechtskonvention» und in der «World Association for Infant Mental Health» (WAIMH).

Die Liga ist Herausgeber der vierteljährlich erscheinenden Zeitschrift *frühe Kindheit*, die sich an Fachleute aus Wissenschaft, Praxis und Politik sowie an interessierte Eltern wendet. Seit 1999 Partner von rororo-Mit Kindern leben.

Deutsche Liga für das Kind; Chausseestr. 17, 10115 Berlin; Telefon: 030 – 28 59 99 70; Telefax: 030 – 28 59 99 71; E-mail: post@liga-kind.de; Internet: www.liga-kind.de

Die Herausgeber

Bernd Gottwald, Jg. 1953, seit 20 Jahren verheiratet, ein Sohn. Lektor und u. a. Herausgeber der Reihe «Mit Kindern leben» im Rowohlt Taschenbuch Verlag. Arbeitsschwerpunkte pädagogisch-psychologische, gesellschaftlich-politische sowie Fitness- und Gesundheitsthemen.

Dr. Jörg Maywald, Jg. 1955, Soziologe, verheiratet, drei Kinder. Geschäftsführer der Deutschen Liga für das Kind und stv. Sprecher der National Coalition für die Umsetzung der UN-Kinderrechtskonvention in Deutschland. Zahlreiche Veröffentlichungen zu Kinderschutz und Kinderrechten und zum kindlichen Trennungsverhalten.

Bernhard Schön, Jg. 1946, M.A., seit 21 Jahren verheiratet, ein Kind. War Bildungsreferent, wiss. Mitarbeiter und Zeitschriftenredakteur. Seit 1988 Lektor, u.a. Herausgeber der Reihe «Mit Kindern leben», und Autor von pädagogischen Ratgebern und erzählenden Kindersachbüchern.

Die Autorinnen und Autoren

Dr. jur. Jürgen Borchert, Jg. 1949, verheiratet, zwei Töchter. Studium der Rechtswissenschaften, Soziologie und Politologie in Freiburg, Genf und Berlin. Wiss. Assistent an der FU Berlin und der Universität Bremen. Seit 1983 Richter am Hessischen Landessozialgericht in Darmstadt. Buchveröffentlichungen zu sozial- und familienpolitischen Fragen.

Uwe Britten, Jg. 1961, ist Autor und Lektor und lebt in Bamberg und Bonn. Mitgründer des Palette-Verlags. Arbeitsschwerpunkt Jugendthemen: «Straßen Kid» (1997), «Ab in den Knast» (1999), «Zum Beispiel Kinderalltag» (1998), «2020 – Kinder und Jugendliche über unsere Zukunft» (2000, rororo 60685).

Christoph Clermont, 1970 in Winterthur geboren. Er studierte Informatik, Stadt- und Regionalplanung, arbeitet als Softwareentwickler, Grafiker und Fotograf. 1992 Mitgründer von New Sign, Werte- und Trendagentur. Er ist dort heute als Creative Director tätig und arbeitet im Bereich Trendforschung. 1997 Gründer der New Sign Werteagentur.

Heribert Engstler, M.A., Jg. 1958, verheiratet, keine Kinder; Soziologe, am Deutschen Zentrum für Altersfragen Leiter der Geschäftsstelle der Sachverständigenkommission zur Erstellung des 4. Altenberichts der Bundesregierung; davor im Forschungsschwerpunkt «Gesellschaft und Familie» an der Universität Konstanz. Wissenschaftliche Tätigkeitsschwerpunkte: Familiensoziologie und -demographie, Altersforschung.

Angela Fauth-Herkner, Inhaberin einer Unternehmensberatung in München mit Schwerpunkt «Auditierungen Familie und Beruf in Unternehmen», u. a. EU-Beauftragte zum Aufbau eines Netzwerkes «Familie – Arbeitswelt». Zuvor Personalleiterin im Kaufhaus Beck, München, wo 1978 unter ihrer Projektleitung das bundesweit erste flexible Arbeitszeitsystem eingeführt wurde.

Thomas Feibel, drei Söhne, freier Journalist und Buchautor in Berlin, Leiter des «Büro für Kindermedien – Berlin», schreibt u. a. für Spiegel, Zeit, C'T, Tomorrow. Jährlich erscheint sein «KinderSoftwareRatgeber», 1999 «Lernsoftware-Ratgeber», bei rororo «Multimedia für Kids: Spielen und lernen am Computer» (60423). Zu diesen Themen hält Thomas Feibel auch Vorträge und Seminare und stellt Institutionen ein umfangreiches Software-Paket leihweise zur Verfügung.
Internet: www.feibel.de

Prof. Dr. Dr. Dr. Wassilios Emmanuel Fthenakis studierte Anthropologie, Psychologie und Molekulargenetik in München. Seit 1975 ist er Direktor des Staatsinstituts für Frühpädagogik in München und seit 1987 Professor für angewandte Entwicklungspsychologie und Familienforschung an der Universität Augsburg, Schwerpunkte u. a. Bildungsforschung und Familienforschung. Er ist Mitglied in über 20 wissenschaftlichen Gesellschaften im In- und Ausland und Verfasser zahlreicher Bücher und Beiträge in Zeitschriften und Monographien.

Johannes Goebel, geboren 1968 in Berlin. Studierte Architektur und Stadtplanung. Gleichzeitig Tätigkeit als Werbetexter. Seit 1994 Mitarbeit bei New Sign. Heute als Publizist, Autor und Trendforscher tätig, beschäftigt er sich mit Fragen des Wertewandels, der Jugendkultur und der Zukunft der Arbeit. Seit 1997 Mitgesellschafter der New Sign Werteagentur.

Oskar Holzberg, geb. 1953 in Braunschweig. Seit 1982 ist er als Psychotherapeut mit Schwerpunkt Körperpsychotherapie und als Supervisor in freier Praxis tätig. Außerdem schreibt er regelmäßig über psychologische Themen für BRIGITTE.

Dr. Karin Jäckel, Jg. 1948, aufgewachsen an zahlreichen Orten in verschiedenen Bundesländern der Bundesrepublik. Studium der Kunstgeschichte, Germanistik und Sprecherziehung. Promotion 1975. Mitglied im Deutschen Journalistenverband. Seit 1971 verheiratet mit Prof. Dr. Klaus-Peter Jäckel. Drei gemeinsame Söhne im Alter von 24, 19 und 13 Jahren. Autorin vieler Bücher zu gesellschaftlichen Themen.

Margrit Jansen, Redakteurin, verheiratet, zwei Kinder, arbeitete viele Jahre als PR-Referentin und Pressesprecherin in Hamburg und Bonn. Seit 1981 freie Journalistin. 1986 Gründung des Langener Mütterzentrums. Seit 1987 Herausgeberin des Mütter-Magazins «Stiefmütterchen». Seit 1990 Leiterin des Hessischen Mütterbüros in Langen.

Jesper Juul, Jg. 1948, Lehrer, Gruppen- und Familientherapeut, leitet seit 1979 The Kempler Institute of Scandinavia. Seit 1991 Gastprofessor für Psychologie an der Universität Zagreb, er arbeitet in Kroatien therapeutisch in Flüchtlingsfamilien. «Gelernter Vater» eines heute erwachsenen Sohnes. Bei Rowohlt erschienen: «Das kompetente Kind» (1997) sowie «Grenzen, Nähe, Respekt. Wie Eltern und Kinder sich finden» (2000).

Dr. Bernhard Kalicki, Jg. 1966, Psychologiestudium, Wissenschaftlicher Mitarbeiter an der Universität Trier. 1992 bis 1994 Graduiertenstipendium. 1994 und 1995 Fellow des German-American Academic Council. 1995 Promotion. Seit 1995 Wissenschaftlicher Mitarbeiter der LBS-Familien-Studie «Übergang zur Elternschaft». Forschungsschwerpunkte: Partnerschaftsentwicklung, Soziale Kognition, Lebenslaufforschung.

Margarita Klein, Jg. 1953, verheiratet, zwei Töchter, Dipl. Päd., Hebamme, systemische Familientherapeutin. Beratungspraxis für Frauen und Familien in Krisen, Fortbildungen u. a. zu lösungsorientierter Beratung und «Entwichlungsbegleitung von Anfang an». Veröffentlichungen u. a.: «Das tut mir gut nach der Geburt» (rororo 60421), «Schmetterling und Katzenpfoten. Sanfte Massagen für Babys und Kinder», «Sanfte Klänge für Eltern und Babys» (CD und Buch).

Jörg Otto Meier, Jg. 1950, verheiratet, lebt in Hamburg, er arbeitet als Autor, Kunstlehrer und Fotograf und ist Träger des Kodak-Fotobuch-Preises. Im Rowohlt Taschenbuch Verlag erschienen: «Eigentlich sind wir gut drauf. Jugendliche über heute und morgen, Leben und Liebe, Lust und Frust» (1999) sowie «Babys machen Mütter stark: Frauen über Schwangerschaft und Geburt, Väter und Kinder» (2000).
Internet: www.jomeier.de; E-mail: info@jomeier.de

Prof. Dr. Uta Meier, Jg. 1952, geschieden, lebt mit Partner ohne Trauschein und hat einen erwachsenen Sohn. Soziologin, Lehrstuhl für Wirtschaftslehre des Privathaushalts und Familienwissenschaft an der Justus-Liebig-Universität Gießen. Forschungs- und Publikationsschwerpunkte: Frauenforschung, Familiensoziologie, Haushaltswissenschaften und Nachhaltiges Haushalten.

Prof. Dr. Bernhard Nauck, Jg. 1945, in zweiter Ehe mit einer Frau türkischer Herkunft verheiratet und hat ein erwachsenes Stiefkind. Lehrstuhl für Allgemeine Soziologie I an der Technischen Universität Chemnitz. Forschungs- und Publikationsschwerpunkte: Soziologie der Familie, Bevölkerung und Sozialstruktur sowie interkulturell vergleichende Familien- und Sozialisationsforschung.

Sigrid Nolte-Schefold ist Rechtsanwältin seit 1976 und Bankkauffrau. Sie lebt und arbeitet in Frankfurt/M., schreibt regelmäßig für den Hörfunk und ist Autorin und Mitautorin einiger Bücher zu juristischen und Frauenthemen.

Dr. jur. Lore Maria Peschel-Gutzeit, geboren und aufgewachsen in Hamburg. Jurastudium, Rechtsanwältin in Freiburg, von 1960 bis 1991 Richterin in Hamburg, zuletzt Vorsitzende Richterin am Hanseatischen Oberlandesgericht. In erster Ehe früh verwitwet; aus der zweiten seit langem geschiedenen Ehe stammen drei inzwischen erwachsene Kinder. Seit 1991 Justizsenatorin: bis 1993 in Hamburg, von 1994 bis 1997 in Berlin, seither wieder in Hamburg.

Prof. Dr. Franz Resch, Jg. 1953, geboren in Österreich, verheiratet, zwei Kinder. Arzt für Kinder- und Jugendpsychiatrie und Psychoanalytiker, Promotion und Habilitation in Wien. Seit 1993 Ordinarius und ärztlicher Leiter der Abteilung für Kinder- und Jugendpsychiatrie an der Universität Heidelberg. Zahlreiche Untersuchungen und Publikationen u.a. zur Entwicklungspsychopathologie des Kindes- und Jugendalters und zur klinischen Emotions- und Therapieforschung.

Dr. Jan-Uwe Rogge, Jg. 1947, verheiratet, ein Kind, freiberuflicher Familien- und Kommunikationsberater und Medienforscher. Bei Rowohlt erschienen u. a.: «Kinder brauchen Grenzen» (rororo 19366), «Eltern setzen Grenzen» (19756), «Kinder können fernsehen» (60753), «Ängste machen Kinder stark» (60640) und «Ohne Chaos geht es nicht. 13 Überlebenstipps für Eltern» (Reinbek 2000).

Elke Schleypen, Mitarbeiterin der Unternehmensberatung Fauth-Herkner & Partner, arbeitet an der Weiterentwicklung des Audit Beruf & Familie® mit und führt Auditierungen sowie Seminare in Unternehmen durch. Weitere Aufgabenbereiche sind die Entwicklung des EU-Audit Work & Life und die Zusammenarbeit im europäischen Netzwerk «Familie-Arbeitswelt».

Renate Schmidt ist in zweiter Ehe verheiratet (der erste Mann ist verstorben), Mutter von drei Kindern und Großmutter von drei Enkelkindern. Stv. Vorsitzende der Sozialdemokratischen Partei Deutschlands und Vorsitzende des Forums Familie beim Parteivorstand der SPD.

Jörg Tremmel, Jg. 1970, Sprecher der Stiftung für die Rechte zukünftiger Generationen (SRzG) und Autor u.a. des Buches «Der Generationsbetrug». Er ist ledig und hat keine Kinder.